Monica Schulthess Zettel

Das Beste aus den Hüttenküchen

Über 40 Rezepte und
Wanderungen zu SAC-Hütten

Impressum

Ein grosses Merci geht an Martin für seine Planung und Mithilfe! Danken möchte ich auch Ursi und Jürg für die Kontrolle der Texte betreffend Fauna und Flora. Über die Wegbegleitung von Susan, Maurin, Linus und Claudia habe ich mich sehr gefreut. Und Dank meinen Eltern Dori und Hans und den Grosseltern Klara und Emil habe ich bereits in meiner Kindheit die Berge lieben gelernt.

Alle Angaben in diesem Buch wurden von der Autorin nach bestem Wissen und Gewissen erstellt und von ihr und dem Verlag mit Sorgfalt geprüft. Inhaltliche Fehler sind dennoch nicht auszuschliessen. Daher erfolgen alle Angaben ohne Gewähr. Weder Autorin noch Verlag übernehmen Verantwortung für etwaige Unstimmigkeiten.

Alle Rechte vorbehalten, einschliesslich derjenigen des auszugsweisen Abdrucks und der elektronischen Wiedergabe.

© 2015 Werd & Weber Verlag AG, CH-3645 Thun/Gwatt
Schweizer Alpen-Club SAC, CH-3000 Bern 23

Idee und Konzept
Annette Weber, Werd & Weber Verlag AG

Fotos
Monica Schulthess Zettel, Werd & Weber Verlag AG
Martin Zettel, CH-3074 Muri b. Bern
Hüttenwartsfoto Seite 30: Isabelle Schlatter
Hüttenfoto Seite 47: Irene Wyrsch
Schmetterlingsfotos Seiten 205 und 335: Jürg Zettel
Fuchsfoto Seite 269: Nicole Müller und Artur Naue
Familienfoto Seite 332: Markus Haab
Familienfoto Seite 348: Maya Rhyner

Gestaltung und Satz
Monica Schulthess Zettel, Werd & Weber Verlag AG

Lektorat
Bruno Lüthi, Schweizer Alpen-Club SAC

Korrektorat
Heinz Zürcher, CH-3612 Steffisburg
Laura Leupold, Werd & Weber Verlag AG

ISBN 978-3-03818-035-7

www.weberverlag.ch
www.werdverlag.ch
www.sac-cas.ch

Monica Schulthess Zettel

Das Beste aus den Hüttenküchen

Über 40 Rezepte und
Wanderungen zu SAC-Hütten

weberverlag.ch
sac-cas.ch

Das Beste aus den Hüttenküchen

Inhaltsverzeichnis

- 9 Vorwort
- 12 Wegweiser
- 9 Berg- und Alpinwanderskala

Suppen und Brote

- 19 **Aare-Wysüppli**
  Lauteraarhütte
- 27 **Adelbodner Alpkäse-Brotsuppe**
  Lämmerenhütte
- 35 **Geröstete Griesssuppe pikant**
  Gaulihütte
- 43 **Kappeler Milchsuppe mit Krönten-Zopf**
  Kröntenhütte
- 51 **Reisbrot**
  Wildstrubelhütte
- 59 **Sellerieschaumsuppe mit Peterli**
  Gelmerhütte
- 67 **Urner Käsesuppe**
  Dammahütte

Hauptspeisen mit Fleisch

- 77 **Bärner Röschti**
  Wildhornhütte
- 85 **Schweinsvoressen mit Gumäligratä und Bohnen**
  Glattalphütte
- 93 **Capuns Sursilvans**
  Chelenalphütte
- 101 **Coniglio con polenta (Kaninchen mit Polenta)**
  Rotondohütte
- 109 **Hackfleisch im Teigmantel mit Reis**
  Claridenhütte
- 117 **Hüttencurry**
  Leglerhütte
- 125 **Hütten-Rigatoni**
  Geltenhütte
- 133 **Fleisch- und Käseplatte**
  Balmhornhütte
- 141 **Ryys und Boor (Reis und Lauch) mit Innerschweizer Hauswurst**
  Voralphütte
- 149 **Schwarznasen-Lammragout mit Safran**
  Oberaletschhütte
- 157 **Schweinsvoressen an Steinpilzsauce**
  Hüfihütte
- 165 **Tierbergli-Chinoise**
  Tierberglihütte

5

Das Beste aus den Hüttenküchen

Hauptspeisen vegetarisch

175 **Brennnesselspätzli**
Spannorthütte

183 **Chrigels Chässchnitta**
Glecksteinhütte

191 **Gemüselasagne**
Sustlihütte

199 **Grillierter Geisskäse mit Tomatensalat**
Lidernenhütte

207 **Käseschnitte**
Bergseehütte

215 **Klausen-Cholera**
Baltschiederklause

223 **Knorrlischüssel – Älplermagronen mit Apfelmus**
Brunnihütte

231 **Quarkpizokel**
Dossenhütte

239 **Spätzlipfanne**
Blümlisalphütte

247 **Tomaten-Käse-Fondue**
Salbithütte

255 **Zigerhörnli mit Apfelmus**
Fridolinshütte

263 **Zucchetti-Lasagne**
Trifthütte

Desserts und andere Süssigkeiten

273 **Apfel-Dattel-Cake**
Rugghubelhütte

281 **Etzlitaler Heidbeerri-Kuchen**
Etzlihütte

289 **Haslikuchen**
Windegghütte

297 **Heidelbeerkuchen**
Gspaltenhornhütte

305 **Lebkuchenparfait mit Orangenfilets**
Albert-Heim-Hütte

313 **Linzertorte à la Bächlital**
Bächlitalhütte

321 **Magenträs- oder Gewürzglace**
Martinsmadhütte

329 **Nidelzältli Fellital**
Treschhütte

337 **Tarte à la raisinée**
Cabane des Diablerets

345 **Schoggischnitte**
Glärnischhütte

353 **Schokoladen-Cupcakes**
Leutschachhütte

361 **Urner Pastete**
Sewenhütte

Das Beste aus den Hüttenküchen

Vorwort
Wandern und Speisen

Nach einer Wanderung im Sommer freuen sich alle über ein kühles Getränk und ein Stück Kuchen, wenn sie bei der Hütte eingetroffen sind. Wer vor Ort übernachtet, kann Halbpension bestellen und erhält ein feines Nachtessen mit Suppe und/oder Salat, Hauptgang und ein Dessert. Das Frühstück am nächsten Morgen ist reichhaltig und der Marschtee sehr begehrt.

Wenn möglich wird mit frischen Zutaten gekocht, doch oft liegen die SAC-Hütten weit abgelegen, sodass nur gelegentlich ein Helikopter frische Ware einfliegt. Zu bedenken ist auch, dass die Platzverhältnisse – gerade auch in Küchen – eingeschränkt sind und deshalb nicht jeder kulinarische Extrawunsch erfüllt werden kann. Wer jedoch als Vegetarier kein Fleisch isst oder an einer Lebensmittelallergie leidet, kann dies bei der Reservation der Übernachtung mitteilen – die Hüttenteams passen das Angebot gerne an.

Natürlich kann man sein Mittagessen auch selber mitnehmen und unterwegs essen. Aber man verpasst den Heidelbeerkuchen mit den selbstgepflückten Beeren, den Nussgipfel mit einem «Sprutz» Zitronensaft oder das «Plättli» mit Bergkäse von der Alp, auf der man die Kühe hat grasen sehen. Zudem verdienen die Hüttenwartinnen und -warte einen grossen Teil ihres Lebensunterhalts mit den Einnahmen aus den Konsumationen ihrer Gäste.

Selbstgepflückte Walderdbeeren schmecken am feinsten!

Bild links: Feines Kuchenbuffet auf der Terrasse der Etzlihütte.
Bild Seite 6: Der Brunnen bei der Spannorthütte bereitet vor allem Kindern viel Spass!

Das Beste aus den Hüttenküchen

SAC-Hütten besuchen

Bei Wanderungen und Bergtouren lohnt es sich, diese frühzeitig zu planen. Der Schweizer Alpen-Club SAC (www.sac-cas.ch), die Schweizer Wanderwege (www.wanderland.ch), aber auch andere Anbieter führen ein grosses Angebot an Büchern, Checklisten und Karten in elektronischer und gedruckter Form.

Nebst Proviant für den Auf- und Abstieg gehören ausreichender Regen- und Sonnenschutz sowie warme Kleidung und Ersatzwäsche unbedingt in den Rucksack, gerade auch weil im Gebirge das Wetter rasch umschlagen kann. Eine kleine Taschenapotheke, eine Rettungsdecke sowie ein Taschenmesser sollten ebenfalls nicht fehlen.

Wer übernachten möchte, sollte seinen Schlafplatz unbedingt vorgängig reservieren. Bei dieser Gelegenheit kann man sich auch gleich über die aktuellen (Weg-) Verhältnisse, örtliche Besonderheiten oder lokale Wetterprognosen informieren. Im Verhinderungsfall ist die Abmeldung in allen Hütten zwingend nötig. Die AGB der Hütte geben hierzu Auskunft. Durch das rechtzeitige Abmelden kann der reservierte Platz weitergegeben werden. Übernachtungen können neu auch online über das Hütten-Reservationssystem gebucht werden. Die angeschlossenen Hütten finden sich ebenfalls auf der Website des SAC.

In vielen SAC-Hütten gibt es kleinere Mehrbett- oder Familienzimmer, und in fast allen Hütten sorgen Gesellschaftsspiele, Bücher und Bergsportmagazine für Abwechslung, wenn das Wetter für einmal nicht zu Abenteuern im Freien animiert.

SAC-Mitglieder erhalten bis zu 50% Ermässigung bei Übernachtungen in Clubhütten. Zudem profitieren die Mitglieder von reduzierten Eintrittspreisen in verschiedene Kletterhallen und ins Alpine Museum der Schweiz in Bern. Auch bietet der SAC Ausbildungskurse, Touren und Bücher zu Mitgliederpreisen an. Die Jahresmitgliedschaft für ein Einzelmitglied kostet je nach Sektion zwischen CHF 87.– und 175.– (Stand 2014). Für Familien und Jugendliche gibt es reduzierte Beiträge. Weiterführende Informationen finden sich auf der Website www.sac-cas.ch.

Schön aufgereiht warten diese Hausschuhe in der Bächlitalhütte auf die eintreffenden Gäste.

Nach Ankunft in der Hütte meldet man sich beim Hüttenteam, das einem den Schlafplatz zuweist und den Raum zeigt, wo Schuhe, Wanderstöcke und weiteres Material deponiert wird, das nicht in den Schlafraum gehört. In seltenen Fällen werden Duschen mit Warmwasser angeboten, ansonsten hat das Waschbecken im Waschraum zu genügen. Zum Schlafen empfiehlt es sich, einen Seidenschlafsack mitzunehmen oder diesen vor Ort zu mieten oder zu kaufen. Nützlich sind auch Ohrenstöpsel sowie eine kleine Taschenlampe.

Den 1. August 2013 verbrachte die Autorin zusammen mit ihrem Mann in der Claridenhütte.

Das Nachtessen wird gemeinsam eingenommen, meistens um 18.30 Uhr. An grossen Tischen sitzen alle beieinander und es entwickeln sich interessante Gespräche. Nachtruhe ist in der Regel um 22 Uhr, da Bergsteiger am nächsten Morgen oft bereits um 4 Uhr in der Früh aufstehen.

In den SAC-Hütten wird auf einen sparsamen Umgang mit den Ressourcen (Energie, Wasser) geachtet. Wasser wird manchmal knapp oder muss abgekocht werden, wenn es keine Trinkqualität aufweist. Die Gäste sind gebeten, ihren eigenen Abfall wieder mit ins Tal hinunter zu nehmen.

Die Anfahrtswege zu den in diesem Buch vorgestellten Hütten wurden von der Autorin mit Bahn, Bus, Rufbus, Postauto und Seilbahn zurückgelegt. Aber auch das Rennvelo und das Mountainbike kamen zum Einsatz, um Wegzeiten zu verkürzen oder weil frühmorgens kein (Alpen-) Taxi zu Verfügung stand. Der Rucksack sollte dann jedoch – gerade an einem heissen Sommertag zum Beispiel auf dem Sustenpass – weder zu gross noch zu schwer sein! Selbstverständlich kann auch das Privatauto genutzt werden, doch mit etwas Organisation im Vorfeld ist die Nutzung des öffentlichen Verkehrs fast überall möglich.

Zu erwähnen ist, dass von Zeit zu Zeit die Hüttenwarte wechseln, sodass die Angaben zu den Personen nicht mehr aktuell sein können. Aber gehen Sie doch einfach vorbei, die Hüttewartinnen und -warte freuen sich auf Ihren Besuch!

Monica Schulthess Zettel

Das Beste aus den Hüttenküchen

Wegweiser

Vorgestellte Hütten

Die in diesem Buch vorgestellten SAC-Hütten sind über Hüttenwege zu erreichen, welche in der SAC-Berg- und Alpinwanderskala zwischen T1, Wandern, und T4, Alpinwandern, bewertet werden. Nähere Informationen sind auf Seite 15 aufgeführt.

Hütteninfos

Die Angaben zu den Hütten sind kurz gehalten und beinhalten nur das Nötigste. Bei der Bewartungszeit wurden nur die Sommermonate berücksichtigt. Einige Hütten sind aber auch im Winter bewartet und alle SAC-Hütten verfügen über einen ganzjährig geöffneten Schutzraum. Detaillierte Informationen über Bewartungszeiten – sie können witterungsbedingt ändern –, Wegzustand, Verfügbarkeit von Schlafplätzen und vieles mehr sind bei der Anmeldung direkt bei der Hütte, auf der Hütten-Website oder über www.sac-cas.ch erhältlich. Es empfiehlt sich, seinen Schlafplatz frühzeitig zu reservieren. Unbedingt zu beachten sind auch die Allg. Geschäftsbedingungen AGB der Hütten.

Anreise

Die meisten Ausgangsorte zu den beschriebenen Hütten sind mit dem öffentlichen Verkehr erreichbar. Ansonsten stehen zum Teil die Dienste von Alpentaxis (www.alpentaxi.ch) zur Verfügung. Da nicht alle Fahrer/innen hauptberuflich als Taxifahrer arbeiten, ist die gewünschte Fahrt dringend vorgängig anzumelden. Für «Sportliche» besteht zudem die Möglichkeit, mit dem Fahrrad zu den Ausgangspunkten zu gelangen. Der Transport von Fahrrädern in öffentlichen Verkehrsmitteln ist ebenfalls vorgängig abzuklären.

Rezepte

Die Rezepturen sind – wo nicht anders vermerkt – für 4 Personen berechnet, bei Gebäck ist die Stückzahl angegeben. Da in den Hütten zumeist für viele Personen gekocht wird, eignen sich die aufgeführten Gerichte auch zum Verwöhnen einer grösseren Gruppe.

Das Beste aus den Hüttenküchen

Berg- und Alpinwanderskala

Die SAC-Berg- und Alpinwanderskala dient der Bewertung von Bergwanderwegen. Sie ist in sechs verschiedene Grade eingeteilt: T1 (leichteste) bis T6 (schwierigste) wobei «T» für «Trekking» steht.

T1 Wandern

Weg/Gelände
Weg gut gebahnt. Falls vorhanden, sind exponierte Stellen sehr gut gesichert. Absturzgefahr kann bei normalem Verhalten weitgehend ausgeschlossen werden. Falls markiert: gelb.

Anforderungen
Keine, auch mit Turnschuhen geeignet. Orientierung problemlos, in der Regel auch ohne Karte möglich.

T2 Bergwandern

Weg/Gelände
Weg mit durchgehendem Trassee. Gelände teilweise steil, Absturzgefahr nicht ausgeschlossen. Falls markiert: weiss-rot-weiss.

Anforderungen
Etwas Trittsicherheit. Trekkingschuhe sind empfehlenswert. Elementares Orientierungsvermögen.

T3 anspruchsvolles Bergwandern

Weg/Gelände
Weg am Boden nicht unbedingt durchgehend sichtbar. Ausgesetzte Stellen können mit Seilen oder Ketten gesichert sein. Zum Teil exponierte Stellen mit Absturzgefahr, Geröllflächen, weglose Schrofen. Falls markiert: weiss-rot-weiss.

Anforderungen
Gute Trittsicherheit. Gute Trekkingschuhe. Durchschnittliches Orientierungsvermögen. Elementare alpine Erfahrung.

T4 Alpinwandern

Weg/Gelände
Wegspur nicht zwingend vorhanden. An gewissen Stellen braucht es die Hände zum Vorwärtskommen. Gelände bereits recht exponiert, heikle Grashalden, Schrofen, einfache Firnfelder und apere Gletscherpassagen. Falls markiert: weiss-blau-weiss.

Anforderungen
Vertrautheit mit exponiertem Gelände. Stabile Trekkingschuhe. Gewisse Geländebeurteilung und gutes Orientierungsvermögen. Alpine Erfahrung. Bei Wettersturz kann ein Rückzug schwierig werden.

T5 bis T6 sind nicht aufgeführt, da keiner der beschriebenen Hüttenwege eine dieser Schwierigkeitsstufen aufweist.

Bild links: Oberhalb der Fridolinshütte, inmitten einer imposanten Bergkulisse.

Suppen und Brote

Lauteraarhütte
Aare-Wysüppli

Das Beste aus den Hüttenküchen *Lauteraarhütte*

Aare-Wysüppli

½	Zwiebel
1	mittleres Rüebli
½	kleiner Sellerie
½	Lauchstange
50 g	Butter
2 EL	Mehl
5 dl	Weisswein
5 dl	Wasser
1–2 Würfel	Hühnerbouillon
1	Lorbeerblatt
1 Zweig	frischer (Berg-)Thymian
	Salz und Pfeffer
1 dl	Rahm

Garnitur

4	Blätterteigstängeli
4 Zweige	frischer (Berg-)Thymian

Die halbe Zwiebel schälen und hacken. Das Gemüse rüsten und in feine Streifen schneiden. Die Butter zerlassen und die Zwiebeln leicht darin anschwitzen. Gemüsestreifen kurz mitdämpfen, danach mit Mehl bestäuben und mit Weisswein und Wasser aufkochen. Hühnerbouillonwürfel, Lorbeer und Thymian beigeben und 15 Minuten köcheln. Vor dem Servieren das Lorbeerblatt und den Thymianzweig herausnehmen. Die Suppe mit Salz und Pfeffer abschmecken, den Rahm beifügen und servieren.

Das Beste aus den Hüttenküchen *Lauteraarhütte*

Lauteraarhütte

2393 m

Unterwegs zur Hütte

Die Lauteraarhütte befindet sich im Grimselgebiet. Das Auto oder bei Sportlichen das Fahrrad kann beim Grimsel Hospiz parkiert werden, wo sich auch die Postautohaltestelle befindet. Über die Bogenmauer und einen kurzen Tunnel führt der Weg ans Nordufer des Grimselsees, wo ein gut ausgebauter Pfad ins Tal hineinführt. Die Landschaft beeindruckt mit einem prächtigen Wasserfall, Arven entlang verschiedener Wegabschnitte und zahlreichen Blumen. Der Unteraargletscher rückt näher, und der Weg führt, mit Holzstangen markiert, teilweise über Gletscherreste des Unteraargletschers. Nun sind noch einige Höhenmeter zu überwinden, um zur kleinen, heimeligen Hütte zu gelangen, die auf einem Felssporn gebaut wurde. Ein grossartiges Panorama erwartet die ankommenden Gäste. Lauter- und Finsteraargletscher vereinigen sich weiter hinten im Tal, und wenn auch diese Gletschermassen wie viele andere schmelzen, ist es noch immer ein überwältigender Anblick. In diesem Eidgenössischen Natur- und Jagdbanngebiet fühlen sich auch die Gämsen wohl, welche häufig von der Hütte aus beobachtet werden können. Auch die Hühner, welche tagsüber rund um die Hütte auf Futtersuche sind und sich auch von Berggängern nicht stören lassen, sorgen für kurzweilige Momente. Für Alpinisten, die es höher hinauf zieht, sind das Lauteraarhorn, das Scheuchzerhorn oder der Bäcklistock lohnende Tourenziele. Hier oben lässt sich ideal Abstand gewinnen vom hektischen Alltag.

Besonderes

Mit etwas Glück kann man nicht nur die einmalige Landschaft geniessen, sondern dabei auch der Hüttenwartin Kathrin beim Alphornspielen zuhören.

Das Hüttenwartspaar Kathrin und Heinz geniesst die einmalige Bergwelt hier oben.

Wanderzeit/Schwierigkeitsgrad
4½ Std./T3

Ausgangsort
Postautohaltestelle Grimsel Hospiz

Eigentümer
SAC-Sektion Zofingen

Hüttenwarte
Kathrin und Heinz Müller

Hüttentelefon
+41 (0)33 973 11 10

Website
www.lauteraarhuette.ch

Bewartungszeit
Mitte Juni bis Ende September

Übernachtungsmöglichkeit
Es stehen insgesamt 40 Schlafmöglichkeiten mit Decken und Kissen zur Verfügung.

Verpflegungsmöglichkeit
Suppen, Hobelkäse, Zvieri-Teller, verschiedene Röstis wie z.B. «Lauteraar-Rösti», Sandwiches sowie selbstgebackene Süssigkeiten.

Bild oben: Wer die Augen offen hält, kann sogar den blühenden Türkenbund entdecken.

Bild unten: Aufmerksam beobachtet die Gämse ihre Umgebung.

Bild links: Der gut ausgebaute Hüttenweg führt längere Zeit dem Grimselsee entlang.

Lämmerenhütte
Adelbodner Alpkäse-Brotsuppe

Das Beste aus den Hüttenküchen *Lämmerenhütte*

Adelbodner Alpkäse-Brotsuppe

1	Rüebli
¼	Sellerie
¼	Lauchstange
½	Zwiebel
1	Knoblauchzehe
50 g	altbackenes Brot
20 g	Butter
1 dl	Weisswein
2 l	Gemüsebouillon
1	Lorbeerblatt
¼ EL	Petersilie
1	Eigelb
1 EL	Rahm
	Salz und Pfeffer
50 g	Adelbodner Alpkäse, gerieben

Garnitur

gehackte Petersilie
einige Brotwürfel

Rüebli, Sellerie und Lauch rüsten und in kleine Stücke schneiden. Zwiebel und Knoblauch schälen und fein hacken. Brot in kleine Stücke schneiden, die Butter zerlassen und die Brotwürfel darin rösten. Einige geröstete Brotwürfel für die Garnitur herausnehmen und zur Seite stellen. Gemüse, Zwiebeln und Knoblauch zu den Brotwürfeln in die Pfanne geben, kurz mitrösten und mit Weisswein ablöschen. Bouillon, Lorbeerblatt und gehackte Petersilie beifügen. Die Suppe zugedeckt 30 Minuten kochen lassen. Das Lorbeerblatt entfernen. Die Suppe nochmals aufkochen, danach vom Feuer nehmen und das mit Rahm verquirlte Eigelb dazurühren. Mit Salz und Pfeffer abschmecken. Vor dem Servieren mit geriebenem Adelbodner Alpkäse und gehackter Petersilie bestreuen, die beiseite gestellten Brotwürfel als Garnitur verwenden.

Das Beste aus den Hüttenküchen *Lämmerenhütte*

Lämmerenhütte

2507 m

Das Hüttenwartspaar Barbara und Christian vor ihrer Hütte.

Unterwegs zur Hütte

Der Gemmipass, Ausgangspunkt der Wanderung, ist am schnellsten via Leukerbad erreicht. Entweder werden die Höhenmeter mit der Gondel zurückgelegt oder der Wanderweg hinauf auf die Gemmi wird erklommen. Diesen legen jedes Jahr Anfang Sommer auch über 800 Schafe zurück. Auf der Gemmi angekommen, kann man sich im Restaurant vorgängig stärken. Vom Hot-Spot der Gemmi, der ausgesetzten Plattform, sollte man einen Blick wagen: Die Aussicht in die Ferne wie in die Tiefe ist atemberaubend! Nun geht es hinunter zum Jägerboden, wo sich ein kleiner Stollen befindet, dessen Begehung vor allem Kindern viel Spass bereitet. Auf der anderen Seite grasen Schafe und das Wasser fliesst Richtung Daubensee. Beim Durchlaufen des Lämmerenbodens gilt es, genügend Zeit einzuplanen: Für Kinder gibt es viel Wasser und Steine zum Spielen. Die Lämmerenhütte ist schon von weitem sichtbar, doch da sie auf einem höher gelegenen Plateau gebaut wurde, verschwindet sie am Ende des Talbodens über der Felswand. Im Zickzack geht es aufwärts, wobei bei der einzigen steilen Passage Ketten zur Hilfe montiert sind. Oben angekommen, sind es nur noch wenige Meter bis zum Ziel. Eine gemütliche Terrasse lädt zum Verweilen ein, Kinder finden Spass beim Brunnen oder den vielen Steinmännchen. Die Hütte ist in einer Tagestour erreichbar, es stehen aber auch verschiedene Gipfel als Hochtourenziele zur Auswahl, wobei der Wildstrubel der bekannteste Gipfel ist.

Besonderes

Die Hütte befindet sich in einem Eidgenössischen Jagdbezirk, mit vielen Tieren wie Murmeltiere und Steinböcke. Das Highlight sind jedoch Bartgeier, welche oft in Hüttennähe ihre Runden ziehen.

Wanderzeit/Schwierigkeitsgrad
1½ Std./T2

Ausgangsort
Gemmipass

Eigentümer
SAC-Sektion Angenstein

Hüttenwarte
Barbara und Christian Wäfler

Hüttentelefon
+41 (0)27 470 25 15

Website
www.laemmerenhuette.ch

Bewartungszeit
Mitte Juni bis Mitte Oktober

Übernachtungsmöglichkeit
In mehreren Zimmern stehen insgesamt 96 Schlafplätze mit Duvets und Kissen zur Verfügung.

Verpflegungsmöglichkeit
Tagessuppe, Bouillon, Lämmerenteller, Käseschnitte mit Ei, Rösti mit verschiedenen Beilagen, Ravioli, Spätzlipfanne, Sandwiches, Fruchtsalat mit Rahm, frisches Birchermüesli sowie süsses Selbstgebackenes.

Das Beste aus den Hüttenküchen *Lämmerenhütte*

Bild oben: Linus gefällt es rund um die Hütte,
vor allem die Steinmännchen haben es ihm angetan.

Bild unten: Ein freundliches Schaf sagt Guten Tag.

Bild links: Blick hinunter auf den Lämmerenboden,
wo der Bach viel Platz zum Mäandern hat.

Gaulihütte

Geröstete Griess-suppe pikant

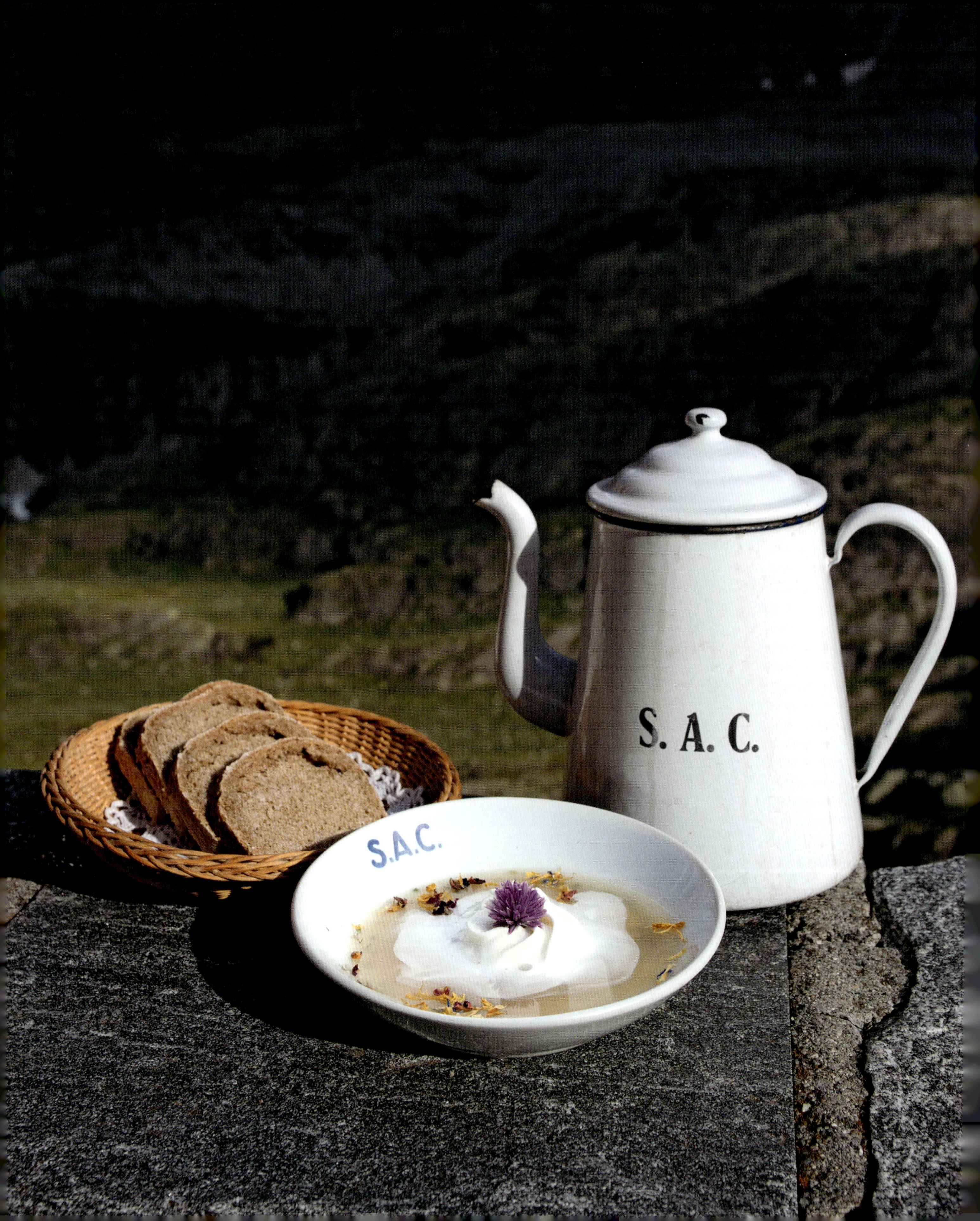
S. A. C.
S.A.C.

Das Beste aus den Hüttenküchen *Gaulihütte*

Geröstete Griesssuppe pikant

120 g	Griess
1	Zwiebel
2 l	Bouillon
	Salz und Pfeffer
1	Knoblauchzehe
½–1	Peperoncino

Garnitur

frische Schnittlauchblüten aus dem Berggarten, Schlagrahm

Griess und die fein gehackte Zwiebel ohne Zugabe von Fett auf kleiner Stufe rösten, bis alles leicht hellbraun wird. Langsam mit heisser Bouillon ablöschen. Mit Salz und Pfeffer, fein geschnittenem Knoblauch und entkerntem, in Streifen geschnittenem Peperoncino abschmecken. Köcheln lassen und vor dem Servieren etwas geschlagenen Rahm dazugeben.

Das Beste aus den Hüttenküchen *Gaulihütte*

Gaulihütte

2205 m

Unterwegs zur Hütte

Das Urbachtal ist von Innertkirchen her mit dem Auto, Taxi, Fahrrad oder zu Fuss erreichbar. Vorbei an alten Holzscheunen, wo rote Geranien in aufgehängten Kistchen blühen, führt der Weg durch viel Grün aufwärts, hinauf zur Alp Schmätteren, wo eine erste Pause eingelegt werden kann. Hier verzweigt sich der Weg. Wählt man den Rechten, so hat man innert kürzester Zeit die verbliebenen Höhenmeter zurückgelegt und kann nun gemütlich dem Höhenkamm entlanglaufen. Eindrücklich die Berggipfel auf der gegenüberliegenden Seite, farbig der kleine, gestaute Mattenalpsee weit unten. Die im Wind flatternde Schweizerfahne kündet die Gaulihütte an. Direkt von der Terrasse kann durch das geöffnete Fenster ein Zvieri bestellt werden, zum Beispiel ein Süssgetränk sowie ein feines Stück Schokoladenkuchen. Rund um die Hütte gibt es für Gross und Klein viel zu entdecken. Es fliessen kleine Bäche, Schmetterlinge fliegen umher und ab und zu hüpft sogar ein Frosch durchs Gras. Da sich die Hütte auf einer Hochebene befindet, können ab hier nebst Hoch- und Klettertouren auch Wanderungen gemacht werden. Es gibt einen Rundweg, wo man an Wasserfällen vorbeikommt inklusive kurzem Klettersteig, und die Sicht auf den Gauligletscher sollte auch nicht verpasst werden. Wer mehr über den Absturz des amerikanischen Militärflugzeugs Dakota im Jahre 1946 wissen möchte, fragt am besten Susanne, die engagierte Hüttenwartin, welche auch immer wieder Veranstaltungen durchführt.

Besonderes

Farbige Klettergriffe im Flur zeugen von Kinderkletterlagern und dürfen von allen genutzt werden, wenn denn die Kraft reicht!

Hüttenwartin Susanne macht eine kurze Trinkpause, bevor das Nachtessen gekocht werden muss.

Wanderzeit/Schwierigkeitsgrad
4½ Std./T2

Ausgangsort
Urbachtal

Eigentümer
SAC-Sektion Bern

Hüttenwartin
Susanne Brand

Hüttentelefon
+41 (0)33 971 31 66

Website
www.gauli.ch

Bewartungszeit
Juni bis September

Übernachtungsmöglichkeit
Insgesamt stehen 75 Schlafplätze mit Duvets und Decken zur Verfügung.

Verpflegungsmöglichkeit
Suppe mit Wurst, Zvieriplättli, Portion Hobelkäse, Rösti mit Speck und Ei, Käseschnitte mit Speck und Ei sowie süsses Selbstgebackenes.

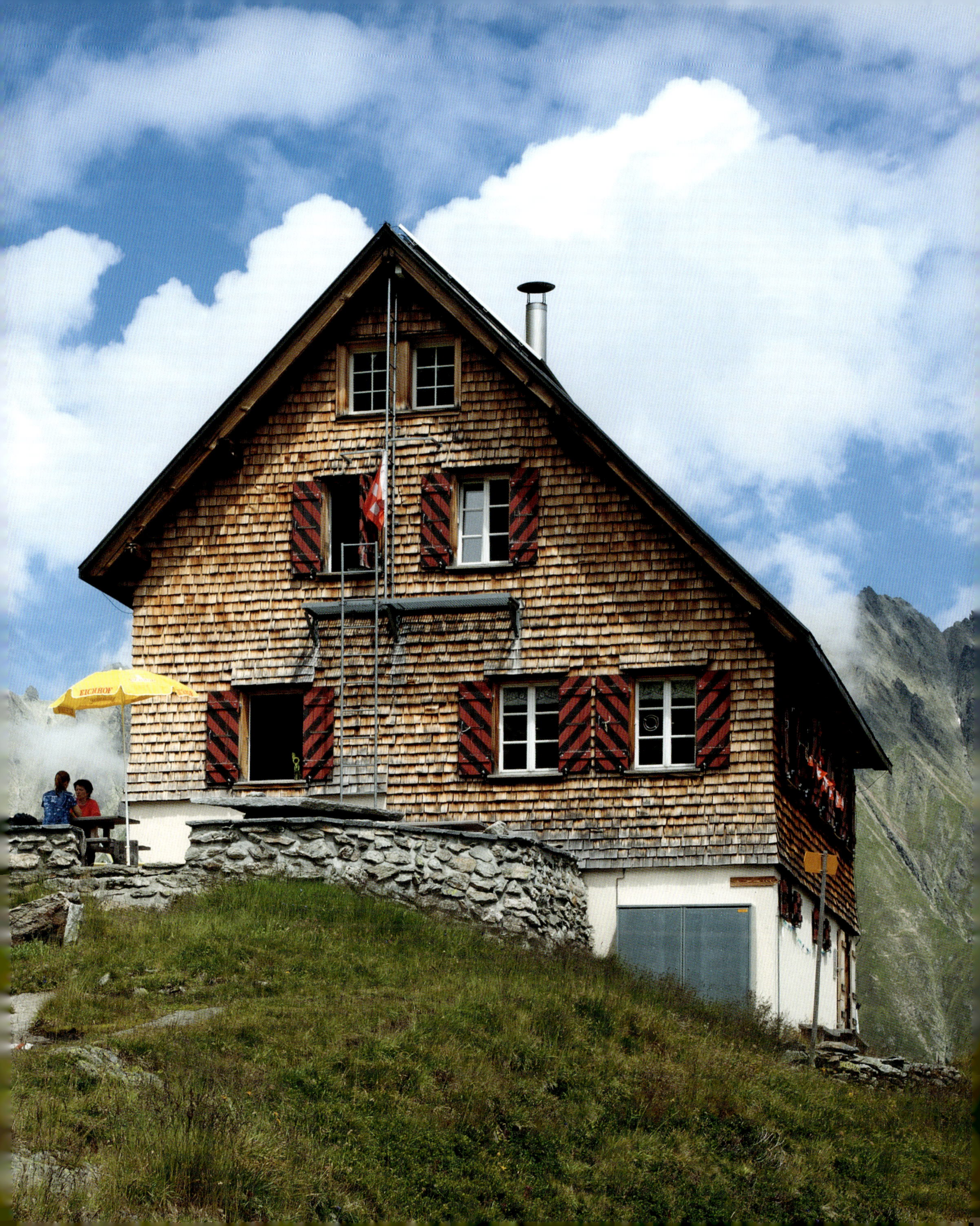
EICHHOF

Das Beste aus den Hüttenküchen *Gaulihütte*

Bild oben: Es finden sich auch Kräuter in den Bergen, zum Beispiel dieser blühende Schnittlauch.

Bild unten: Grasfrösche finden hier oben einen idealen Lebensraum.

Bild links: Vom Aussichtspunkt hat man einen grossartigen Blick zum Gauligletscher.

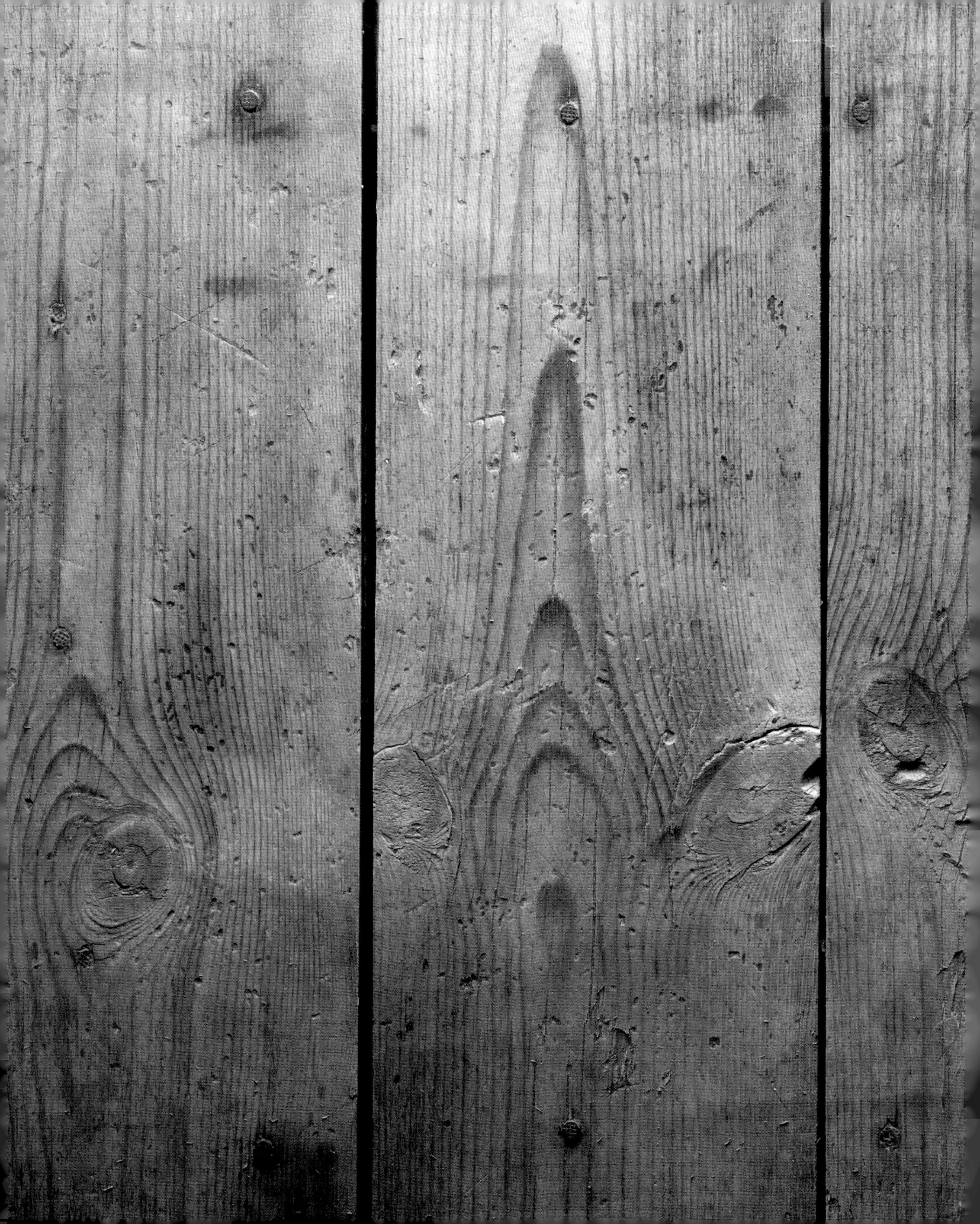

Kröntenhütte

Kappeler Milchsuppe mit Krönten-Zopf

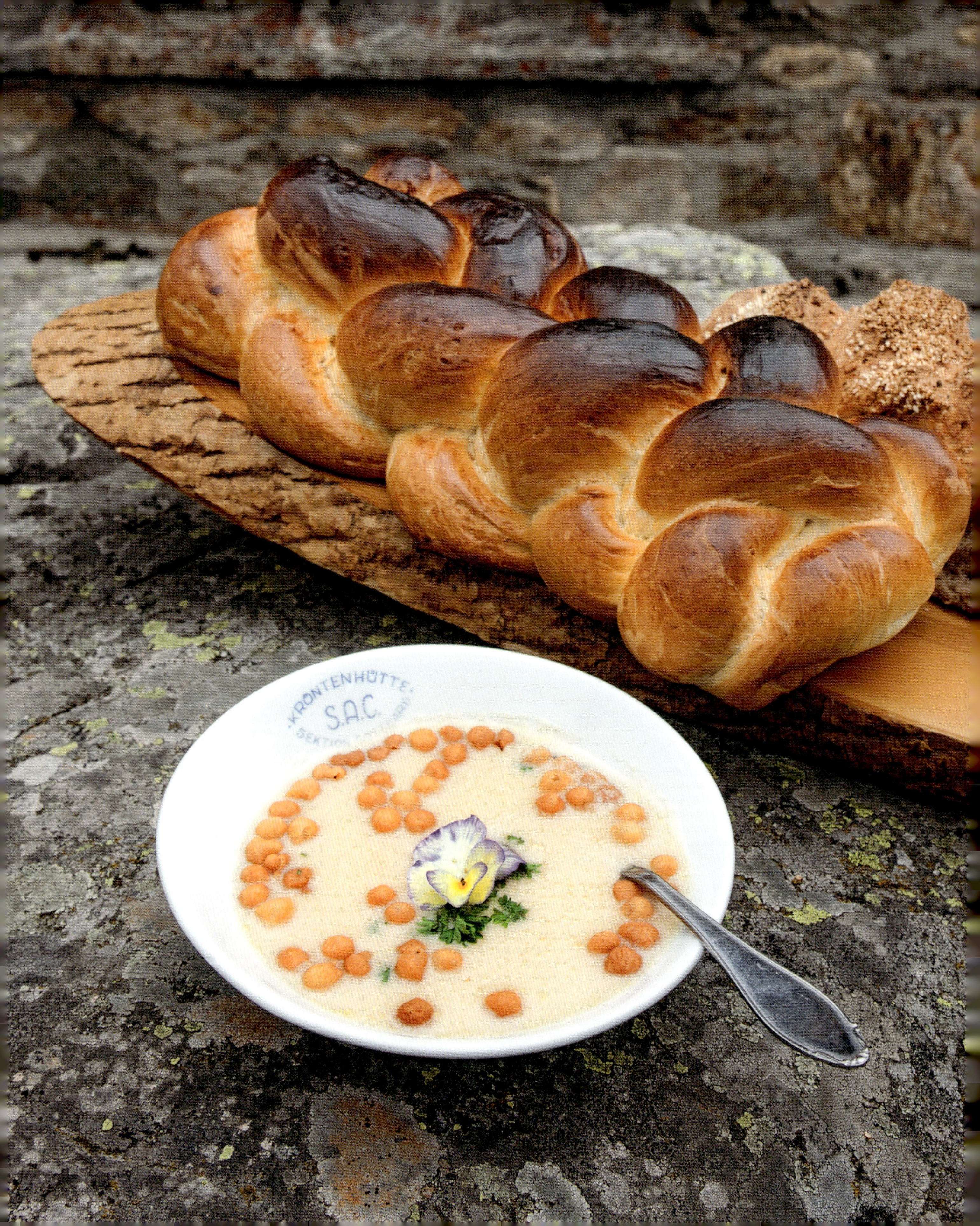
KRONTENHÜTTE
S.A.C.

Das Beste aus den Hüttenküchen *Kröntenhütte*

Kappeler Milchsuppe mit Krönten-Zopf

Kappeler Milchsuppe

4	Knoblauchzehen
25 g	Butter
30 g (1–2 EL)	Mehl
5 dl	Wasser
5 dl	Milch
ca. 50 g	Bouillon
	Pfeffer und Salz

Garnitur

Backerbsen, Petersilie und essbare Blüten

Krönten-Zopf

1 l	Milch
150 g	Butter
1½ (ca. 60 g)	Hefewürfel
3 TL	Salz
1	Ei
3 TL	Sumax (Treibmittel, kann auch weggelassen werden)
1½ kg	Mehl

Ergibt 2 Zöpfe à ca. 1,2 kg. Einen gleich geniessen, den anderen einfrieren und am nächsten Sonntag auf den Frühstückstisch stellen.

Kappeler Milchsuppe

Dieses Rezept ist eine «leichte» Art der Original Kappeler Milchsuppe, welche mit Zugabe von Brot und viel Käse eine deftige Mahlzeit darstellte. Knoblauchzehen hacken. Butter in der Pfanne zerlassen und den Knoblauch darin andünsten. Pfanne vom Herd nehmen und das Mehl in die Butter-Knoblauch-Masse einrühren, bis eine geschmeidige Paste entsteht. Wasser und Milch einrühren und die Pfanne wieder auf den Herd stellen. Bouillon zugeben und die Suppe unter ständigem Rühren aufkochen. Mit Pfeffer und Salz abschmecken. Vor dem Servieren Backerbsen, Petersilie und essbare Blüten auf die Suppe geben und geniessen.

Krönten-Zopf

Milch mit Butter erwärmen (40°C). Hefe und Salz dazugeben. Ei teilen, Eigelb zum Bestreichen des Zopfs aufbewahren, Eiweiss zum Teig geben. Sumax und Mehl zugeben und zu einem geschmeidigen Teig verkneten. Teig etwa 1 Stunde ruhen lassen. 2 Zöpfe formen (Tipp: locker flechten, damit der Zopf beim Aufgehen nicht reisst) und auf das mit Backpapier ausgelegte Backblech legen. Mit Eigelb (evtl. mit etwas Kaffeerahm, Rahm oder Milch gemischt) den Zopf bestreichen. Zopf nochmals gehen lassen und anschliessend bei 180°C ca. 1 Stunde backen. Testen, ob der Zopf richtig gebacken ist, indem man ihn auf dem Backblech auf einer Seite anhebt. Bleibt er schön stabil, ist er fertig gebacken. Wenn kleinere Zöpfe geformt werden, verkürzt sich die Backzeit.

Das Beste aus den Hüttenküchen *Kröntenhütte*

Kröntenhütte

1903 m

Unterwegs zur Hütte

Wer die Wanderzeit verkürzen will, kann ab Erstfeld mit Taxi, Auto (bewilligungspflichtig) oder Fahrrad bis hinauf nach Bodenberg fahren. Ab hier führen drei Wege hinauf zur Kröntenhütte. Der Geisspfad ist der kürzeste Weg mit einer Wanderzeit von rund 2 Stunden. Er weist steile Wegabschnitte auf, dafür hat man oben mehr Zeit, um die Aussicht zu geniessen! Unterwegs bei der «Hutzitanne» lädt ein Bänklein zu einer Pause ein. Über vom Gletscher geschliffene Steinplatten geht es weiter aufwärts, vorbei an einer eindrücklichen Gletschermühle. Je nach Jahreszeit hüpft einem schon mal ein Frosch über den Weg, Murmeltiere suchen nach Futter, und vielleicht erspäht man sogar einen Adler, welcher hoch oben seine Kreise zieht. Wer Heidelbeeren liebt und im Spätsommer oder Herbst unterwegs ist, sollte mehr Zeit einplanen: Am Wegrand wachsen viele dieser Sträucher, behangen mit den süssen Beeren! Rund um die 2014 renovierte Kröntenhütte gibt es viel zu sehen und zu erleben. Die Tyrolienne und eine Slackline sorgen für viel Spass. Wer Ruhe sucht, kann zum Beispiel zum Obersee spazieren. Und wen nach dem Nachtessen nach musikalischer Unterhaltung gelüstet, der darf gerne die Gitarre von der Wand nehmen und die Anwesenden bis zur Bettruhe unterhalten.

Besonderes

Zuhinterst im Erstfeldertal liegt die Moorlandschaft Fulensee. Sie bietet einen faszinierenden Lebensraum für viele Tiere und Pflanzen. Zum Beispiel den Schwingrasen, eine dichte, auf dem Wasser schwingende Pflanzendecke. Aber auch spezielle Spinnen, Schmetterlinge und andere Insekten sind zu beobachten.

Tochter Corinne und ihre Eltern Irene und Markus posieren vor ihrer Hütte.

Wanderzeit/Schwierigkeitsgrad
4 Std./T2

Ausgangsort
Erstfeld

Eigentümer
SAC-Sektion Gotthard

Hüttenwarte
Irene und Markus Wyrsch

Hüttentelefon
+41 (0)41 880 01 22

Website
www.kroentenhuette.ch

Bewartungszeit
Die Hütte ist ab Mitte Juni bis Oktober bewartet.

Übernachtungsmöglichkeit
In mehreren Zimmern stehen 80 Schlafplätze mit Duvets und Kissen zur Verfügung.

Verpflegungsmöglichkeit
Suppe, Käseplättli, Kröntenplättli, Rösti, Käseschnitten, Spaghetti, Brischtner Nydlä und süsses Selbstgebackenes.

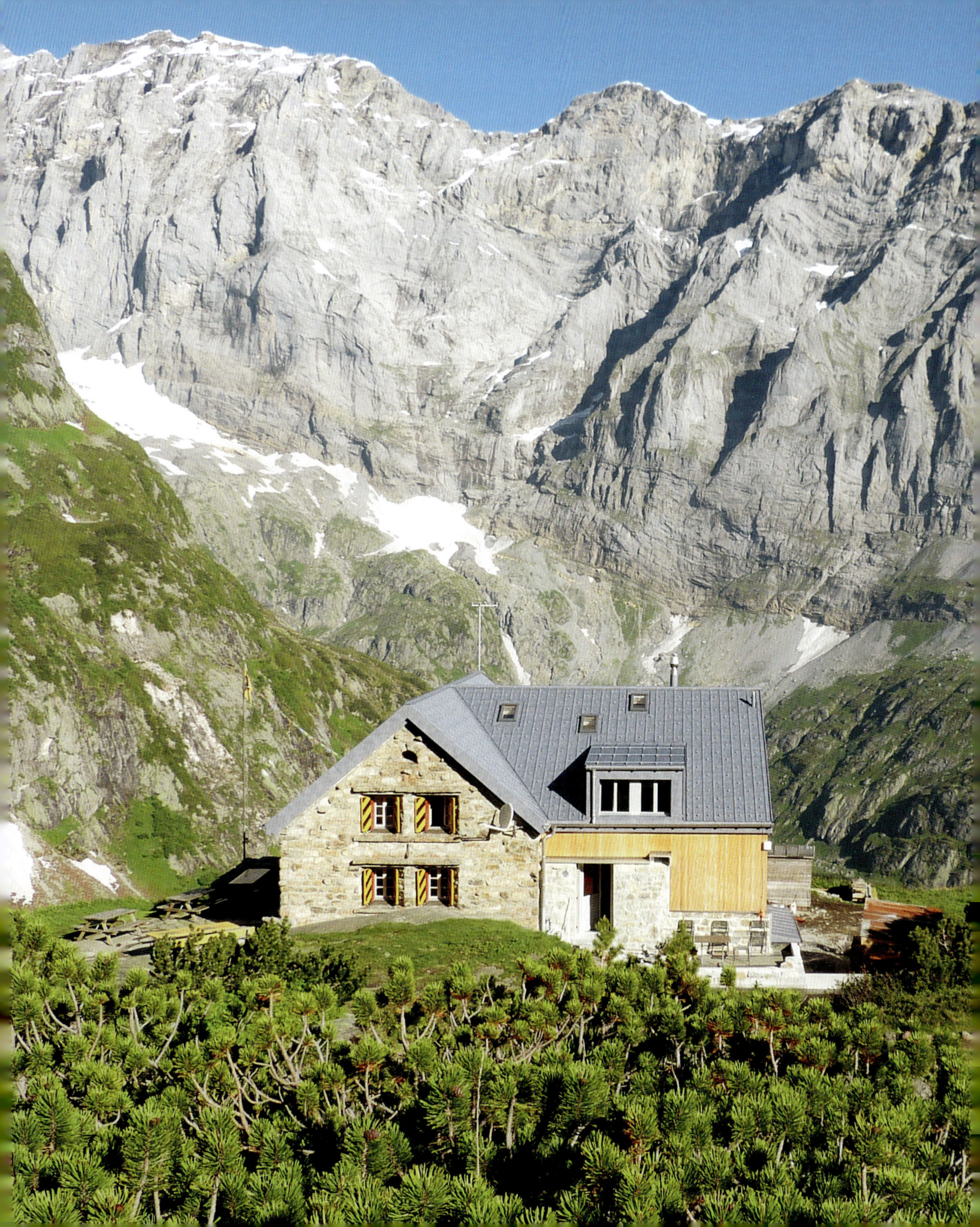

Das Beste aus den Hüttenküchen *Kröntenhütte*

Bild oben: Wer die süssen Heidelbeeren liebt, welche am Wegrand wachsen, der sollte etwas mehr Wanderzeit einrechnen!

Bild unten: Alpen-Milchlattich blüht am Wegrand.

Bild links: Zum Glück gibt es Wege – das Dickicht der Zwergsträucher wäre zum Teil nur schwer zu durchdringen.

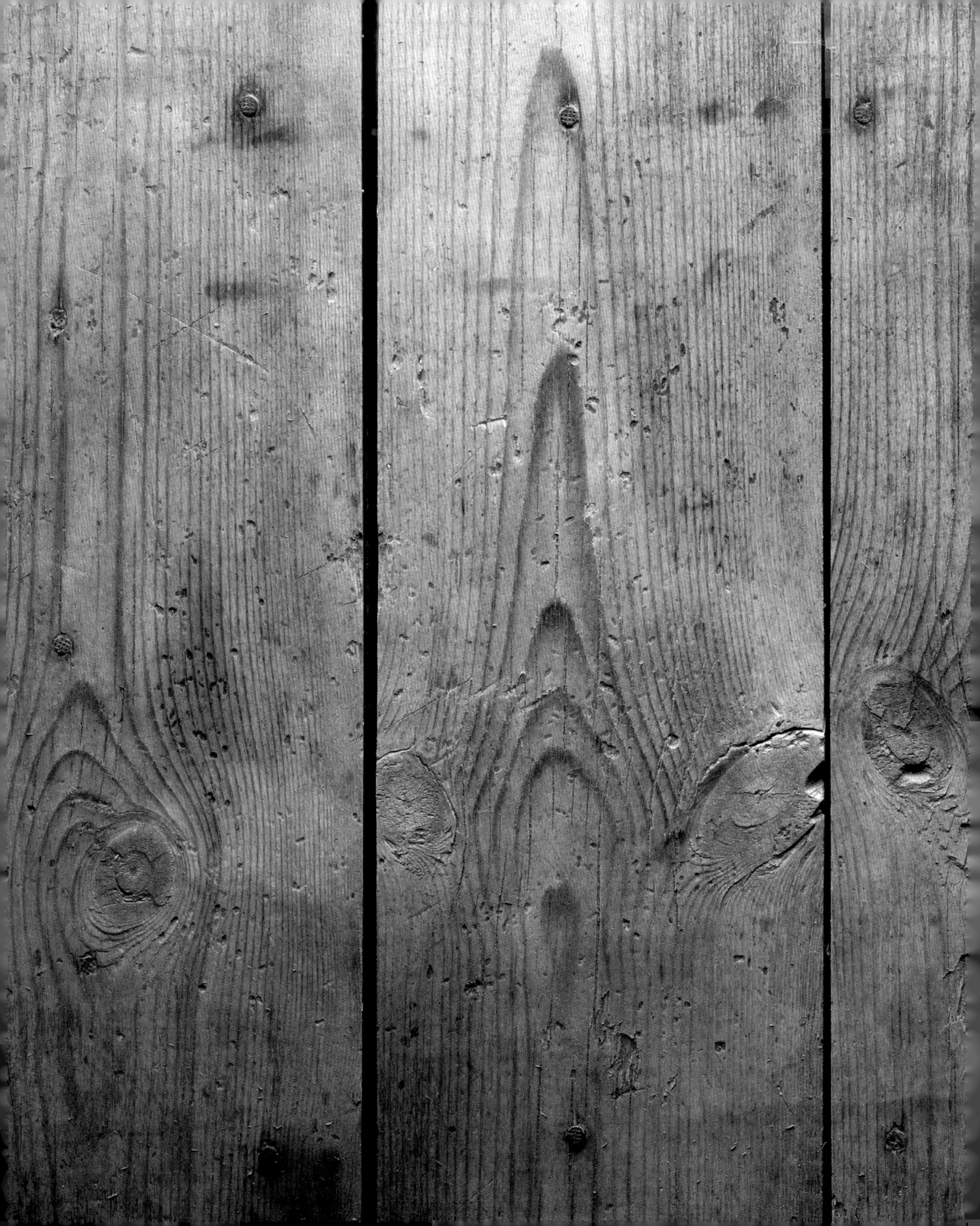

Wildstrubelhütte
Reisbrot

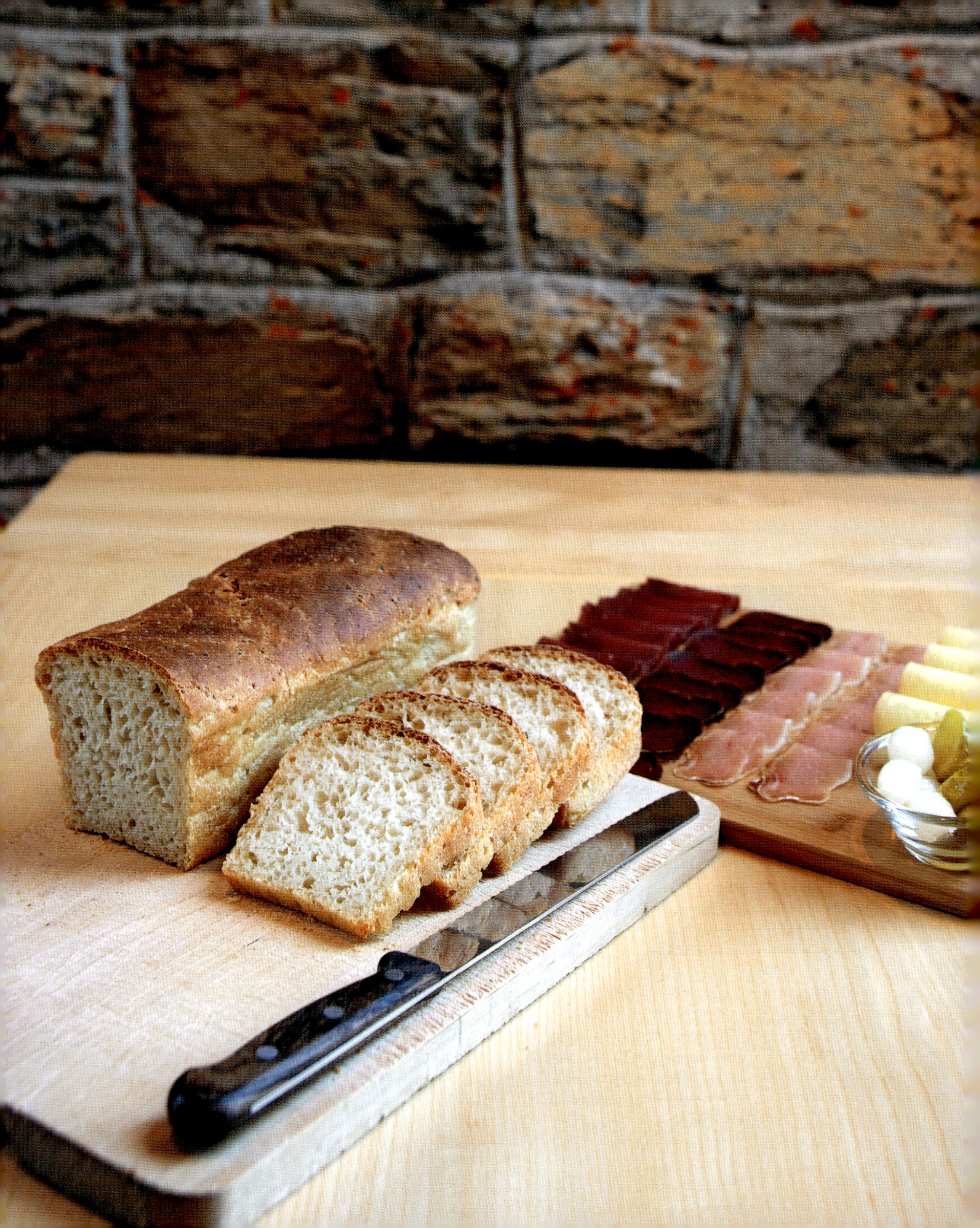

Das Beste aus den Hüttenküchen *Wildstrubelhütte*

Reisbrot

225 g	gekochter Reis
½ dl	Öl
3 dl	Wasser
1 EL	Zucker
1 EL	Salz
20 g	Hefe
500 g	Mehl

Reis, Öl, Wasser, Zucker, Salz und Hefe zusammen pürieren. Das Mehl darunterkneten und den Teig zugedeckt 30 Minuten gehen lassen. In eine Cakeform füllen und nochmals 30–40 Minuten gehen lassen. Den Ofen auf 250 °C vorheizen. Ein mit Wasser gefülltes Blech unten in den Ofen schieben, das Brot ebenfalls hineinschieben und 20 Minuten im Wasserdampf backen. Die Hitze auf 180 °C reduzieren, das Blech mit dem Wasser herausnehmen und das Reisbrot weitere 40 Minuten backen. Das Brot aus der Form nehmen und 15–20 Minuten fertigbacken.

Das Beste aus den Hüttenküchen *Wildstrubelhütte*

Wildstrubelhütte

2793 m

Unterwegs zur Hütte

Ausgangspunkt des Hüttenweges hinauf zur Wildstrubelhütte ist Lenk, beziehungsweise die Iffigenalp, welche mit dem Bus, aber auch mit Auto und Fahrrad erreichbar ist. Bereits von hier kann in der Ferne die Wand mit den Felspassagen, an der der Hüttenweg hinaufführt, erkannt werden. Der Aufstieg ist nicht einfach, müssen doch einige Höhenmeter überwunden werden. Am besten wird die Wanderung gemütlich angegangen. Genügend Pausen und der Blick hinunter ins Iffigtal erleichtern die Wanderung. Es gibt enge Passagen, wo der Weg in die Felswand gesprengt und gemeisselt wurde, weshalb Schwindelfreiheit von Vorteil ist. Wenn nötig sind Seile platziert. Eine gemütlicher Platz für eine längere Pause ist die Blattihütte. Doch irgendwann muss weitergegangen werden, und auch die Gondel, welche innerhalb weniger Minuten neben der Wildstrubelhütte vorbeischwebt, nützt hier nichts. Diese gehört der Schweizer Armee und ist nicht öffentlich zugänglich. Die drei Rawilseeleni eignen sich als weiterer Rastplatz. Es folgen noch einige Höhenmeter, dann ist die Hütte erreicht, welche auf einem kleinen, steinigen Plateau gebaut und vor einigen Jahren mit einem Anbau ergänzt wurde. Der Rawilpass und die angrenzenden Karrenfelder lassen sich von der sonnigen Terrasse wunderbar bestaunen. Rund 20 Minuten von der Hütte entfernt befindet sich ein Klettergarten, welcher auch für Familien geeignet ist.

Besonderes

Speziell ist die Boulderwand, die im Dachstock der alten Hütte eingerichtet wurde. Sie ist 39 m² gross und mit verschieden schwierigen Routen ausgestattet. Als Unterlage dienen alte Matratzen.

Noch bis Herbst 2015 sind Hüttenwartin Daniela und ihr Ehemann Pascal auf der Hütte anzutreffen.

Wanderzeit/Schwierigkeitsgrad
3½ Std./T2

Ausgangsort
Iffigenalp

Eigentümer
SAC-Sektionen Kaiseregg und Wildhorn

Hüttenwartin
Daniela Rufener

Hüttentelefon
+41 (0)33 744 33 39

Website
www.wildstrubelhuette.ch

Bewartungszeit
Ende Juni bis Mitte Oktober

Übernachtungsmöglichkeit
Insgesamt stehen 68 Schlafplätze mit Duvets und Kissen zur Verfügung.

Verpflegungsmöglichkeit
Älpler-Röschti, Hobelkäse-Teller, Käseschnitte, Käse- oder Walliser-Tomaten-Fondue sowie selbstgebackene Süssigkeiten.

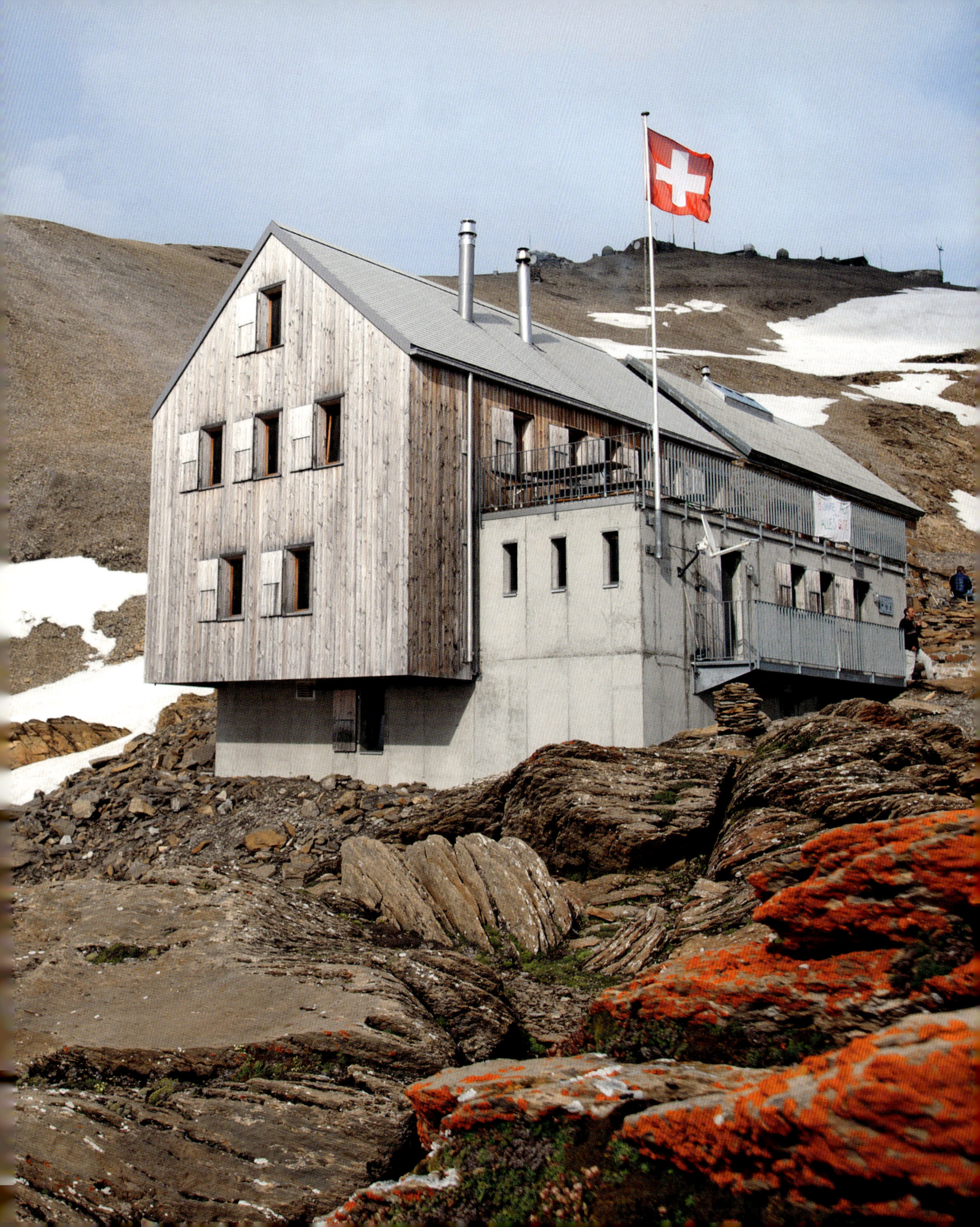

Das Beste aus den Hüttenküchen *Wildstrubelhütte*

Bild oben: Der Dachstock mit Boulderwänden begeistert Gross und Klein.

Bild unten: Verschiedene Blumen blühen hier oben wie zum Beispiel das farbintensive Männertreu.

Bild links: Von der Terrasse aus hat man einen schönen Weitblick hinunter auf den Rawilpass.

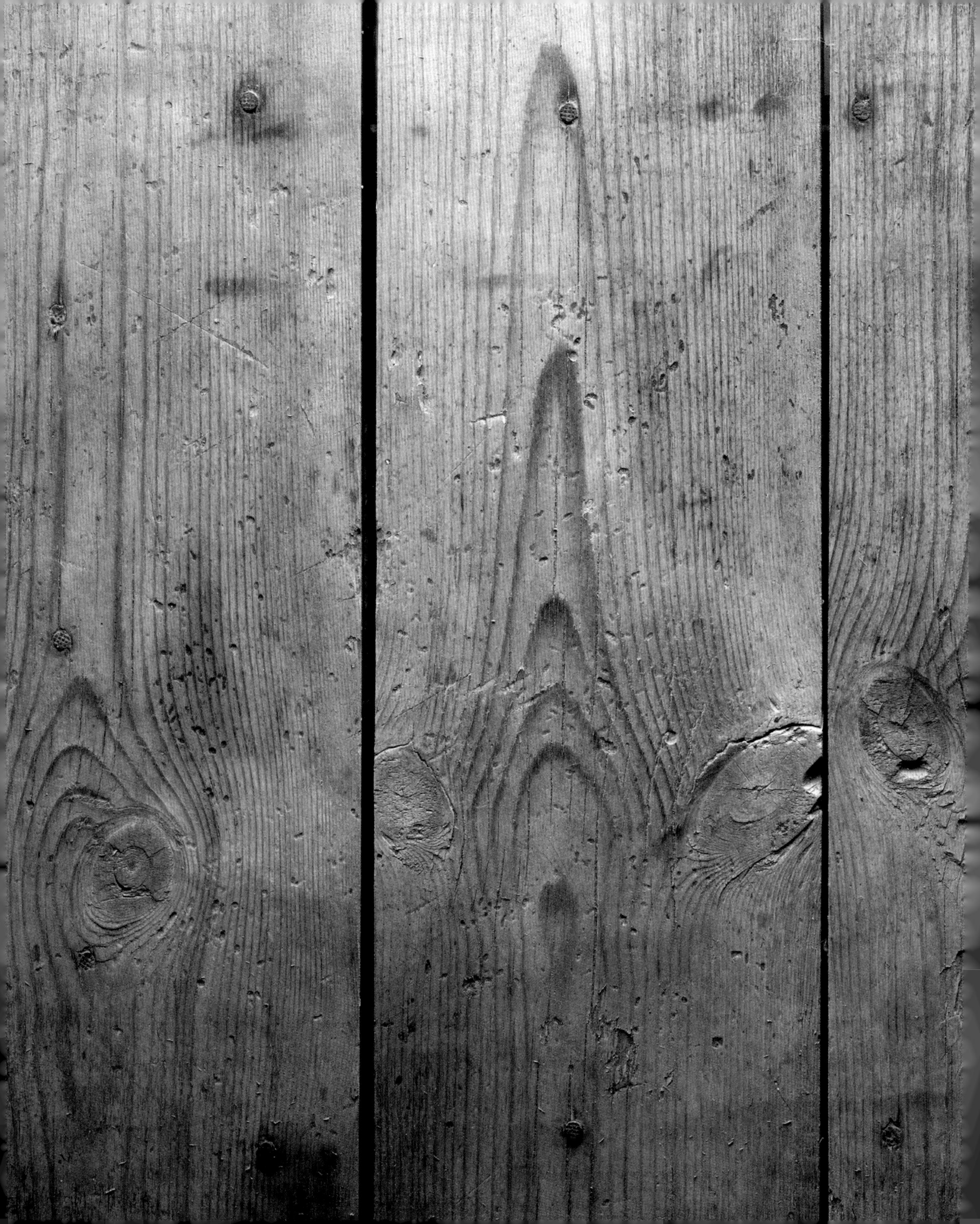

Gelmerhütte

Sellerieschaum-suppe mit Peterli

GELMERHÜTTE
2412 m ü. M.

Das Beste aus den Hüttenküchen *Gelmerhütte*

Sellerieschaum-suppe mit Peterli

30 g	Petersilie
200 g	Kartoffeln, mehlig kochend
200 g	Sellerie
1	kleine Zwiebel
2 EL	Butter
1 l	Bouillon
	Salz und Pfeffer
	Muskatnuss
3 dl	Milch
2 Scheiben	Brot
1	Knoblauchzehe
2 dl	Rahm

Die Petersilienblätter von den Stielen zupfen und in kochendem Salzwasser 1 Minute blanchieren. Abgiessen und in kaltem Wasser abschrecken. Kartoffeln und Sellerie schälen und klein schneiden. Die Zwiebel schälen und fein hacken. Das Gemüse in Butter andünsten, die Petersilie beifügen und mit Bouillon ablöschen. Mit Salz, Pfeffer und Muskatnuss würzen, danach ca. 15 Minuten köcheln lassen. Die Milch beifügen und die Suppe nochmals aufkochen. Wenn nötig abschmecken. Das Brot in kleine Würfel schneiden und in Butter goldbraun braten. Fein gehackten Knoblauch zum Brot geben und kurz mitdünsten. Vor dem Servieren den Rahm unter die Suppe ziehen und die Brotwürfelchen darüberstreuen.

Das Beste aus den Hüttenküchen *Gelmerhütte*

Gelmerhütte

2412 m

Unterwegs zur Hütte

Wer den ganzen Weg zu Fuss zurücklegen möchte, fährt mit dem Postauto, Auto oder Fahrrad bis Handegg, Künzentännlein. Wen aber die steilste Standseilbahn Europas interessiert und wer die Wanderzeit um eine Stunde verkürzen möchte, der hält bereits bei der Haltestelle Handegg an. Eine Hängebrücke führt 70 Meter hoch über die Schlucht des Handeckfalls hinüber zur Gelmerbahn. Wer nicht bereits im Tourist Center Grimseltor in Innertkirchen oder online ein Zeitticket gekauft hat, muss je nach Andrang etwas warten. Es lohnt sich jedoch, denn die Fahrt hinauf zum Gelmerstausee ist erstaunlich steil! Beidseitig des Gelmersees führt der Weg zum gegenüberliegenden Ufer. Heidelbeeren und Blumen säumen den Pfad, vielleicht sieht man sogar einen Grasfrosch vorbeihüpfen. Nach der Überquerung des Diechterbachs folgt der eher steile Aufstieg hinauf zur Gelmerhütte, bestückt mit vielen Steinstufen. Eindrücklich fliesst das Bergbachwasser über grosse Felsplatten Richtung See hinunter. Die Hütte ist bereits von weitem sichtbar und schon bald erreicht. Diese Wanderung eignet sich gut als Tagesausflug, und auch ein intensives Berglauftraining wäre hier möglich. Eine kleine Terrasse lädt zum Verweilen ein, mit Sicht hinunter zum türkisfarbenen See. Zu staunen gibt das überdimensionale Taburett(li), welches vor der Tür platziert ist. Rund um die Hütte können Murmeltiere beobachtet werden, weiter oben mit viel Glück sogar Steinböcke. Von hier aus sind Kletter- und Hochtouren möglich, für Familien ist das Ofenrohrseeli ein ideales Wanderziel.

Besonderes

Nebst dem Taburett gibt es noch die mittlere Höhe Europas zu entdecken. Beim alten WC-Häuschen findet der aufmerksame Besucher eine kleine, rote Plakette.

Hüttenart Peter mit seiner Familie auf der Terrasse, im Hintergrund der Gelmersee.

Wanderzeit/Schwierigkeitsgrad
3 Std./T2

Ausgangsort
Postautohaltestelle Handegg, Kunzentännlein

Eigentümer
SAC-Sektion Brugg

Hüttenwart
Peter Schläppi

Hüttentelefon
+41 (0)33 973 11 80

Website
www.gelmerhuette.ch

Bewartungszeit
Mitte Juni bis Mitte Oktober

Übernachtungsmöglichkeit
In mehreren Zimmern stehen insgesamt 55 Schlafplätze mit Duvets und Kissen zur Verfügung.

Verpflegungsmöglichkeit
Suppe, Zvieriplättli, Spiegelei, Wienerli oder Schweinswürste mit Brot, Käseschnitte, Gelmerrösti natur oder mit Speck, Käse und Ei sowie süsses Selbstgebackenes.

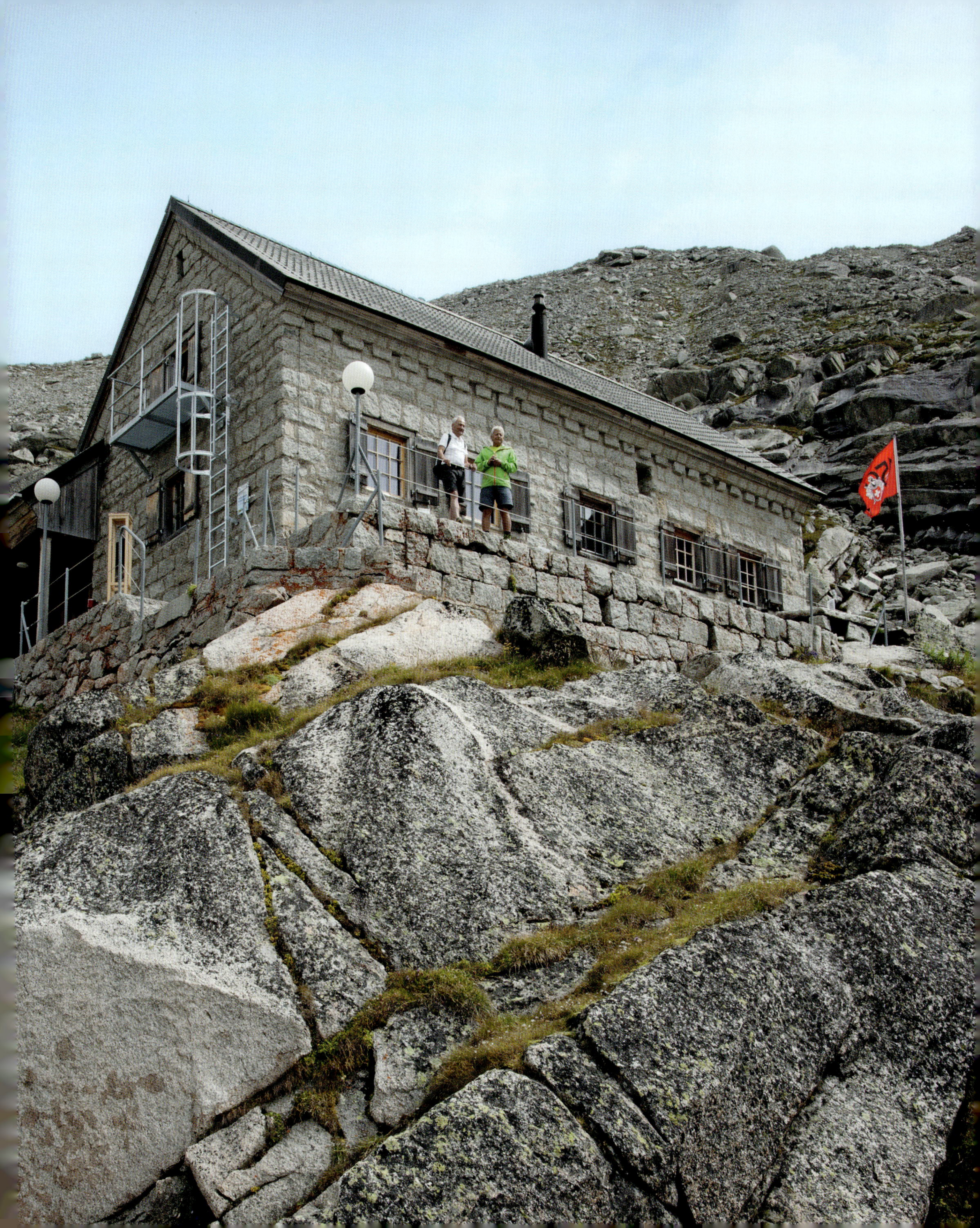

Das Beste aus den Hüttenküchen *Gelmerhütte*

Bild oben: Manch kalte Nacht müssen die kleinen Pflänzchen in den Bergen aushalten, wie zum Beispiel der Deutsche Enzian.

Bild unten: Eine besondere Attraktion ist das 1,5 Meter hohe Taburett. Der Künstler schreibt dazu: «Wer sich da draufsetzt, der sitzt präzis in der Hälfte zwischen dem höchsten und dem tiefsten Punkt der Schweiz».

Bild links: Der Gelmersee prägt die Landschaft.

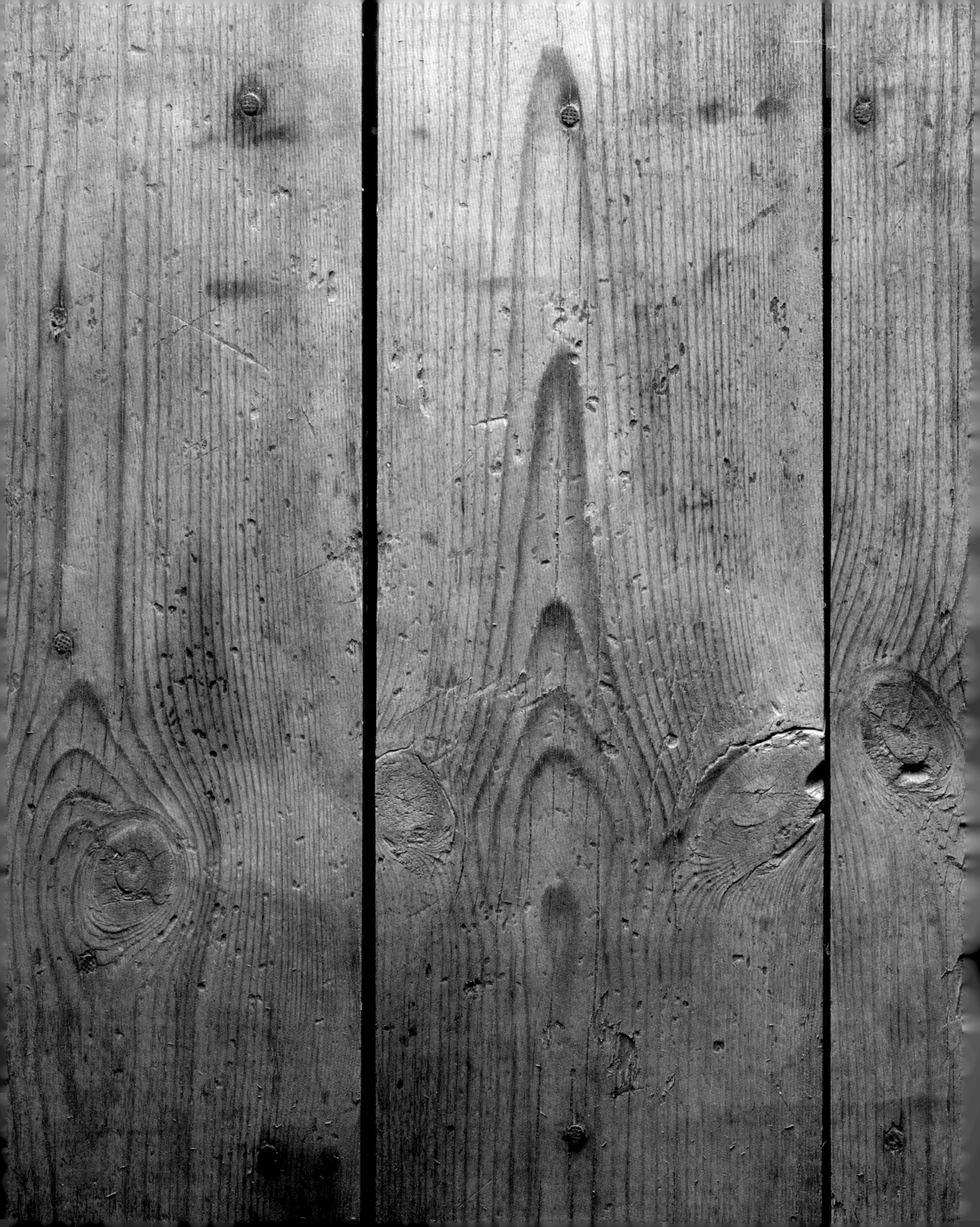

Dammahütte

Urner Käsesuppe

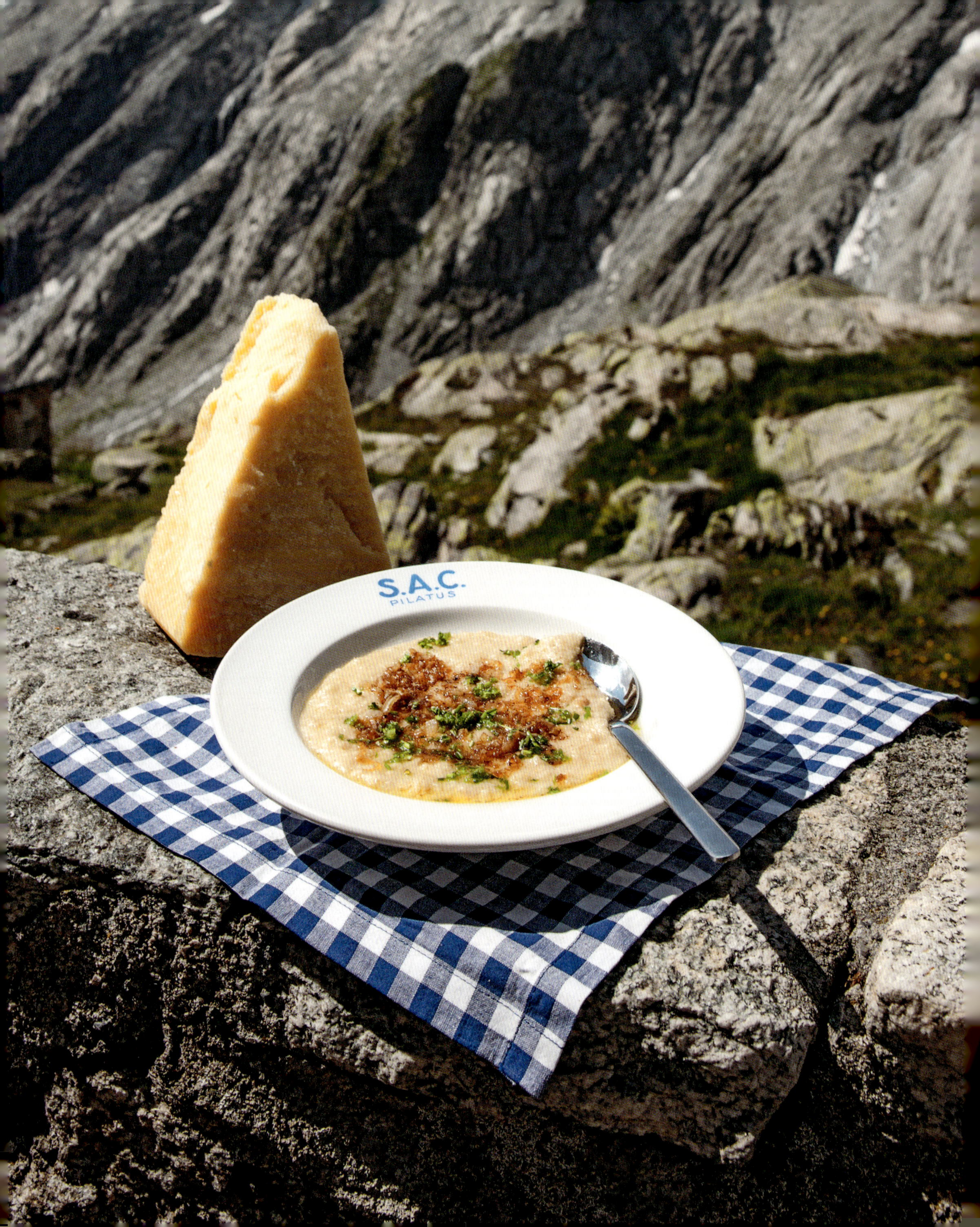
S.A.C.
PILATUS

Das Beste aus den Hüttenküchen *Dammahütte*

Urner Käsesuppe

250–300 g	altes, dunkles Brot mit Rinde
1 EL	Butter, zum Anbraten
400 g	Alpkäse, gerieben
ca. 1 l	Fleischbouillon
3	Zwiebeln
60 g	Butter, zum Rösten der Zwiebeln

Garnitur

Schnittlauch

Brot in Wasser aufweichen. Von Hand ein wenig ausdrücken, damit es nicht zu nass ist. Zusammen mit der Butter und dem geriebenen Käse unter ständigem Rühren auf kleinem Feuer erhitzen. Nach und nach die Fleischbouillon dazugiessen. Alles gut durchmischen. Beim Servieren die fein gehackten, in reichlich Butter gerösteten Zwiebeln darübergeben. Nachwürzen wenn nötig (je nach Käse). Mit Schnittlauch garnieren.

Diese Suppe, deren Rezeptur eine jahrhundertealte Tradition hat, weist eine dickflüssige Konsistenz auf, ist sehr nahrhaft und eine Alternative zu einer Käseschnitte oder -rösti.

Das Beste aus den Hüttenküchen *Dammahütte*

Dammahütte

2439 m

Unterwegs zur Hütte

Ausgangspunkt ist die Göscheneralp, welche mit Postauto, Taxi, Auto oder Fahrrad erreichbar ist. Ob man das linke oder rechte Seeufer wählt – beide Wege führen ans gegenüberliegende Ufer. Dort zweigt der Weg Richtung Dammahütte ab, welche am Fuss der Dammakette liegt, wobei der Dammastock mit 3637 Metern der höchste Berg im Kanton Uri ist. Wer den Klimahörpfad nutzt, der rund um den See bis ins Vorfeld des Dammagletschers führt, sollte unbedingt etwas mehr Zeit einplanen. Mittels Audioguide, welcher im Kiosk des Restaurants Dammagletscher ausgeliehen oder vorgängig als Podcast heruntergeladen werden kann, erhalten Erwachsene wie auch Kinder interessante Informationen zu Themen wie steinfressende Bakterien, Toteis oder Klimaschutz. Das letzte Teilstück hinauf zur Hütte ist steil, aber das Ziel naht. Bei schönem Wetter sitzen die Wanderer draussen neben der Hütte und bestellen ihre Getränke direkt an der Bar. Die Dammahütte wurde an der Landesausstellung 1914 in Bern ausgestellt, 1915 zum heutigen Standort transportiert und dort wieder aufgebaut. Heute ist das Haus denkmalgeschützt und eine der kleinsten bewarteten Hütten des SAC.

Besonderes

Im Herbst, wenn zur Jagd geblasen wird, bringen einheimische Jäger Leckerbissen, die in der Vorderröti, am Fusse des Dammas, geschossen wurden, hinauf zur Dammahütte. Auf Vorbestellung kann ein gut gewürzter Gämspfeffer oder ein Rehschnitzel mit herbstlichen Beilagen genossen werden.

Hüttenwart Peter (rechts) mit der guten Fee Martha sowie Toni, dem Hüttentechniker und Teilzeitwart.

Wanderzeit/Schwierigkeitsgrad
3 Std./T2

Ausgangsort
Göscheneralp

Eigentümer
SAC-Sektion Pilatus

Hüttenwart
Peter Ming

Hüttentelefon
+41 (0)41 885 17 81

Website
www.dammahuette.ch

Bewartungszeit
Die Hütte ist von Anfang Juli bis Ende September bewartet.

Übernachtungsmöglichkeit
Unter dem Dach stehen in einem einzigen Schlafsaal 22 Schlafplätze mit Decken und Kissen zur Verfügung.

Verpflegungsmöglichkeit
Suppe, Schweinswürstli, verschiedene Röstis und Käseschnitten, Birchermüesli sowie selbstgebackene Kuchen.

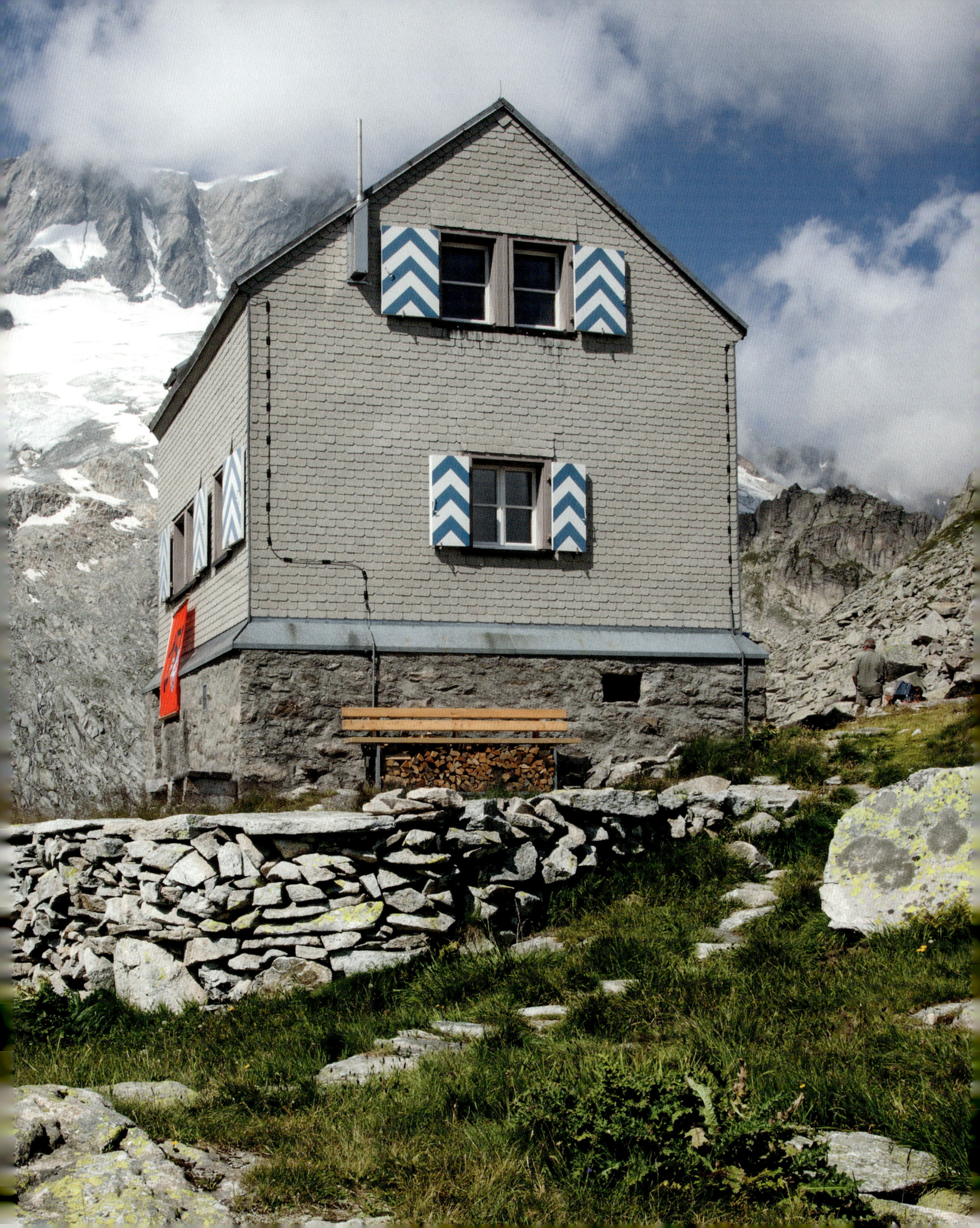

Das Beste aus den Hüttenküchen *Dammahütte*

Bild oben: Bei einer der kleinsten bewarteten Hütten des SAC ist selbstverständlich auch die Küche nicht sehr gross!

Bild unten: Der Klimahörpfad erzählt über das Gebiet.

Bild links: In dieser felsigen Landschaft wirkt die Dammahütte ganz klein.

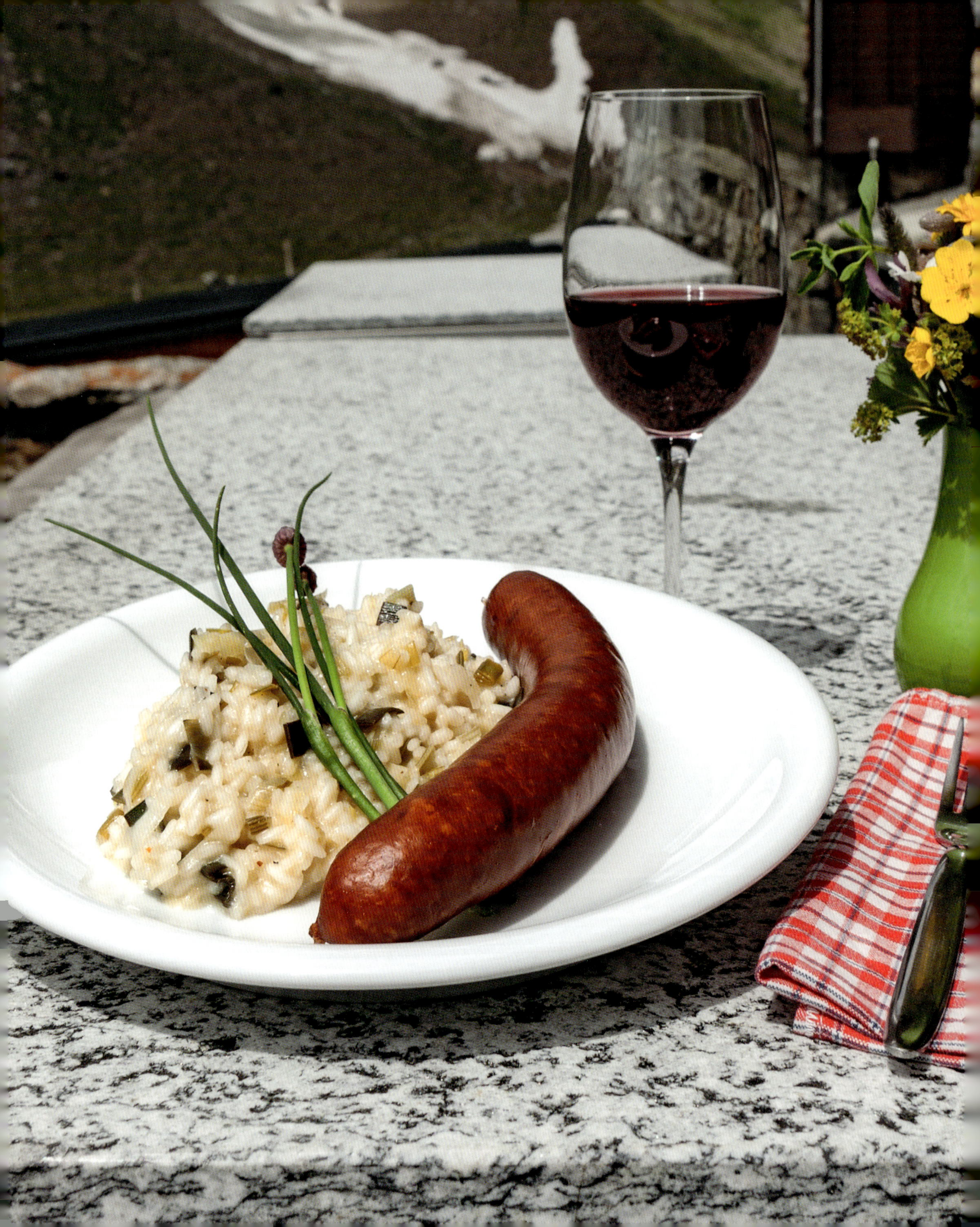

Hauptspeisen mit Fleisch

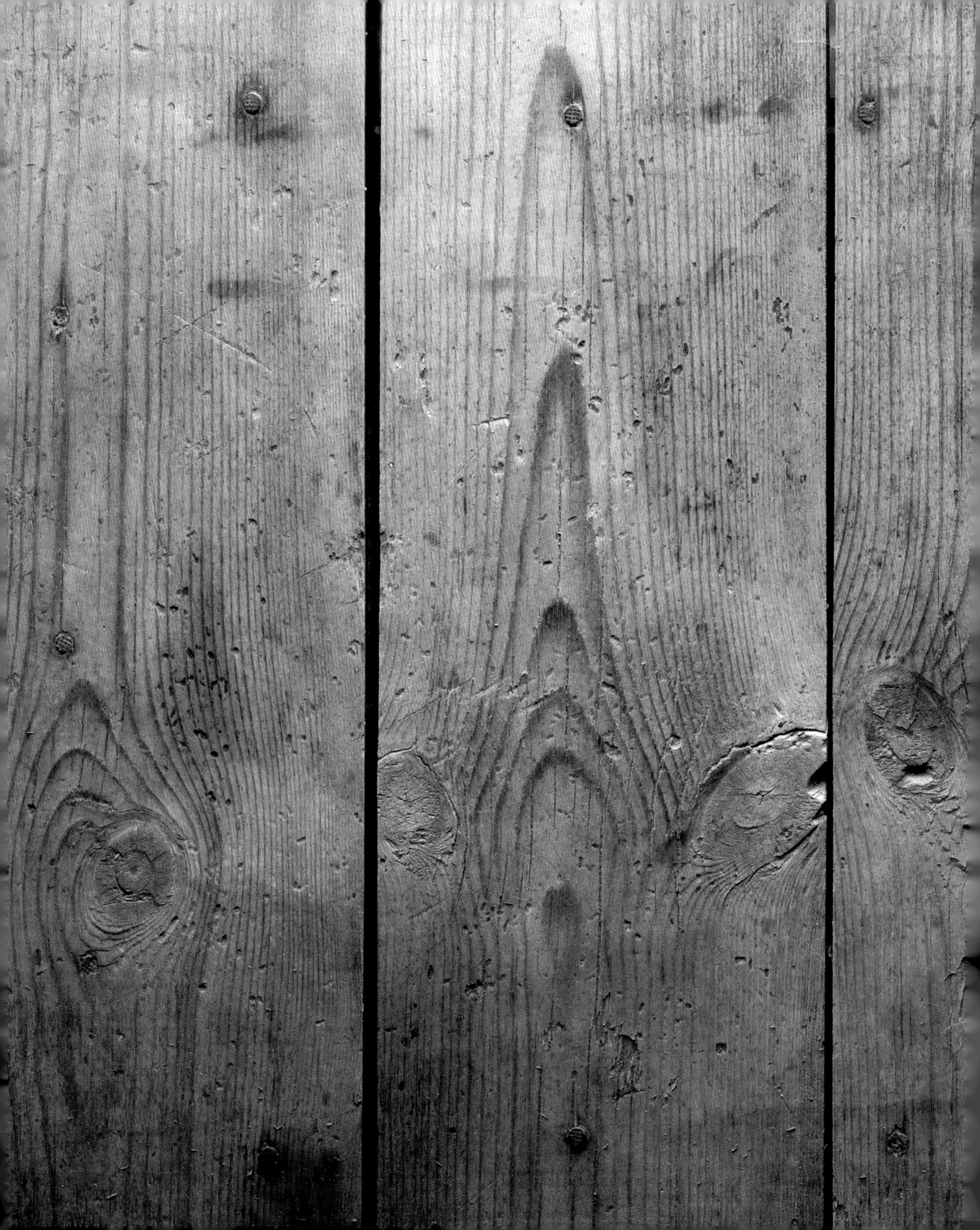

Wildhornhütte
Bärner Röschti

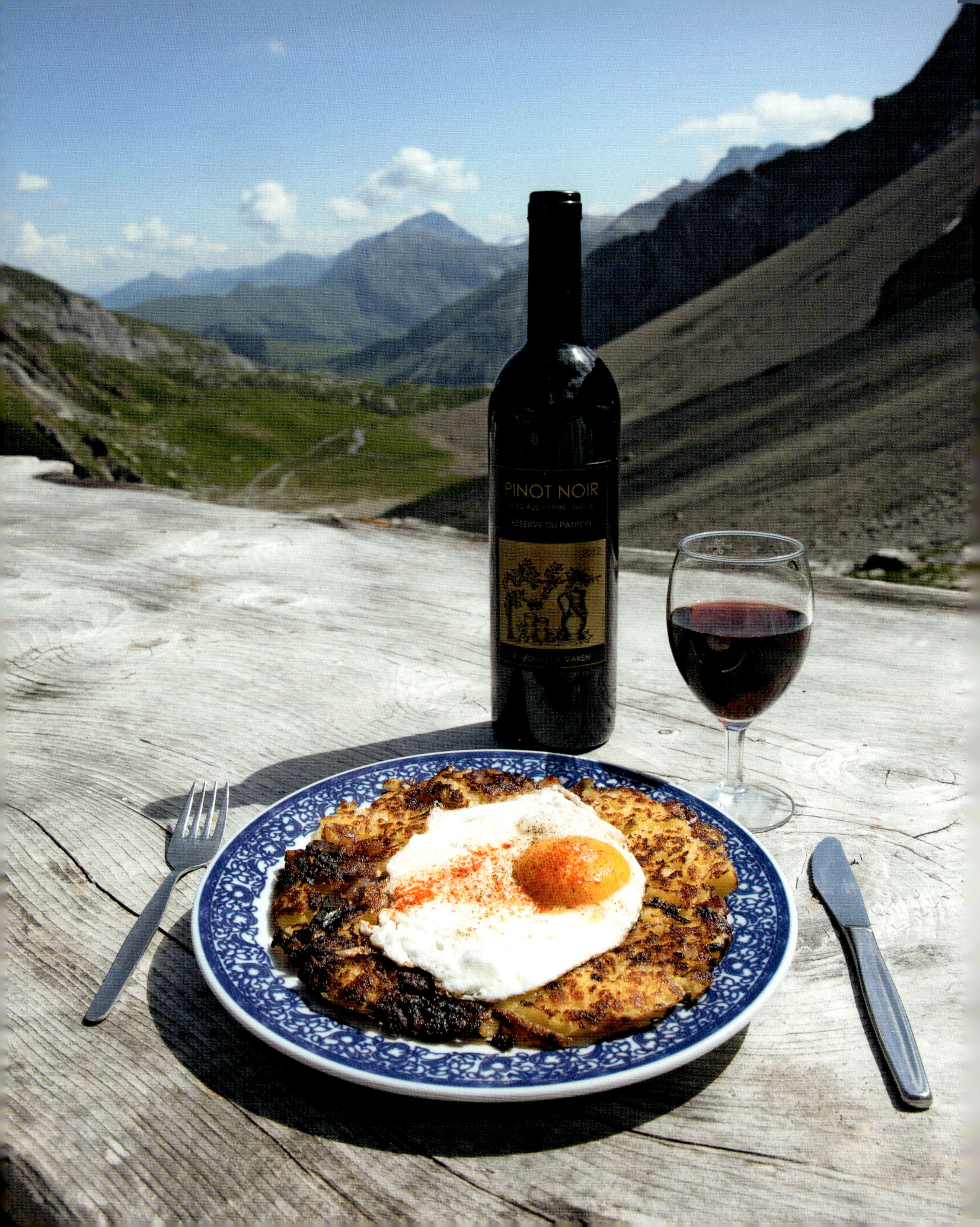
PINOT NOIR
RESERVE DU PATRON
2012

Das Beste aus den Hüttenküchen *Wildhornhütte*

Bärner Röschti

1,5 kg	Kartoffen, geschwellt, hartkochend
etwas	Speck
etwas	Zwiebeln
	Bratfett
4	Eier
	Salz und Pfeffer
	Paprika
nach Belieben	Bergkäse, geraffelt

Die Zwiebeln und den Speck andünsten. Die Kartoffeln raffeln und dazugeben. Mehrmals wenden und salzen. Den Bergkäse dazugeben und die Rösti solange braten, bis sie auf beiden Seiten schön knusprig und braun ist. Die Rösti auf einen Teller geben und in der gleichen Pfanne vier Spiegeleier zubereiten. Auf die Rösti legen und heiss servieren.

Das Beste aus den Hüttenküchen *Wildhornhütte*

Wildhornhütte
2303 m

Unterwegs zur Hütte

Ausgangspunkt des Hüttenweges hinauf zur 2014 erweiterten Wildhornhütte ist Lenk beziehungsweise die Iffigenalp. Wer möchte, kann sich im Berghaus verköstigen, bevor die kurzweilige Wanderung zur Wildhornhütte in Angriff genommen wird. Der Weg führt durch das Iffigtal hinauf, welches im Naturschutzgebiet Gelten-Iffigen gelegen ist. Linkerhand ist der Iffig-Wasserfall zu sehen, und bald schon naht der kleine See, dessen Farbintensität und Klarheit beeindrucken. Hier lässt es sich vorzüglich ausruhen und das eingepackte Picknick verköstigen. Auch das Fischen ist hier möglich. Die dazu erforderlichen Tageskarten können im Berggasthaus oder bei den Älplern beim See bezogen werden. Hinten im Tal ist bereits die Wildhornhütte zu sehen. Grosse Eile ist deshalb nicht nötig. Je nach Jahreszeit blühen verschiedene Blumen und es ist sogar möglich, Versteinerungen zu finden, was besonders für Kinder etwas Einmaliges ist. Bei der Hütte angekommen, setzt man sich am besten als erstes auf die Terrasse und lässt den Blick zurück ins Tal schweifen. Für Kinder gibt es rund um die Hütte viel Platz zum Spielen. In unmittelbarer Hüttennähe befindet sich ein Kinderklettergarten, die «grösseren Alpinisten» avisieren Gipfelsteigungen aufs Wildhorn oder aufs Schnidehorn. Ein Feldstecher sollte unbedingt eingepackt sein. Das wache Auge entdeckt vielleicht eine Gruppe Steinböcke. Auch ein beeindruckend grosser Bartgeier hat die Wildhornhütte schon einmal besucht!

Besonderes

Nicht weit ist es bis hinauf zum Schnidejoch, dem Übergang ins Wallis. Dort, wo der Gletscher vor ein paar Jahren prähistorische Kleidungsstücke und Jagdutensilien freigegeben hat.

Hüttenwart Willy ist einer, der anpackt und für seine Gäste da ist.

Wanderzeit/Schwierigkeitsgrad
2¾ Std./T2

Ausgangsort
Iffigenalp

Eigentümer
SAC-Sektion Moléson

Hüttenwart
Willy Romang

Hüttentelefon
+41 (0)33 733 23 82

Website
www.wildhornhuette.com

Bewartungszeit
Ende Juni bis Anfang Oktober

Übernachtungsmöglichkeit
Insgesamt stehen 96 Schlafplätze mit Duvets und Kissen zur Verfügung.

Verpflegungsmöglichkeit
Suppe, Suppe mit Schweinswürstli, verschiedene Röstis und Käseschnitten, Wildhornplättli sowie selbstgebackene Süssigkeiten.

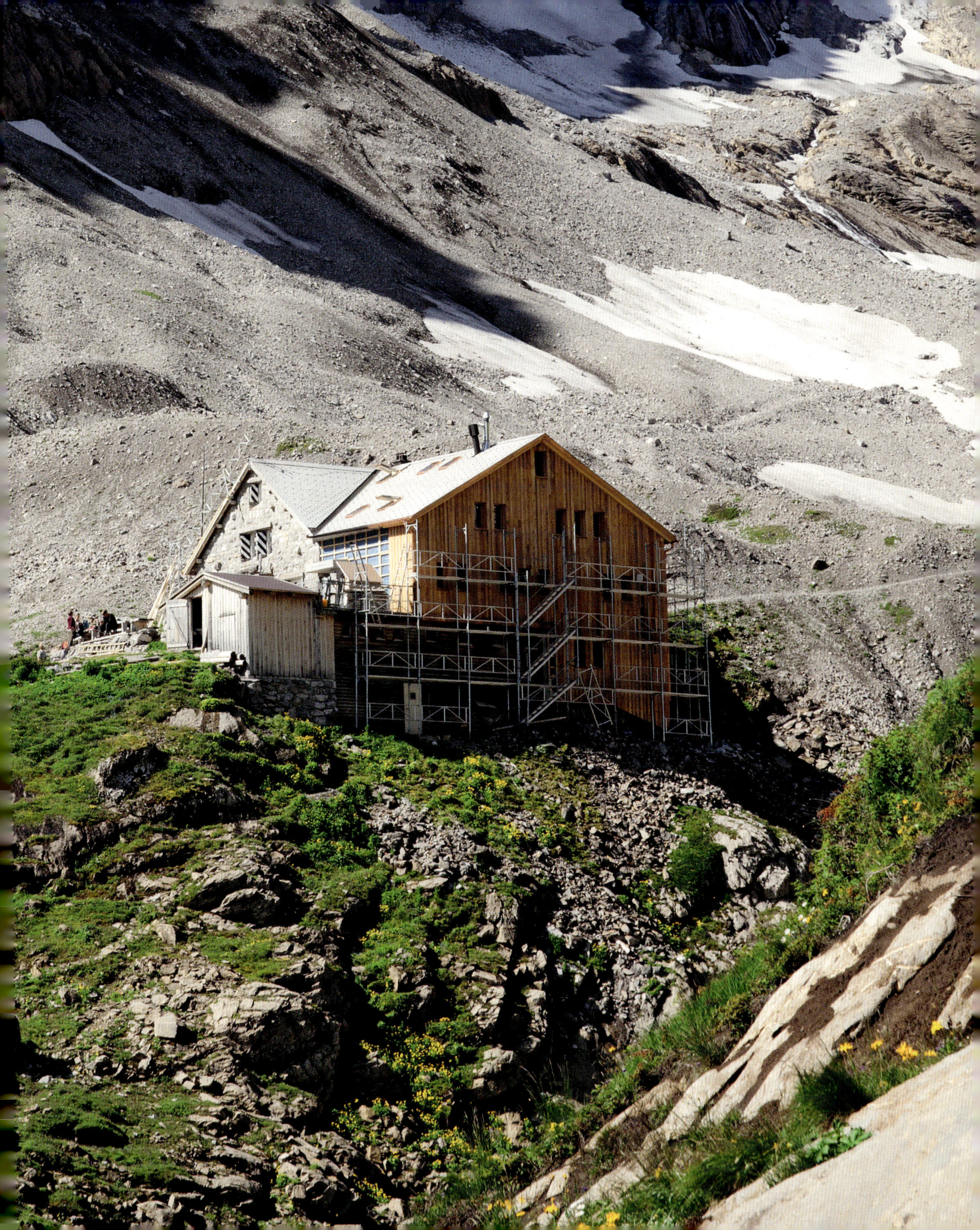

Das Beste aus den Hüttenküchen *Wildhornhütte*

Bild oben: Entlang von Bergwegen sind Murmeltiere oft gar nicht so scheu.

Bild unten: Orangefarbene Krustenflechten zieren diesen Felsen.

Bild links: Eindrücklich die Farbe des Iffigsees.

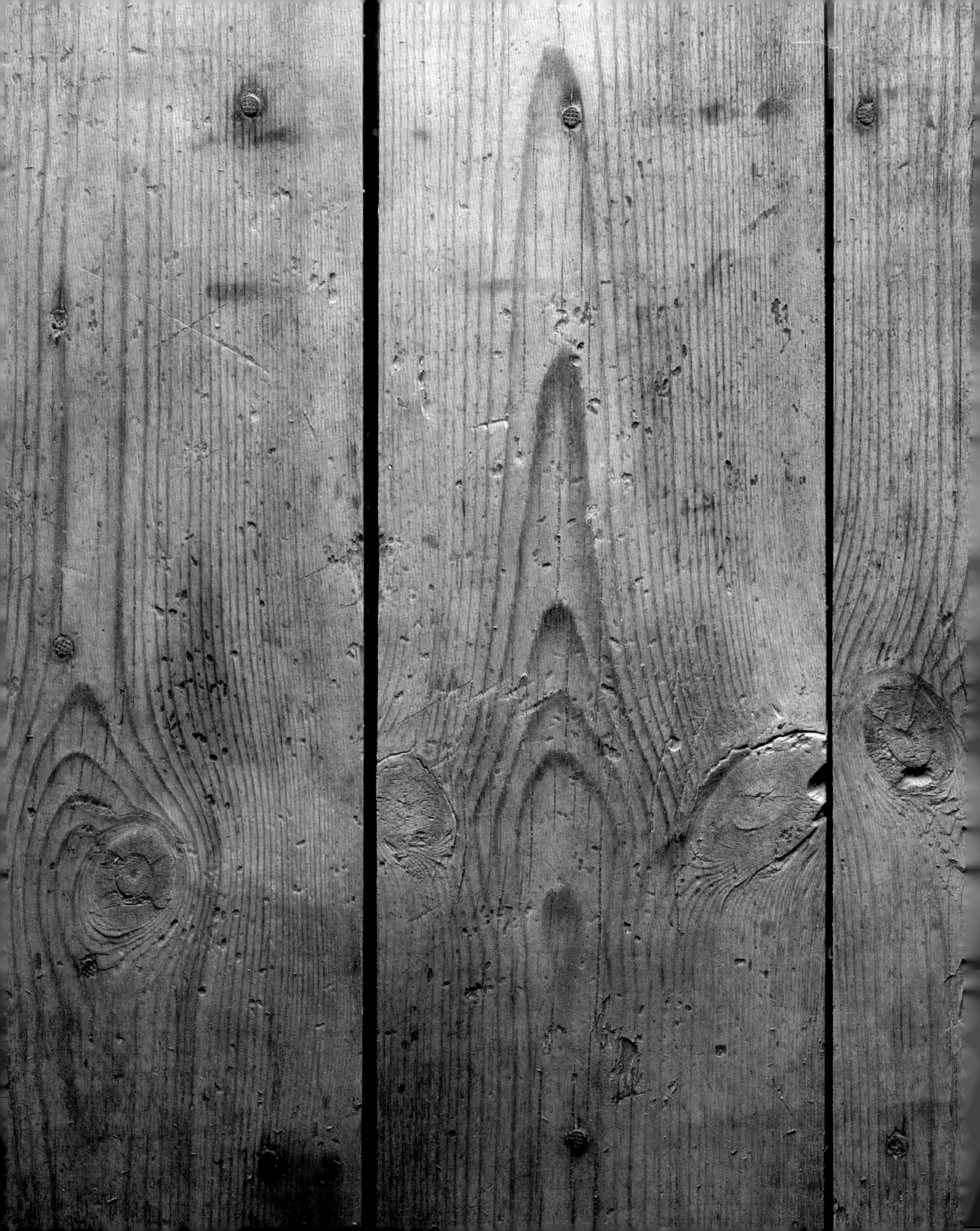

Glattalphütte

Schweinsvoressen mit Gumäligratä und Bohnen

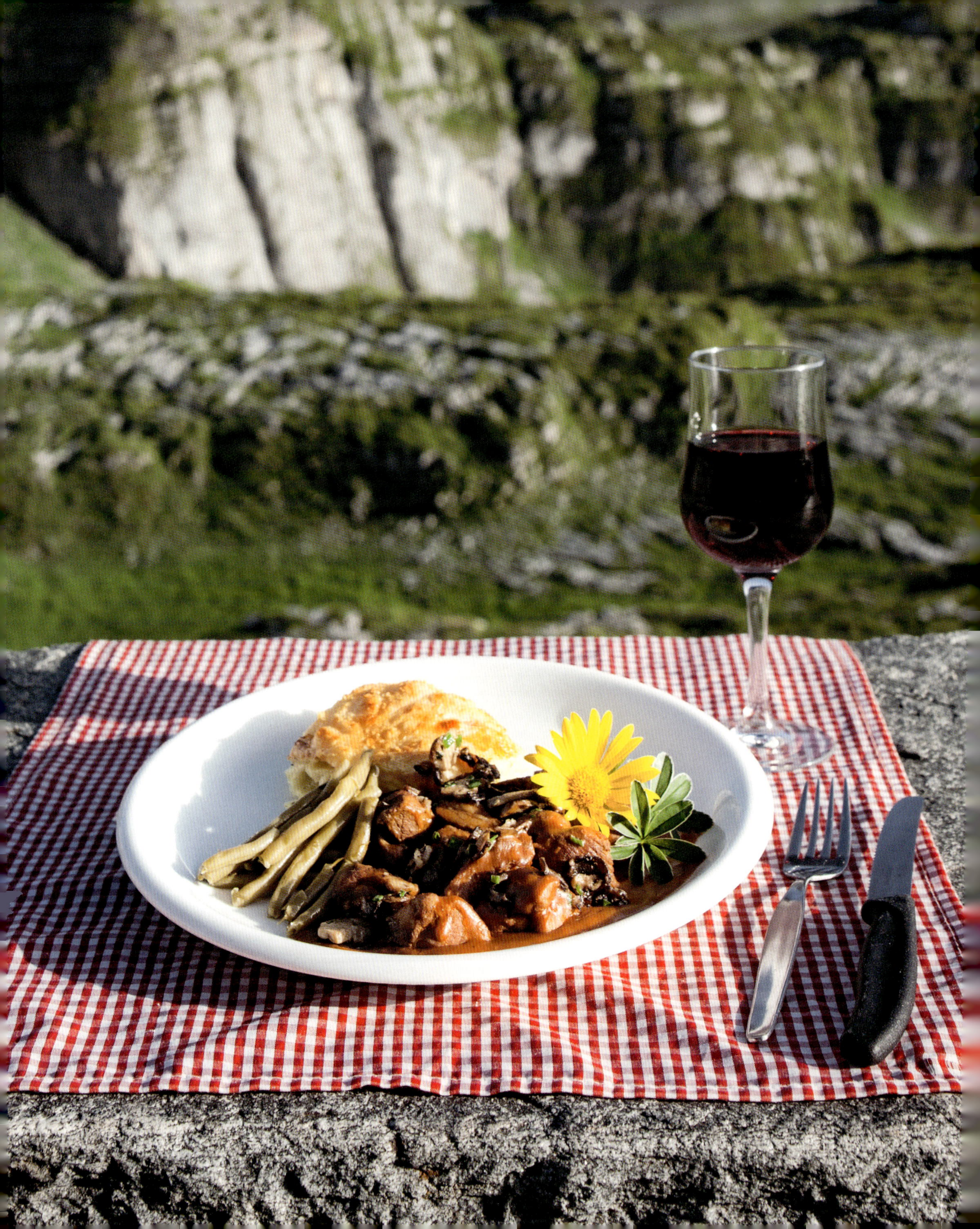

Das Beste aus den Hüttenküchen *Glattalphütte*

Schweinsvoressen mit Gumäligratä und Bohnen

Braunes Schweinsvoressen

800 g	Schweinsvoressen
50 g	Bratbutter
100 g	Zwiebeln, fein gehackt
15 g	Knoblauch, fein gehackt
200 g	Karotten, klein gewürfelt
1 dl	Rotwein
3 dl	Bratensauce
100 g	Champignons, in Scheiben geschnitten
10 g	Schnittlauch, geschnitten
	Salz und Pfeffer

Gumäligratä (Kartoffelgratin)

800 g	Kartoffeln
200 g	Alpkäse, gerieben
4 dl	Rahm
1	Knoblauchzehe
½ EL	Salz

Bohnen

400 g	Bohnen
50 g	Zwiebeln
1 dl	Bouillon

Braunes Schweinsvoressen

Fleisch in 30 g schwere Würfel schneiden, in Bratbutter anbraten und in einen Kochtopf geben. Die Zwiebeln ca. 2 Minuten im Bratfett andünsten und den Knoblauch und die Karottenwürfelchen dazugeben und mitdünsten. Mit Rotwein ablöschen und das Ganze in den Kochtopf zum Fleisch geben. Die Bratensauce dazugeben. Mit Salz und Pfeffer abschmecken und mindestens 1 Stunde köcheln lassen, bis das Fleisch weich ist. Champignons in der Bratpfanne dünsten und mit Salz und Schnittlauch verfeinern.

Gumäligratä (Kartoffelgratin)

Kartoffeln schälen, in feine Scheiben schneiden und in einer Gratinform verteilen. Salz und fein gehackten Knoblauch darüberstreuen, Rahm dazugiessen. Im Ofen während 45 Minuten bei 200 °C backen. Nach 30 Minuten den Käse darüberstreuen und fertig backen.

Bohnen

Bohnen waschen und rüsten. In Bratpfanne Zwiebeln leicht dünsten und Bohnen dazugeben. Mit Bouillon auffüllen und weich garen.

Das Beste aus den Hüttenküchen *Glattalphütte*

Glattalphütte
1892 m

Unterwegs zur Hütte

Mit der Bahn fährt man bis Schwyz, mit dem Postauto bis Muotathal Post und nach einmal umsteigen endet die Fahrt bei der Station Bisisthal-Sahli. Wer mit der kleinen Luftseilbahn hinauffährt, ist nur noch einen Katzensprung von der Glattalphütte entfernt. Sie thront auf einem kleinen Hügel und wird von den Einheimischen «Clubhütte» genannt. Hier sind Familien mit Kindern besonders willkommen. Nebst Planschbecken und Sandkasten hat es auch ein Trampolin. Grössere Kinder und Erwachsene können ihre Balance auf der gespannten Slackline testen. Hinter der Hütte gibt es einen kleinen Bach zum Planschen, ein paar Minuten entfernt den Glattalpsee, welcher zum Baden einlädt. Rund um das Gewässer grasen im Sommer Rinder und Schafe, dazwischen graben die Murmeltiere an ihren Bauten oder halten nach Feinden Ausschau. Gämsen sieht man vorwiegend im Frühling, wer Glück und einen Feldstecher dabei hat, kann vielleicht einen Steinbock ausfindig machen. Die Berglandschaft präsentiert sich sehr abwechslungsreich, und es gibt hier Gipfel mit seltsamen Namen wie Hängst, Pfaff oder Flätstock. Ein Highlight ist jedes Jahr im August die Glattalp-Chilbi: ein gemütliches Beisammensein mit Musik, Speis und Trank.

Besonderes

So warm und heiss es im Sommer werden kann, so kalt ist es im Winter. Die Glattalp gehört zu den kältesten Orten der Schweiz mit bis zu fünf und mehr Metern Schnee. Sie hält auch den inoffiziellen schweizerischen Kälterekord mit minus 52,5 °C, welcher im Jahr 1991 gemessen wurde.

Hüttenwartin Franziska (ganz rechts) und ihre Helfer und Freunde sind immer guter Stimmung.

Wanderzeit/Schwierigkeitsgrad
2 Std./T2

Ausgangsort
Sahli

Eigentümer
SAC-Sektion Mythen

Hüttenwartin
Franziska Gwerder

Hüttentelefon
+41 (0)41 830 19 39

Website
www.glattalphuette.ch

Bewartungszeit
Die Hütte ist von Anfang Juni bis Mitte Oktober bewartet.

Übernachtungsmöglichkeit
In vier Zimmern stehen insgesamt 50 Schlafplätze mit Duvets und Kissen zur Verfügung.

Verpflegungsmöglichkeit
Suppen, Clubhütte-Teller, Beinschinken, verschiedene Würste, Glace sowie süsses Selbstgebackenes.

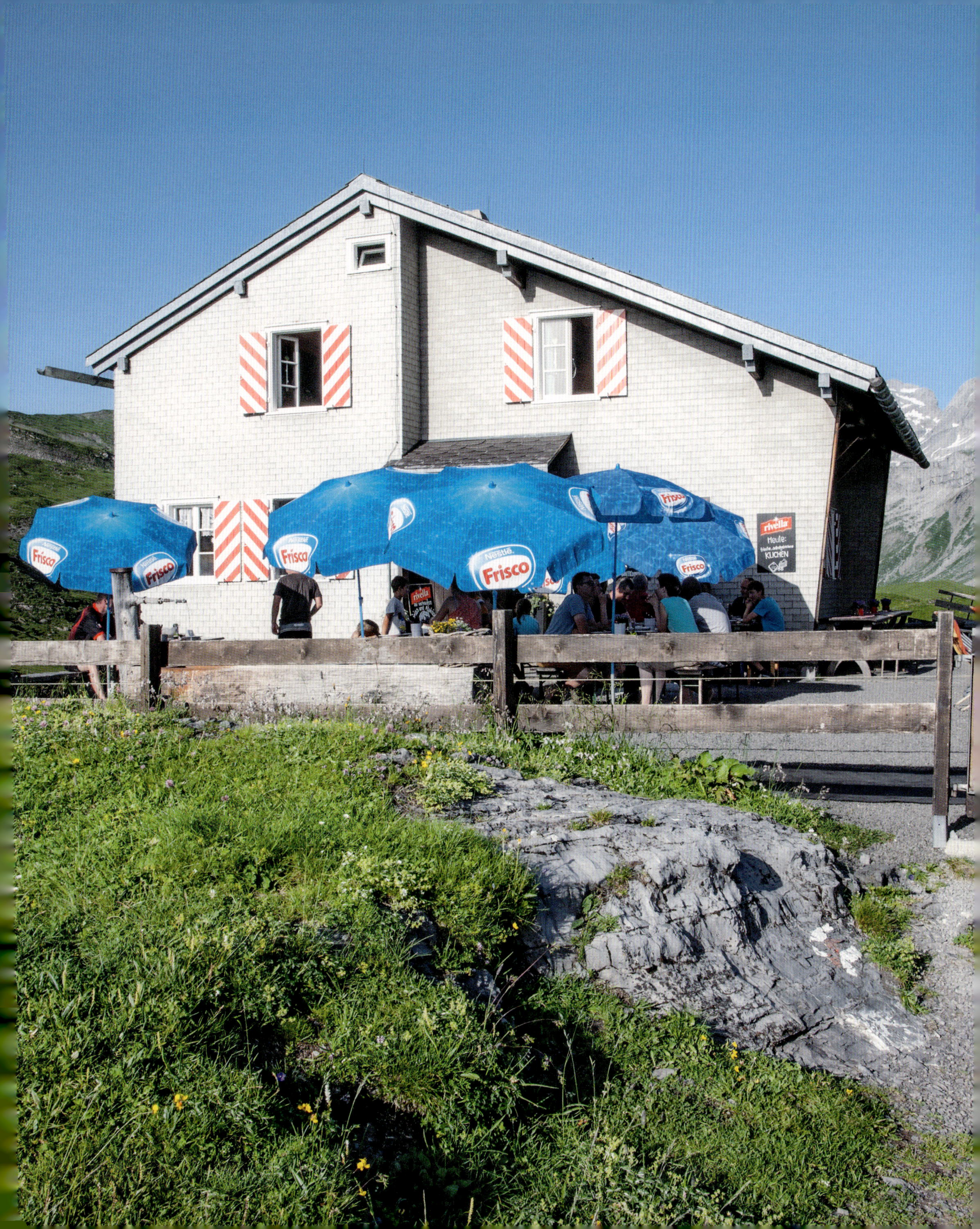
Frisco
rivella
Heute:
KUCHEN

Das Beste aus den Hüttenküchen *Glattalphütte*

Bild oben: Als gelernte Kindergärtnerin weiss die Hüttenwartin, was Kinder mögen.

Bild unten: Nebst Stängelglacen und Cornets gibt es auch Käse zu kaufen.

Bild links: Ein neuer Tag beginnt auf der Glattalp.

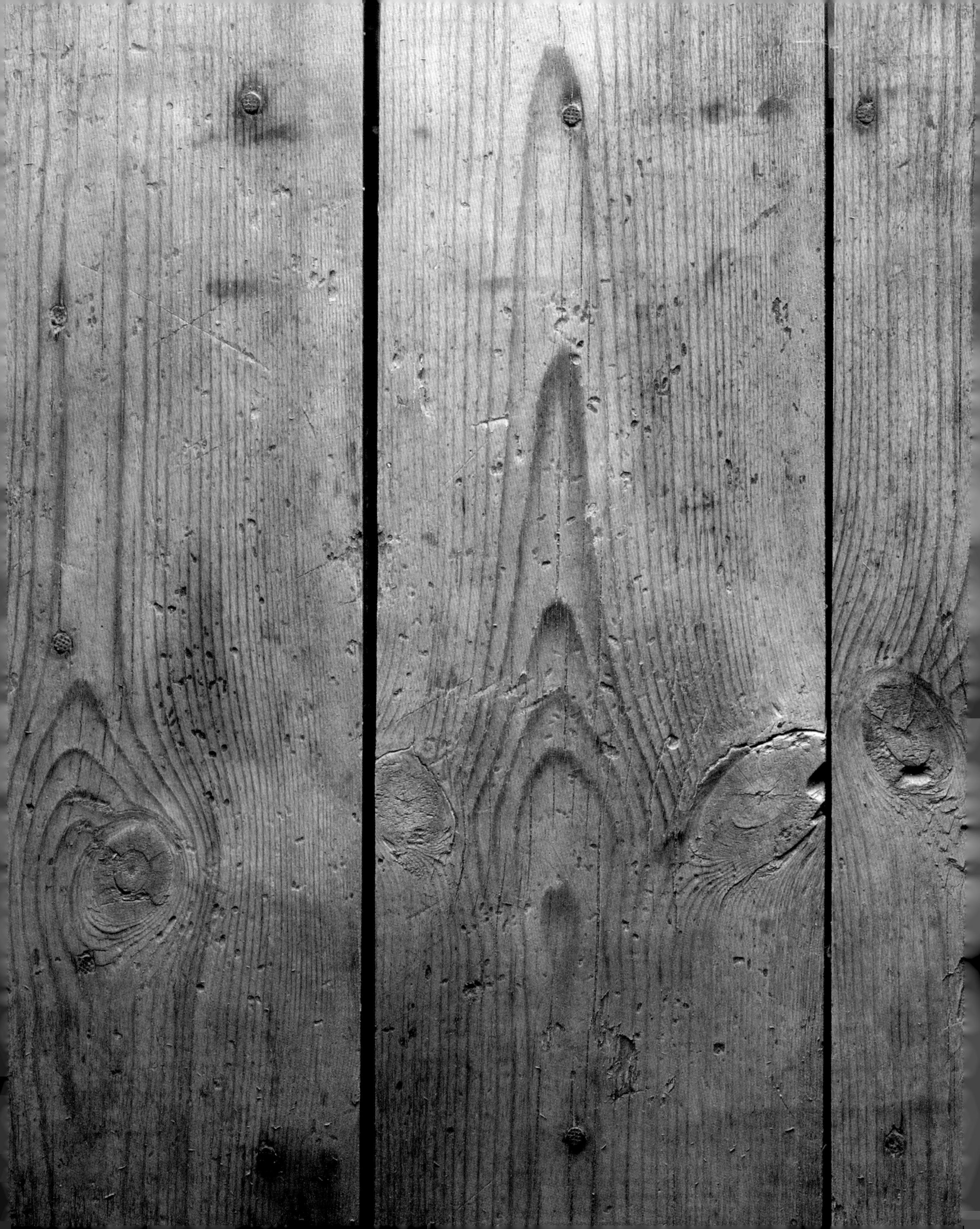

Chelenalphütte

Capuns Sursilvans

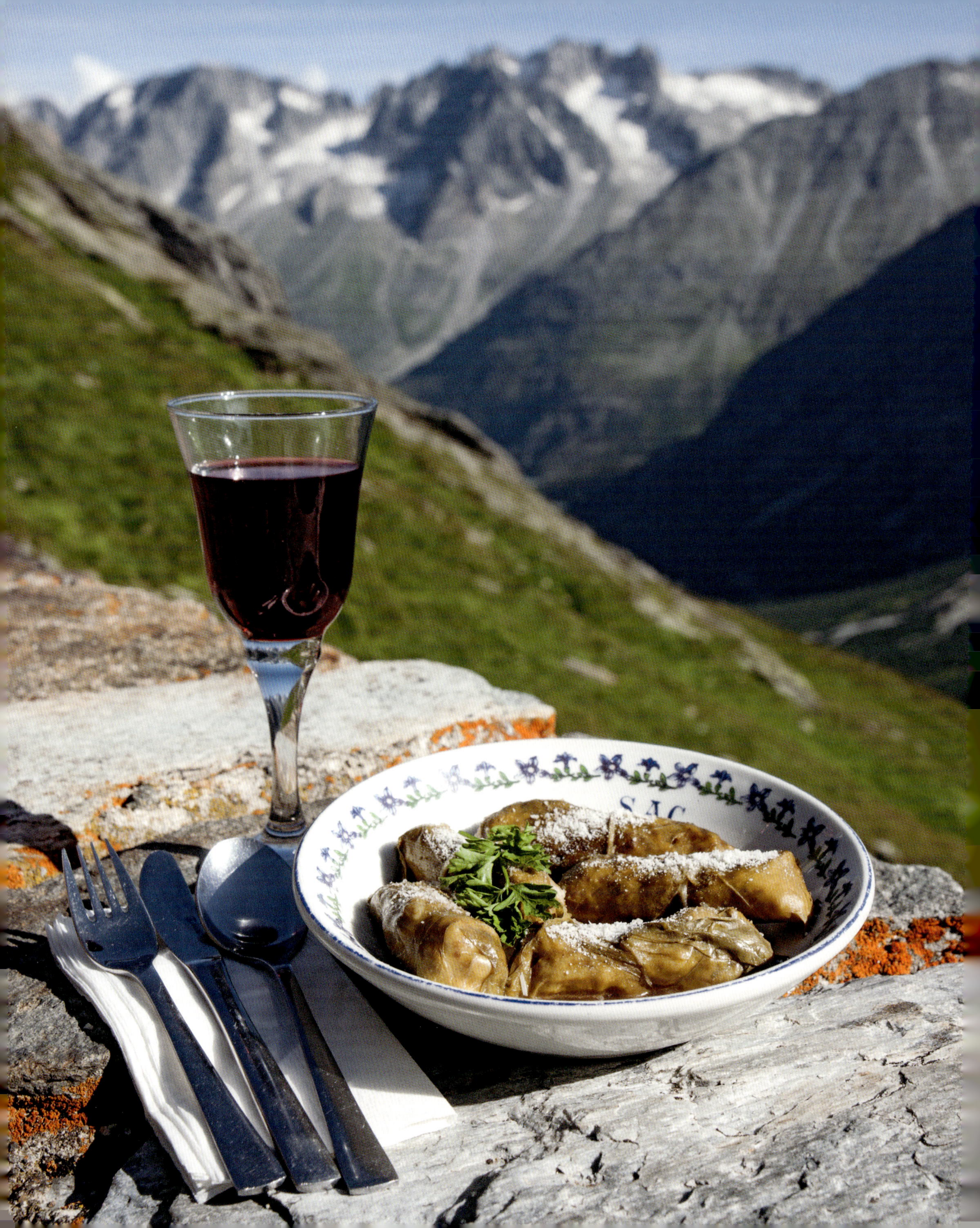
SAC

Das Beste aus den Hüttenküchen *Chelenalphütte*

Capuns Sursilvans

250 g	Mehl
3	Eier
5 dl	Milchwasser (4 dl Wasser und 1 dl Milch)
4	Landjäger (oder 2 Landjäger und 1 Salsiz)
50 g	Speckwürfel
24	Mangoldblätter (oder 12 Krautstielblätter)
etwas	Rahm
	Salz und Pfeffer
	Muskatnuss
	Kräuter

Garnitur

1 Bund	Petersilie
etwas	Reibkäse

Mehl, Eier und Milchwasser mit einer Prise Salz, Pfeffer und Muskatnuss zu einem dicken Spätzliteig verrühren. Kräuter fein hacken und beigeben. Landjäger klein schneiden und ebenfalls beifügen. Mangoldblätter in Bouillon blanchieren, mit kaltem Wasser abspülen und etwas abtrocknen. Teighäufchen auf die Mangoldblätter setzen, rollen oder Päckchen formen. Kurz anbraten. Capuns in eine hohe Pfanne legen, Speckwürfel beifügen und alles in Bouillon 10 bis 15 Minuten köcheln lassen. Am Schluss mit etwas Rahm verfeinern und Reibkäse und Petersilie darüberstreuen.

Das Beste aus den Hüttenküchen *Chelenalphütte*

Chelenalphütte

2350 m

Unterwegs zur Hütte

Ausgangspunkt ist die Göscheneralp, welche mit Postauto, Taxi, Auto oder Fahrrad erreichbar ist. Das Landschaftsbild prägt hier vorwiegend der gestaute Göscheneralpsee, welcher zur Stromgewinnung genutzt wird. Der Weg hinauf zur Chelenalphütte führt zu Beginn dem rechten Seeufer entlang. Das Chelenalptal liegt am Südfuss des Sustenhorns auf einer Felsterrasse. Gemütlich geht es rechterhand der Chelenreuss entlang weiter hinauf. Kühe sind am Grasen und ruhen neben oder gar mitten auf dem Weg. Insekten schwirren in der Luft und suchen nach bevorzugten Blüten. Prägnant ist der Chelengletscher, hinten im Tal zu sehen. Der letzte Anstieg zur Hütte ist anstrengend weil steil, am besten geht man dieses Stück langsam an. Und noch gemütlicher wird es, wenn man erst einmal bei der kleinen Hütte angekommen ist. Fahnen flattern im Wind, verschwitzte T-Shirts sind zum Trocknen ausgelegt und man trinkt eine Apfelschorle, ein Bier oder einen Milchkaffee im Chacheli. Gemütlich ist es aber auch im Aufenthaltsraum, wo jedes Jahr Bilder eines anderen Künstlers oder einer Künstlerin ausgestellt und zum Verkauf angeboten werden. Für Sportliebhaber finden sich Klettergärten mit über 20 Routen nur zwei Minuten von der Hütte entfernt. Geklettert wird im Gneis.

Besonderes

Kinder sind in der Chelenalphütte herzlich willkommen. Jeder dieser kleinen Hüttenbesucher erhält für seine Wanderleistung einen kleinen Bergkristall. Und wie man vernimmt, können sich manche Kinder fast nicht für einen Stein entscheiden!

Roman und Rusina sind als Hüttenwartspaar ein eingespieltes Team.

Wanderzeit/Schwierigkeitsgrad
3 Std./T3

Ausgangsort
Göscheneralp

Eigentümer
SAC-Sektion Aarau

Hüttenwarte
Rusina Hilfiker und Roman Decurtins

Hüttentelefon
+41 (0)41 885 19 30

Website
www.chelenalp.ch

Bewartungszeit
Die Hütte ist von Mitte Juni bis Mitte Oktober bewartet.

Übernachtungsmöglichkeit
In mehreren Zimmern stehen insgesamt 65 Schlafplätze mit Decken und Kissen zur Verfügung.

Verpflegungsmöglichkeit
Suppen, Chelenalp-Brett, Kartoffel- oder Knobliwurst sowie süsses Selbstgebackenes.

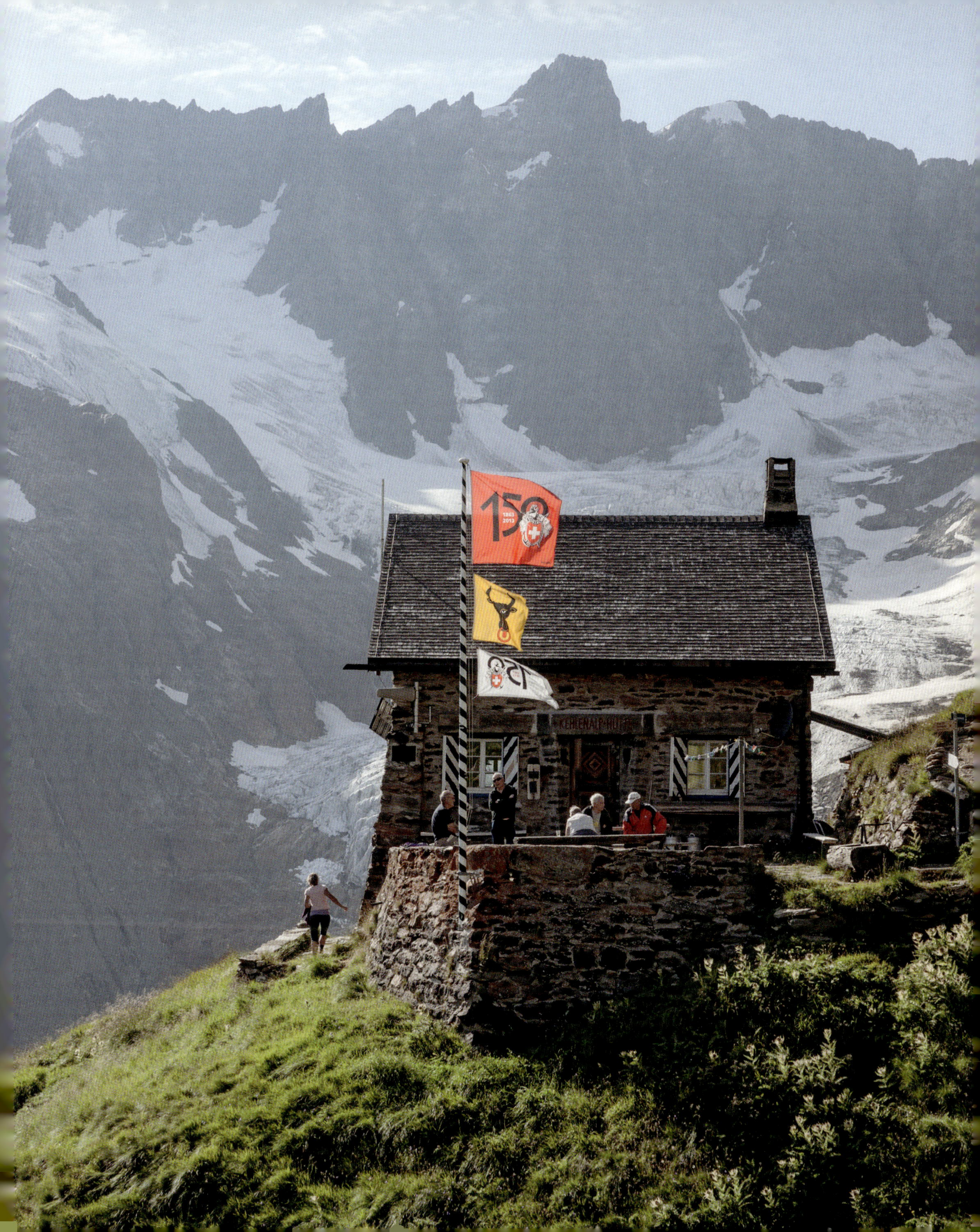
150
1863
2013

Das Beste aus den Hüttenküchen *Chelenalphütte*

Bild oben: Dank dem Föhn wachsen auf dieser Höhe noch Bergahorne.

Bild unten: Bergbäche bahnen sich ihren Weg durch Fels und Stein.

Bild links: Eine wilde Landschaft mit Fels und Eis erwartet die Wanderer.

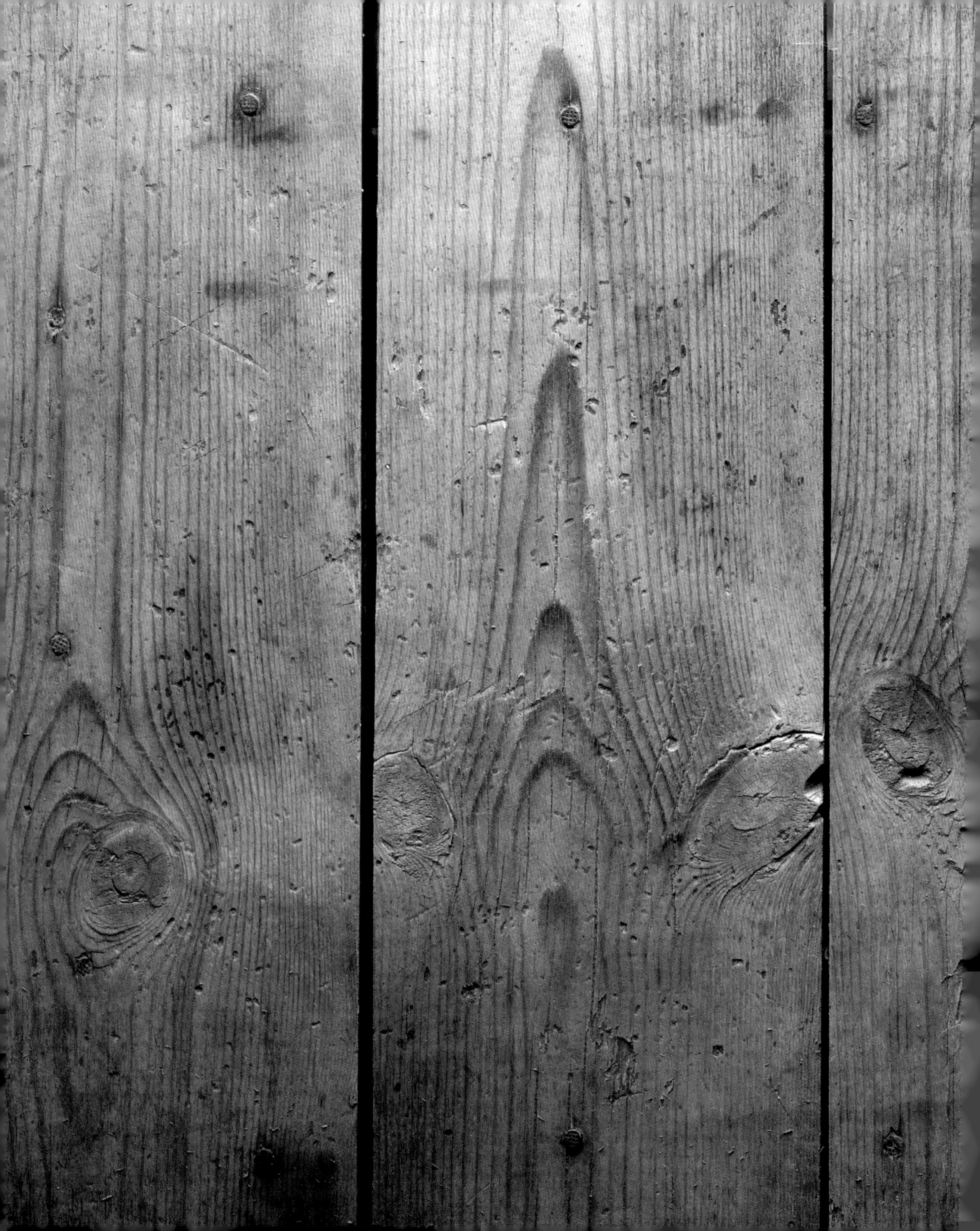

Rotondohütte

Coniglio con polenta (Kaninchen mit Polenta)

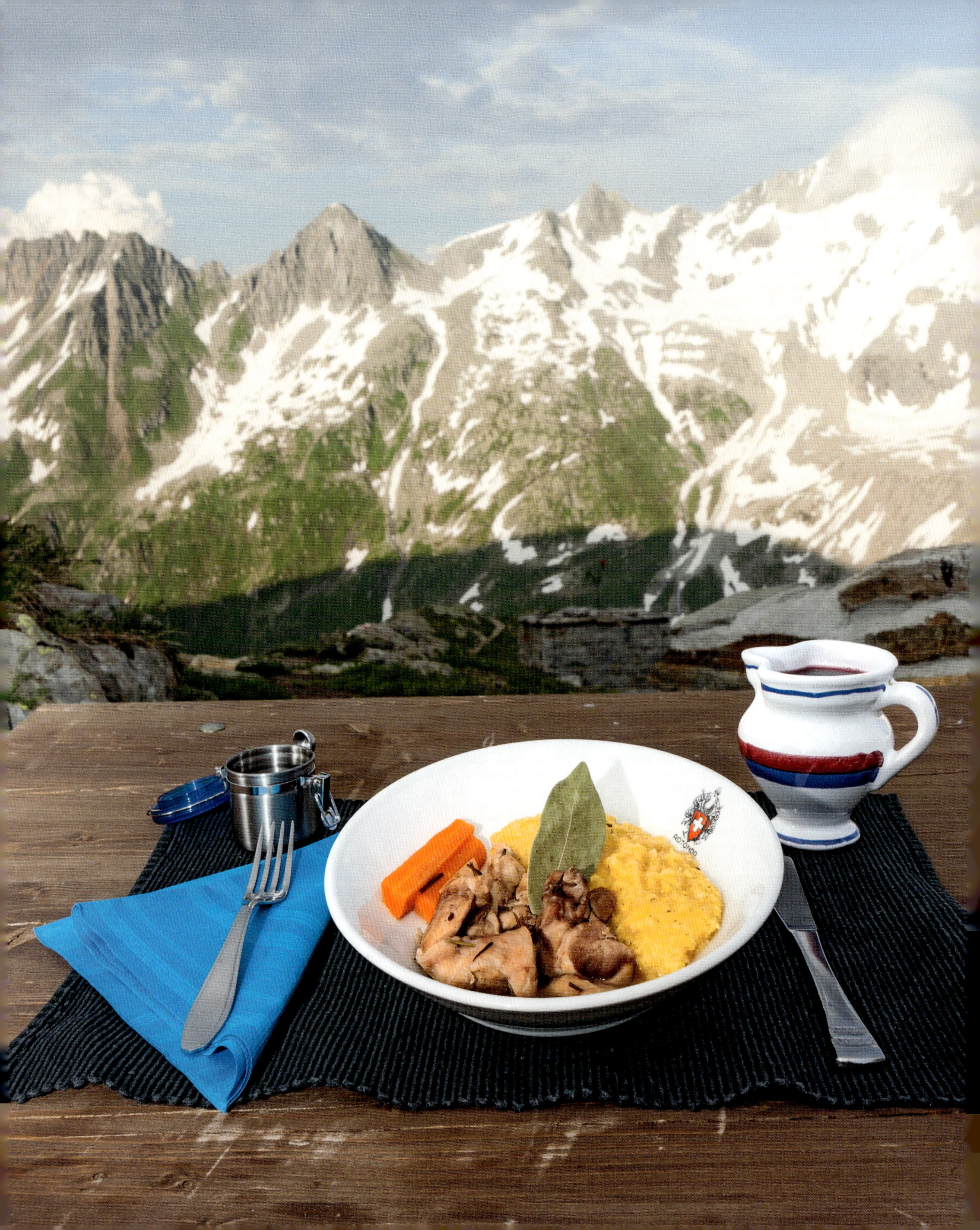
ROTONDO

Das Beste aus den Hüttenküchen *Rotondohütte*

Coniglio con polenta

Coniglio (Kaninchen)

1	Kaninchen, zerteilt (Ragout)
2	Zwiebeln
4	Karotten
5 dl	Weisswein
4	Rosmarinzweige
2	Lorbeerblätter
	Olivenöl
	Salz und schwarzer Pfeffer

Polenta

300 g	Polenta (Bramata)
etwas	Parmesan
	Salz

Coniglio (Kaninchen)

Zwiebeln schälen und vierteln. Karotten schälen und halbieren. Kaninchenragout mit dem Gemüse in Olivenöl anbraten. Wenn das Fleisch braun ist, mit Weisswein ablöschen und Rosmarinzweige sowie Lorbeerblätter beigeben. Nach Belieben mit Salz und Pfeffer würzen. Das Ganze zugedeckt rund 60 Minuten schmoren lassen – entweder auf dem Herd auf geringer Flamme oder im Backofen bei rund 180 °C. Ab und zu umrühren.

Polenta

1½ Liter Wasser aufkochen und salzen. Polenta einstreuen und während 60 Minuten auf geringer Flamme unter ständigem Rühren köcheln lassen. Am Schluss etwas Parmesan beigeben.

Das Beste aus den Hüttenküchen *Rotondohütte*

Rotondohütte

2570m

Unterwegs zur Hütte

Die Tour zur Rotondohütte beginnt in Realp. Wer mit dem Auto (bewilligungspflichtig), dem Alpentaxi oder dem Fahrrad bis Oberstafel fährt, verkürzt die Wanderzeit hinauf zur Rotondohütte um rund 2½ Stunden. Ab hier führt ein Bergweg in die Höhe, auf dem Kinder gerne kurz anhalten, um einen der glitzernden Steine aufzuheben und einzupacken. Da hier im Winter Tourengänger mit Skis und Schneeschuhen unterwegs sind, ist der Weg im oberen Teil mit langen Stangen markiert. Die Rotondohütte thront stolz in einer bergigen Arena. Zwei Terrassen laden zum Verweilen ein, mit fantastischem Blick zum Leckihorn und zum Witenwaserengletscher. Manchmal kann man Steinböcke erspähen, und wenn nicht zu viel Betrieb ist, wagen sich vorwitzige Murmeltiere bis zur Terrasse vor. In Hüttennähe befindet sich ein Klettergarten, welcher für Familien und Anfänger geeignet ist. Die Rotondohütte ist Ausgangspunkt verschiedener Hochtouren, wie zum Beispiel die Überschreitung des Kleinen und Grossen Leckihorns, oder die Besteigung des Ostgipfels des Witenwasserenstocks. Am Abend oder an kühlen, windigen Tagen bieten die zwei Aufenthaltsräume genügend Platz – wenn man denn die beiden Wegweiser «Flossen» und «Bierflasche» richtig deutet!

Besonderes

Die Rotondohütte liegt im 3-Kantone-Eck von Uri, Wallis und Tessin, wo auch die Flüsse Reuss, Rhone und Ticino zu sprudeln beginnen. Deshalb wird in der Küche Wert darauf gelegt, den Gästen Spezialitäten aus allen drei Kantonen zu servieren. Tipp: Unbedingt das selbstgemachte Chili-Öl probieren!

Tanja Pfammatter (links) und Jeanne Richenberger führten bis im Frühling 2015 die Hütte.

Wanderzeit/Schwierigkeitsgrad
3½ Std./T2

Ausgangsort
Realp

Eigentümer
SAC-Sektion Lägern

Hüttenwarte
vakant (Stand Ende 2015)

Hüttentelefon
+41 (0)41 887 16 16

Website
www.rotondohuette.ch

Bewartungszeit
Die Hütte ist von Juli bis zum ersten Schnee im Oktober bewartet.

Übernachtungsmöglichkeit
In sechs Zimmern stehen insgesamt 88 Schlafplätze mit Duvets und Kissen zur Verfügung.

Verpflegungsmöglichkeit
Suppe, Schüblig, Käseschnitte, verschiedene Plättli sowie selbstgebackene Kuchen.

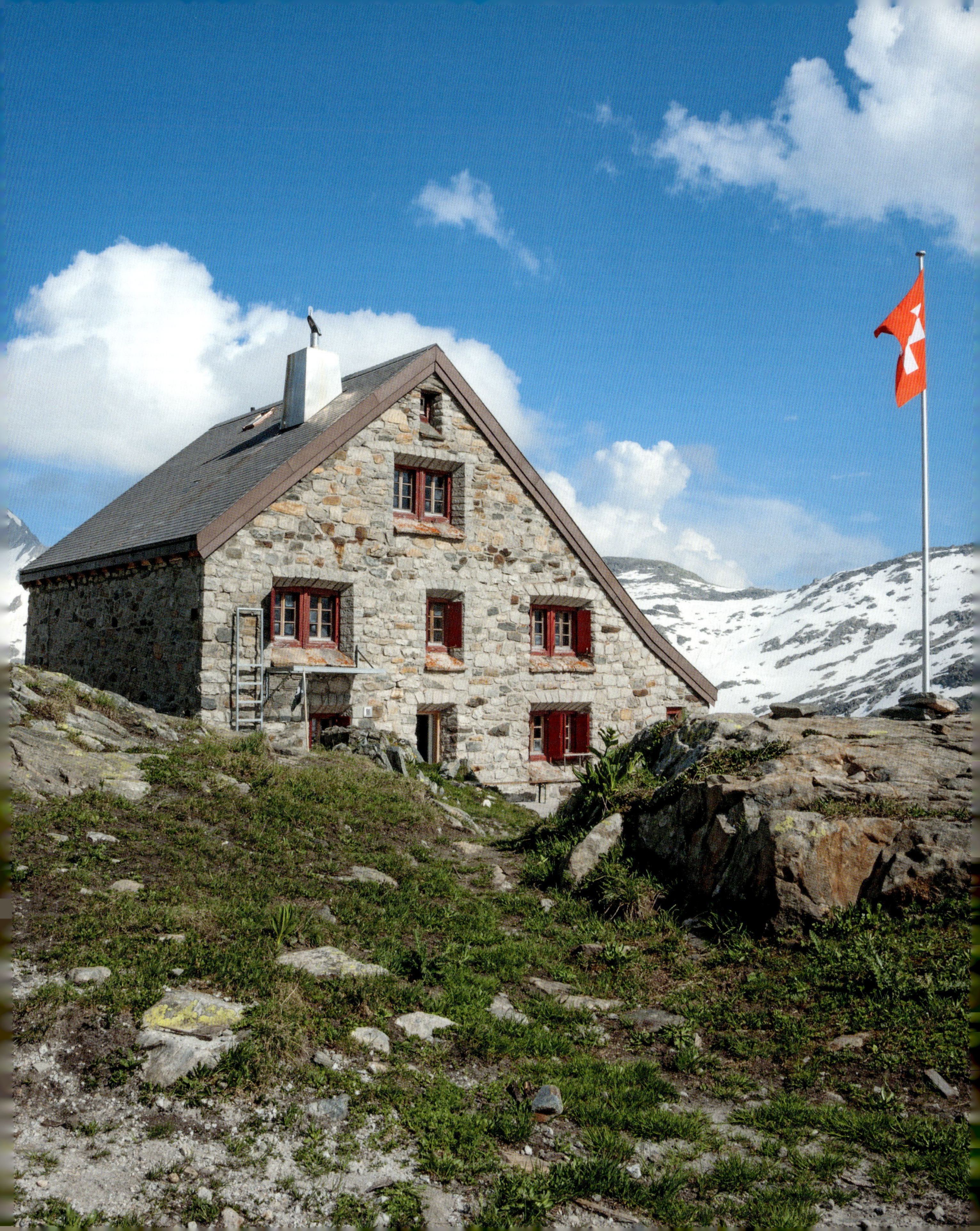

Das Beste aus den Hüttenküchen *Rotondohütte*

Bild oben: Zwischen dem Geröll behaupten sich Alpenmargeriten und Gämswurz.

Bild unten: Blick auf den Witenwasserengletscher.

Bild links: Beim Zusammenspiel von Sonne und Nebel entstehen eindrückliche Stimmungen.

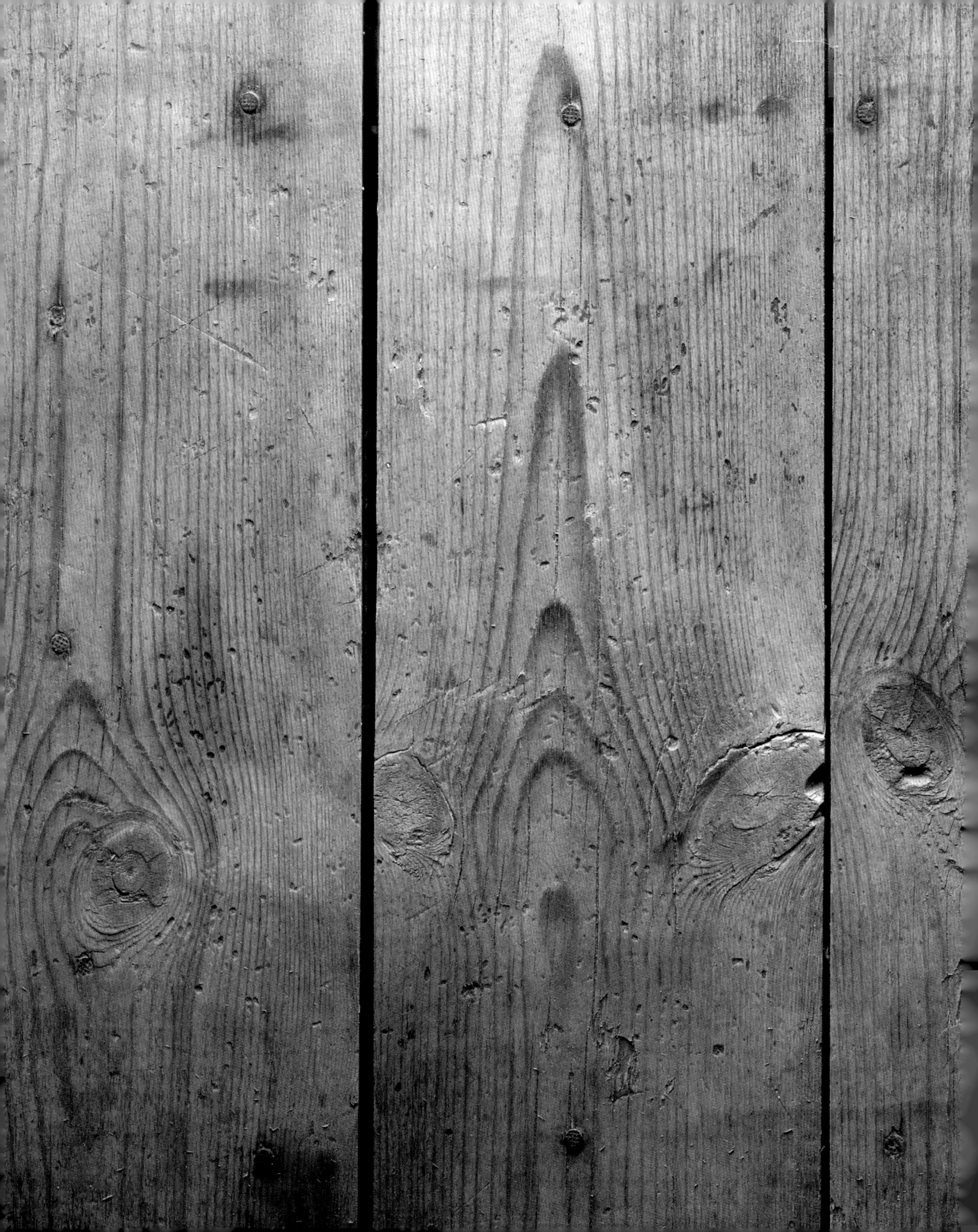

Claridenhütte

Hackfleisch im Teigmantel mit Reis

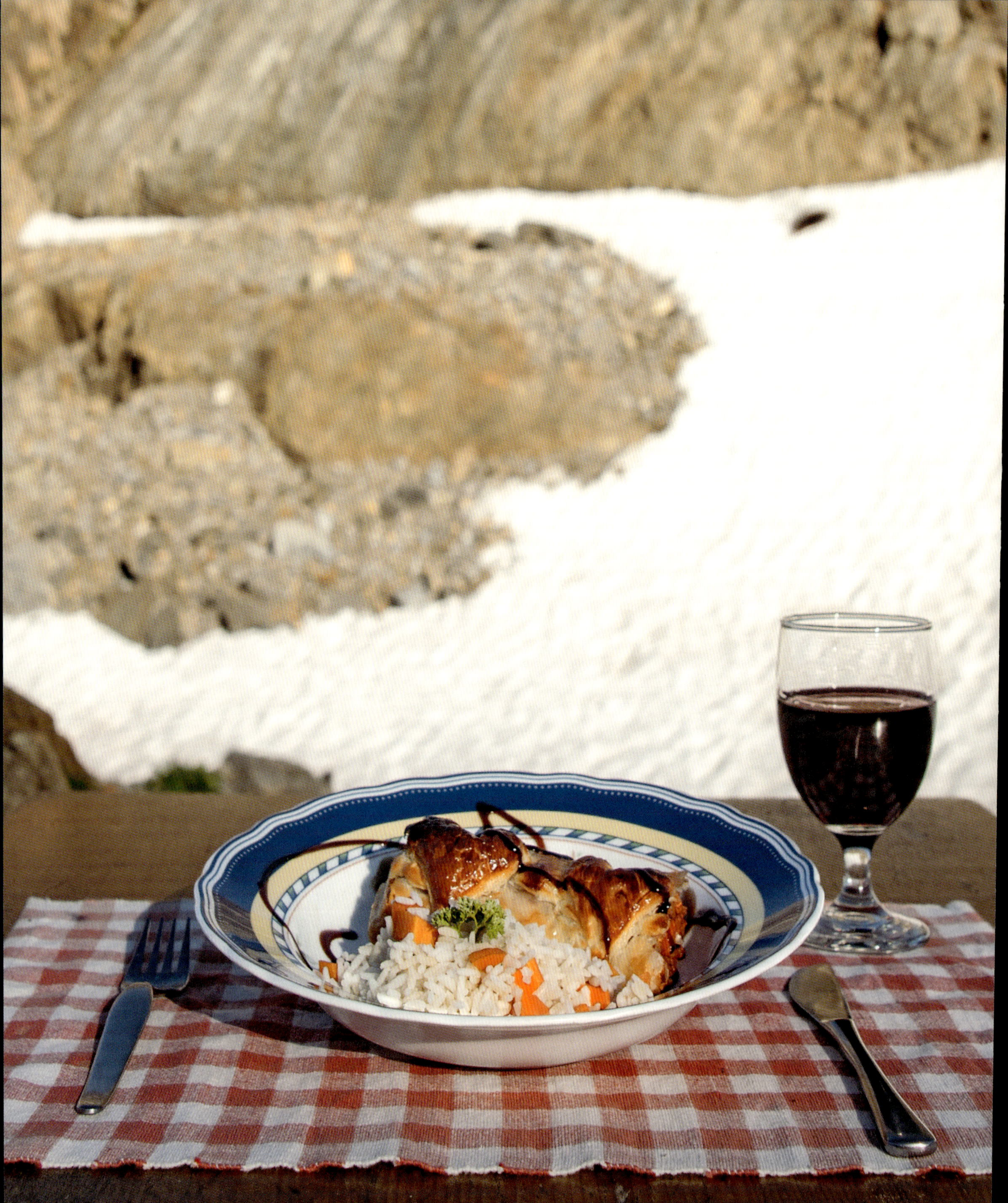

Das Beste aus den Hüttenküchen *Claridenhütte*

Hackfleisch im Teigmantel mit Reis

200 g	Hackfleisch
1	Zwiebel
2	Knoblauchzehen
1	Zucchetti*
1	Peperoni*
1	Karotte*
1	Blätterteig (ca. 20–25 cm breit)
1 kl. Büchse	Tomatenpüree
½ dl	Rotwein
250 g	Reis
1	Karotte
	italienische Kräuter
	Salz und Pfeffer
	Fleischgewürz

* je nach Saison

Beilage
Gemischter Salat nach Belieben

Dekoration
Aceto balsamico

Hackfleisch mit klein geschnittenen Zwiebeln und fein gehacktem Knoblauch anbraten und würzen. Gemüse fein geschnitten dazugeben, dämpfen und mit Rotwein ablöschen. Tomatenpüree dazugeben, leicht köcheln und dann erkalten lassen. Ausgewallter Blätterteig mit erkalteter Sauce bestreichen, rollen und die Ränder gut verschliessen. Mit Teigresten verzieren. Im Backofen bei 180 °C 20 Minuten backen. Reis mit fein geschnittener Karotte kochen. Die Blätterteigrolle mit Aceto balsamico beträufeln und zusammen mit dem Reis und Salat servieren.

Das Beste aus den Hüttenküchen *Claridenhütte*

Claridenhütte

2453 m

Unterwegs zur Hütte

Die Anreise erfolgt mittels Zug bis Linthal und weiter mit dem Postauto bis Urnerboden Dorf, wo sich die Seilbahnstation befindet. Ab Bergstation Fisetengrad verkürzt sich die Wanderzeit zur Claridenhütte um rund die Hälfte. Der Weg auf dem Fisetengrad ist gut ausgebaut, sodass man rasch vorwärtskommt. Viele Blumen säumen den Weg, und wer nicht genau hinschaut, kann schon mal eine braune Ziege mit einer Gämse verwechseln! Kurz vor der Hütte folgt eine ausgesetzte Passage, welche mit Ketten gesichert ist. Nach der Ankunft setzt man sich bei schönem Wetter vor die Hütte, wenns kühler wird, ruht man sich drinnen aus. Bemerkenswerterweise hat man von hier aus keine Sicht auf den Clariden und auch der Claridengletscher hat sich zurückgezogen. Den Namen hat die Hütte jedoch behalten. Nach einem feinen Nachtessen legen sich alle gerne hin. Dank dem Neubau werden hier auch 3er- und 6er-Zimmer angeboten. Nach einer erholsamen Nacht lohnt es sich, bereits vor dem Frühstück einen Moment an die frische Luft zu gehen. Eindrücklich ist die Morgenstimmung, wenn die ersten Sonnenstrahlen auftauchen und den neuen Tag ankünden (siehe übernächste Seite).

Besonderes

Den 1. August hier in der Hütte zu verbringen, ist ein besonderes Erlebnis. Beim Eindunkeln wird vor der Hütte ein Feuer entfacht, und zusammen mit den anderen Gästen wärmt man sich am Feuer, während man in der Ferne überall Höhenfeuer flackern sieht.

Hüttenwartin Angela geniesst zusammen mit ihrem Hund Grigio ein paar ruhige Minuten vor der Hütte.

Wanderzeit/Schwierigkeitsgrad
4½ Std./T3

Ausgangsort
Urnerboden

Eigentümer
SAC-Sektion Bachtel

Hüttenwartin
Angela Ruggiero

Hüttentelefon
+41 (0)55 643 31 21

Website
www.claridenhuette.ch

Bewartungszeit
Die Hütte ist von Mitte Juni bis Anfang Oktober bewartet.

Übernachtungsmöglichkeit
In mehreren Zimmern stehen insgesamt 72 Schlafplätze mit Duvets und Kissen zur Verfügung.

Verpflegungsmöglichkeit
Suppe, Claridenteller, Hobelkäse, Käseschnitte, Spätzli, Rösti, Naturejoghurt sowie süsses Selbstgebackenes.

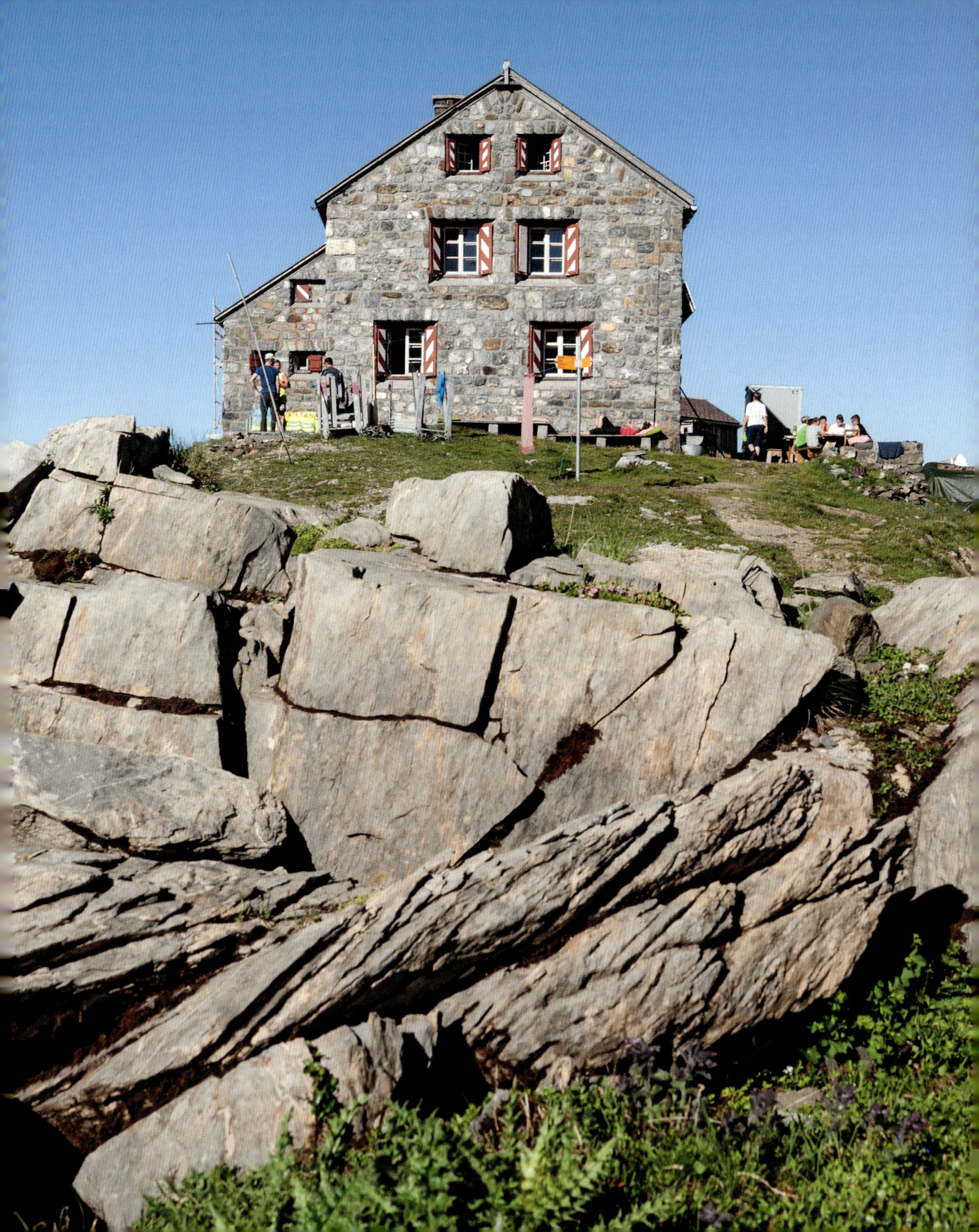

Das Beste aus den Hüttenküchen *Claridenhütte*

Bild oben: Eine wundersame Blume, das Edelweiss, die man eher selten zu Gesicht bekommt.

Bild unten: Die untergehende Sonne lässt die Gipfel ein letztes Mal erglühen.

Bild links: Morgenstimmung von der Hütte aus gesehen.

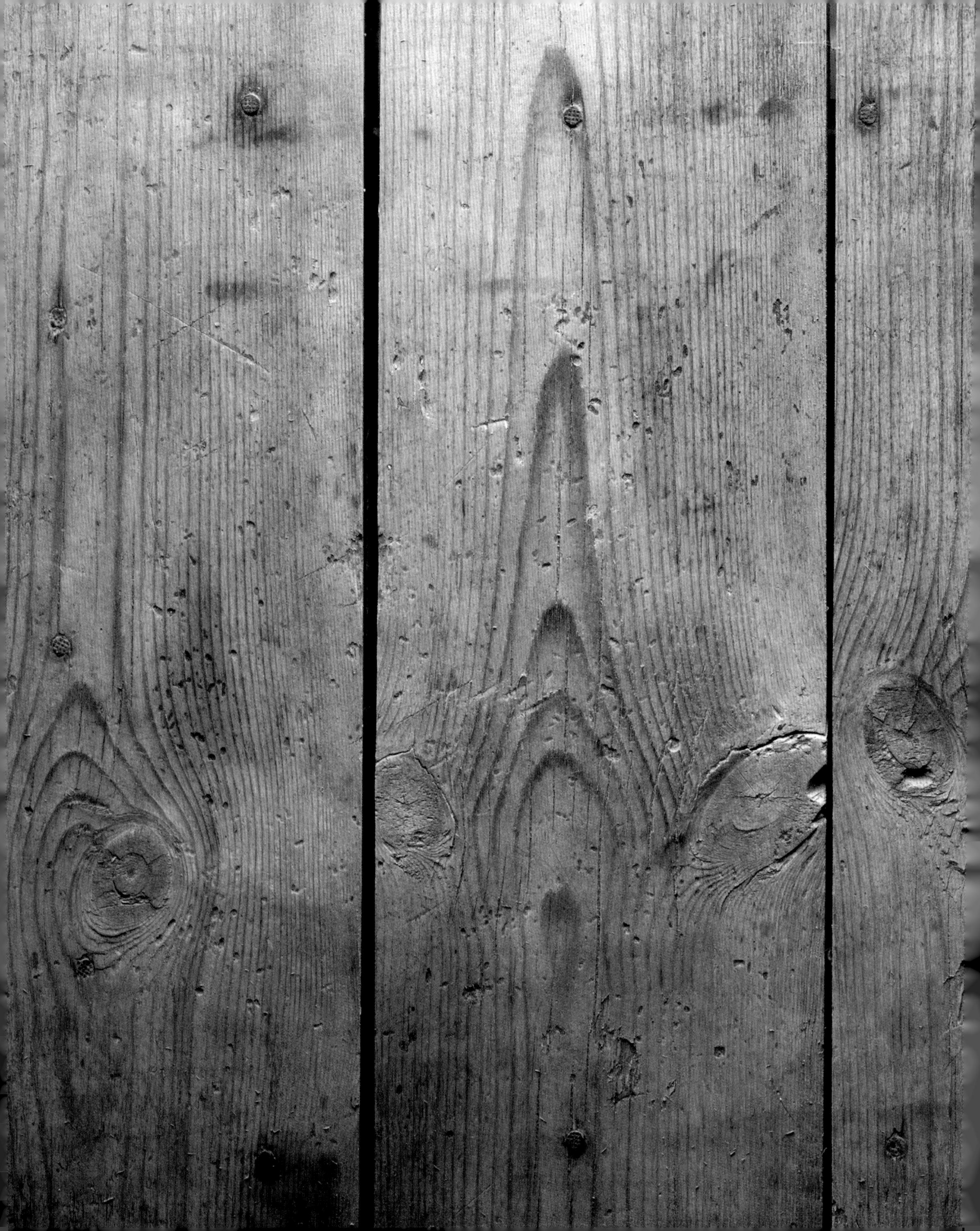

Leglerhütte

Hüttencurry

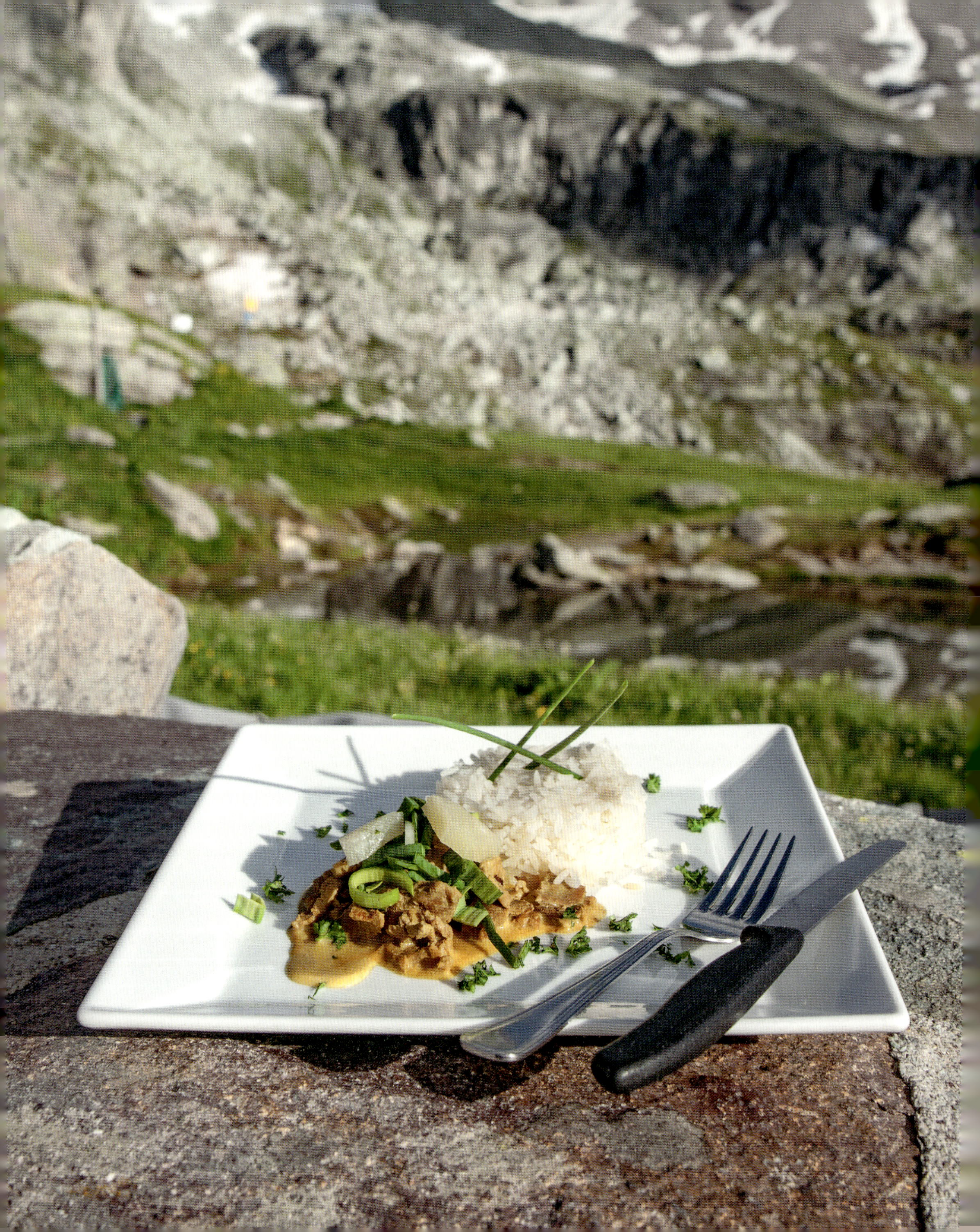

Das Beste aus den Hüttenküchen *Leglerhütte*

Hüttencurry

640 g	Geschnetzeltes (Schwein, Poulet oder Rind)
	Fleischgewürz
	Currypulver
1	Zwiebel, fein gehackt
1	Knoblauchzehe, fein gehackt
5 dl	Bouillon
4 cl	Kokosmilch
4 cl	Saucenrahm
1 Stange	Lauch, in Ringe geschnitten
150 g	Ananas, in Stücke geschnitten
	Salz und Pfeffer
2 EL	Öl

Beilage

Zum Beispiel Reis

Garnitur

Schnittlauch, in 4 cm lange Stücke geschnitten, und gehackte Petersilie

Zwiebeln, Knoblauch, Öl und Currypulver in einer hohen Pfanne andünsten. Fleisch würzen und portionenweise in heissem Öl anbraten und zum Curry geben. Alles gut umrühren und mit der Bouillon ablöschen. Ca. 20 Minuten kochen, bis das Fleisch gar ist. In der Zwischenzeit kann die Beilage (z. B. Reis) zubereitet werden. Ca. 10 Minuten vor dem Servieren die Kokosmilch und den Saucenrahm zum Fleisch geben und nochmals aufkochen. Kurz vor dem Servieren den Lauch und die Ananas unter das Fleisch ziehen und abschmecken. Mit dem Schnittlauch garnieren. Das Curry kann nach Belieben mit Kichererbsen, Bohnen oder Linsen angereichert werden.

Das Beste aus den Hüttenküchen *Leglerhütte*

Leglerhütte
2273 m

Unterwegs zur Hütte

Ausgangspunkt ist Kies, erreichbar ab Schwanden mit dem Auto, Bus oder Fahrrad. Mit der Luftseilbahn fährt man hinauf zum Mettmen- oder Garichtisee, wie er auch genannt wird. Feuerstellen und Sitzgelegenheiten laden zu einer Pause oder zur Mittagsrast ein. Informationstafeln geben Auskunft zu Themen wie Hochwild, Garichti-Moorpfad und Glarner Hauptüberschiebung, das grosse Tier-Memory ist für Kinder eine interessante Angelegenheit. Für die Wanderung hinauf zur Hütte wählt man einen der Wege links oder rechts dem See entlang. Es blühen im Sommer viele Blumen und das Glockengeläute von Kühen ist zu hören. Nach einem letzten Anstieg inmitten von grossen Steinblöcken erspäht man endlich die Hütte. Mehrere Seen rund um die Hütte sind besonders für Kinder ein Erlebnis, und je nach Jahreszeit können Kaulquappen und Frösche beobachtet werden. Bei weniger schönem Wetter finden sich im Aufenthaltsraum Kisten mit Spielen sowie Bücher zum Lesen. Wer ein exklusives Alpin-Wellness-Angebot erleben möchte, kann den hölzernen Hot-Pot reservieren, welcher mit überschüssigem Heizwasser aus dem Blockheizkraftwerk gefüllt wird. Events wie zum Beispiel Yoga oder eine Wildwoche werden angeboten, Infos hierzu finden sich auf der Website der Hütte.

Besonderes

Die Leglerhütte liegt im Jagdbanngebiet Kärpf, welches vor über 450 Jahren gegründet wurde und 10 725 Hektaren gross ist. Gämsen, Steinböcke, Murmeltiere und Adler fühlen sich hier wohl und können mit etwas Glück beobachtet werden.

Das Hüttenwartspaar Romano und Sara Frei-Elmer (links aussen) mit Team.

Wanderzeit/Schwierigkeitsgrad
2½ Std./T2

Ausgangsort
Kies/Mettmen

Eigentümer
SAC-Sektion Tödi

Hüttenwarte
Sara und Romano Frei-Elmer

Hüttentelefon
+41 (0)55 640 81 77

Website
www.leglerhuette.ch

Bewartungszeit
Die Hütte ist von Anfang Juni bis Ende Oktober bewartet.

Übernachtungsmöglichkeit
In Zimmern und zwei Massenlagern stehen insgesamt 60 Schlafplätze mit Duvets und Kissen zur Verfügung.

Verpflegungsmöglichkeit
Tagessuppe mit Brot, Wienerli oder Chlytaler-Wurst, Leglerhütten-Plättli, Zigerbrüüt, selbstgebackene Kuchen.

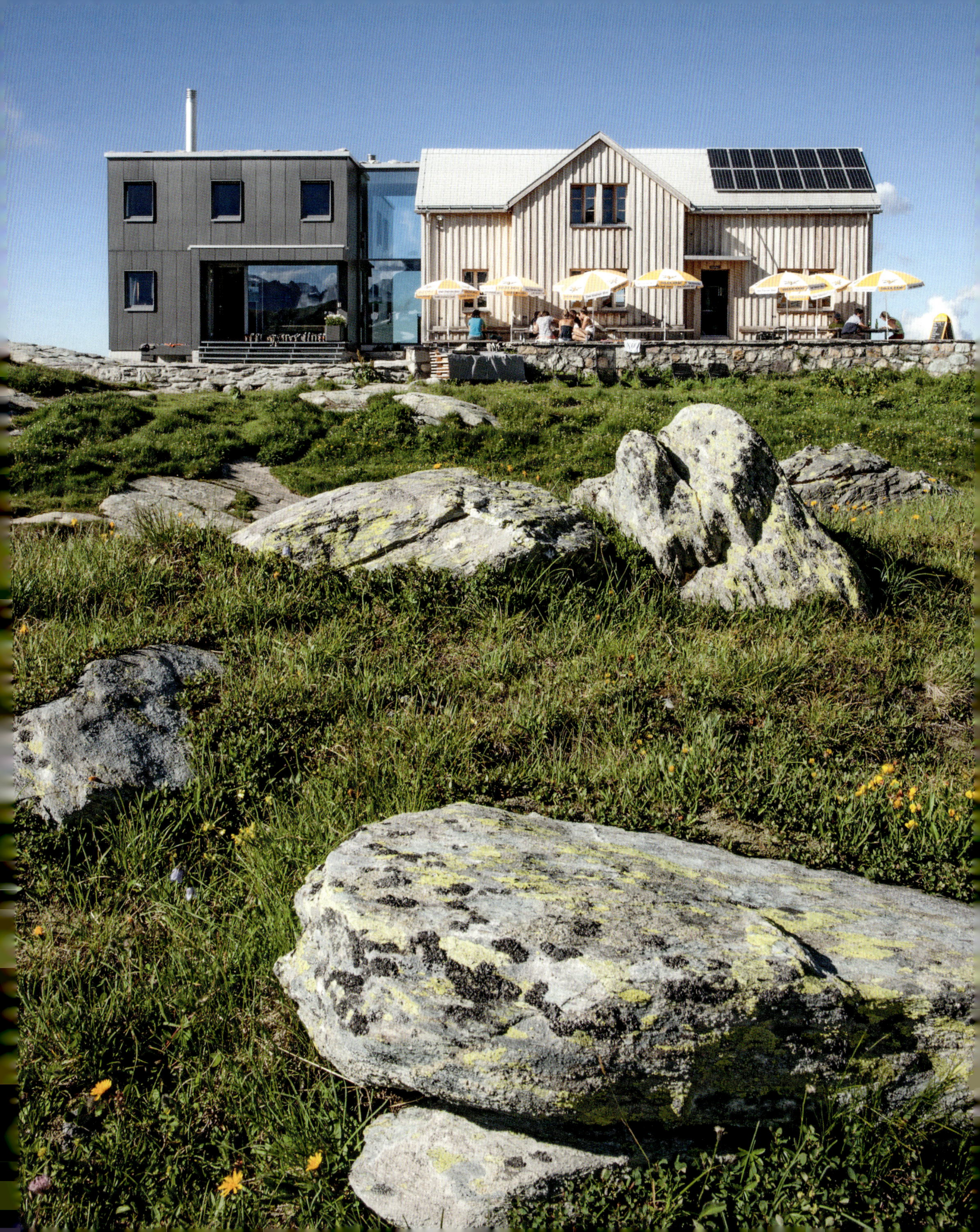

Das Beste aus den Hüttenküchen *Leglerhütte*

Bild oben: Die Kühe lassen sich von Berggängern nicht stören.

Bild unten: Buben beim «Schiferen» am Garichti-Stausee. Welcher Stein «schiferet» wohl am weitesten?

Bild rechts: Der kleine See bei der Leglerhütte ist besonders bei Kindern sehr beliebt.

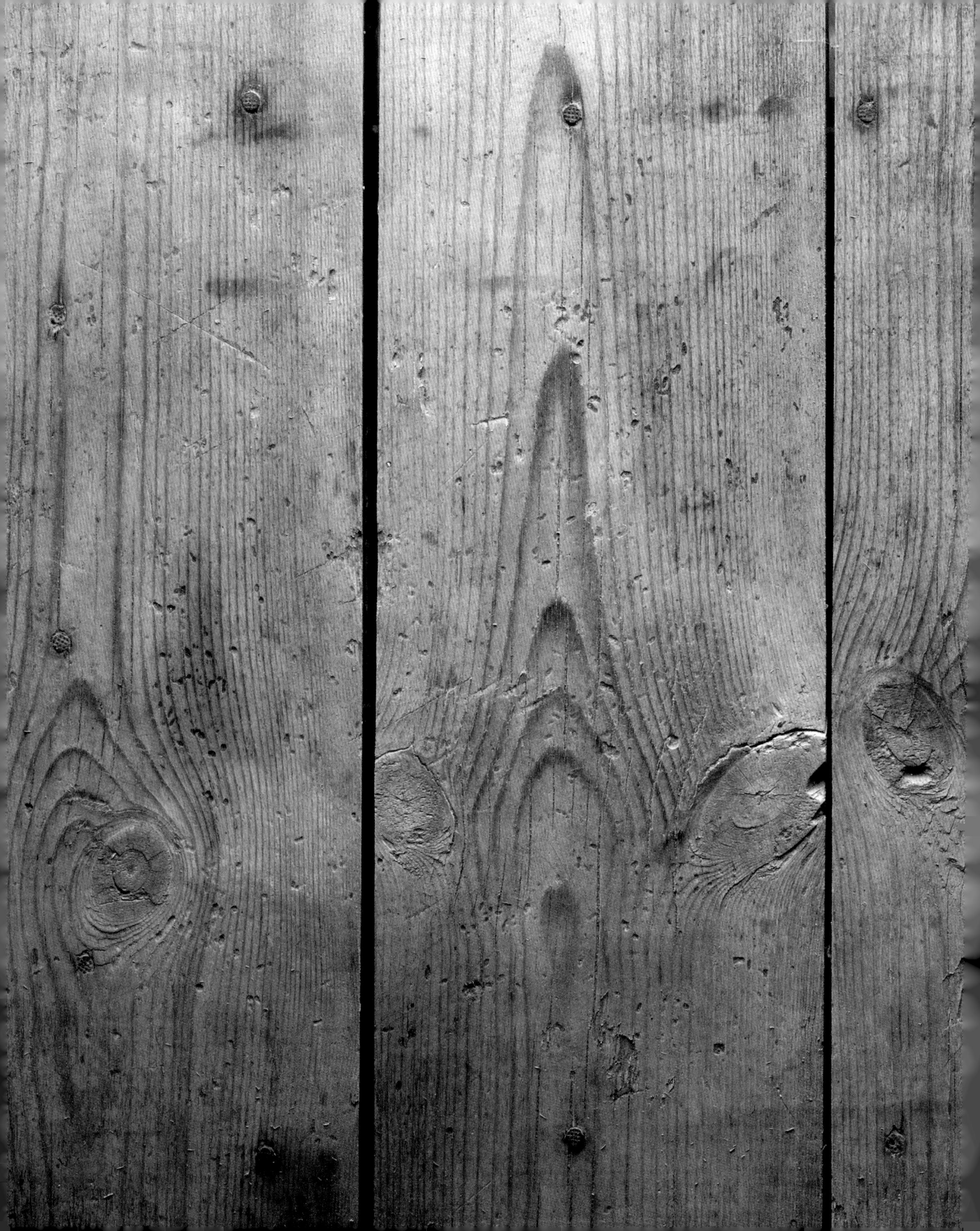

Geltenhütte

Hütten-Rigatoni

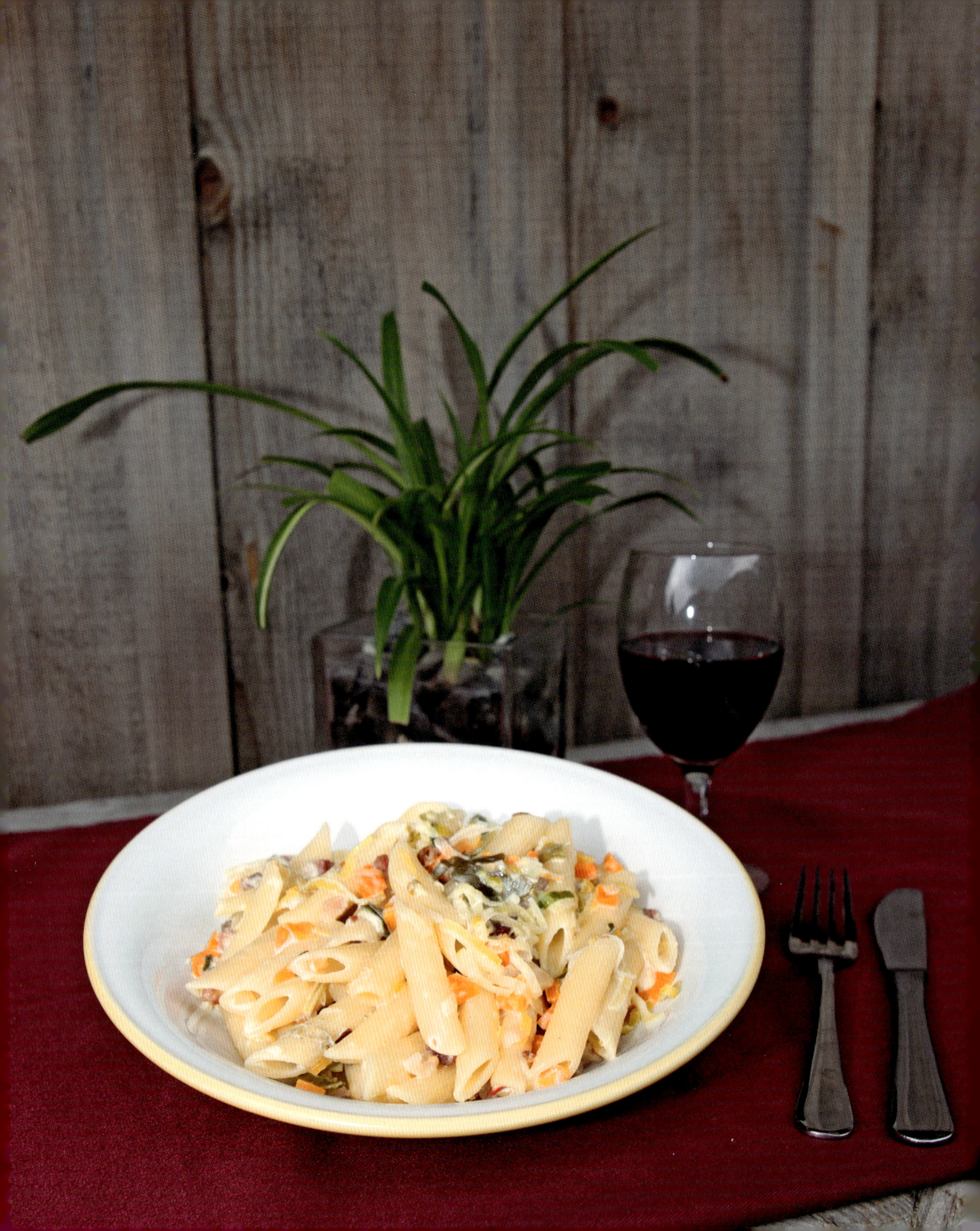

Das Beste aus den Hüttenküchen *Geltenhütte*

Hütten-Rigatoni

350–400 g	Rigatoni
1	Zwiebel
1	Knoblauchzehe
etwas	Öl
300 g	gemischtes Gemüse, z.B. Rüebli und Lauch
	Salz und Pfeffer
100 g	Speckwürfelchen
ca. 1½ dl	Rahm
	Salz und Pfeffer
	Reibkäse

Salzwasser aufkochen und die Rigatoni al dente kochen. Zwiebel und Knoblauch schälen, fein hacken und in Öl andämpfen. Das Gemüse waschen, rüsten, klein schneiden und beifügen. Mit Salz und Pfeffer gut würzen. Die Speckwürfelchen ohne Zugabe von Fett anbraten. Zum Gemüse geben und beides mit den gekochten Rigatoni mischen. Rahm beifügen, bis eine cremige Konsistenz entsteht. Mit frisch gemahlenem Pfeffer abschmecken und mit Reibkäse servieren.

Das Beste aus den Hüttenküchen *Geltenhütte*

Geltenhütte

2002 m

Unterwegs zur Hütte

Im Naturschutzgebiet Gelten-Iffigen ist die Geltenhütte gelegen. Ausgangspunkt für die kurzweilige Wanderung hinauf zur Hütte ist Gstaad, beziehungsweise der Lauenensee, wo sich auch die Endstation des Postautos befindet. Ab hier ist die Hütte in 2 Stunden erreichbar, sodass sich ein Besuch auch für Tagestouren anbietet. Entlang des Geltenbachs führt der Weg stetig in die Höhe. Eindrucksvoll, mit welcher Kraft das Wasser seit Jahrtausenden den Fels geschliffen hat und dies auch weiter tut. Wo das Tal wieder breiter wird, zähmt sich auch der Bach. Kühe grasen friedlich auf und neben dem Weg, die hohen Stauden des Gelben Enzians blühen über die ganze Matte verstreut, und hinten im Tal strömt das Wasser des Baches als Wasserfall hinunter. Ein zweiter Aufstieg folgt beim Gelteschuss, wo durch Zickzackwege die Höhenmeter rasch überwunden sind. Der Weg führt nun eng dem Fels entlang, bevor sich das Gelände erneut öffnet. Von hier ist es nicht mehr weit bis zur Hütte, wo einen farbige Gebetsfahnen aus Asien auf der Terrasse begrüssen. Seit dem Erweiterungsbau 2014 haben nun alle Übernachtungsgäste im Aufenthaltsraum Platz und können miteinander speisen. Ist die Hütte bereits am Mittag erreicht, kann die Umgebung erkundet werden. Es hat für Kinder viele Bäche – ein ideales Terrain, um Steine zu sammeln oder nach kleinen und grossen Tieren Ausschau zu halten. Für Berggänger stehen diverse Gipfelziele wie zum Beispiel der Arpelistock, Gelten-, Spitz- und Wildhorn zur Auswahl, um nur einige zu nennen.

Besonderes

Ein Feldstecher sollte unbedingt eingepackt werden. Mit etwas Glück können weiter oben nicht Kühe, sondern Yaks beim Grasen beobachtet werden.

Das Hüttenwartspaar Marianne und Ueli ist mit Herz bei der Sache.

Wanderzeit/Schwierigkeitsgrad
2 Std./T2

Ausgangsort
Lauenensee

Eigentümer
SAC-Sektion Oldenhorn

Hüttenwarte
Marianne und Ueli Stalder

Hüttentelefon
+41 (0)33 765 32 20

Website
www.geltenhuette.ch

Bewartungszeit
Mitte Juni bis Mitte Oktober

Übernachtungsmöglichkeit
In mehreren Zimmern stehen insgesamt 84 Schlafmöglichkeiten mit Duvets und Kissen zur Verfügung.

Verpflegungsmöglichkeit
Suppe, verschiedene Röstis, Käseschnitte, Spiegelei Gelten, Geltenteller, Hobel- und Alpkäse, Sandwiches sowie selbstgebackene Süssigkeiten.

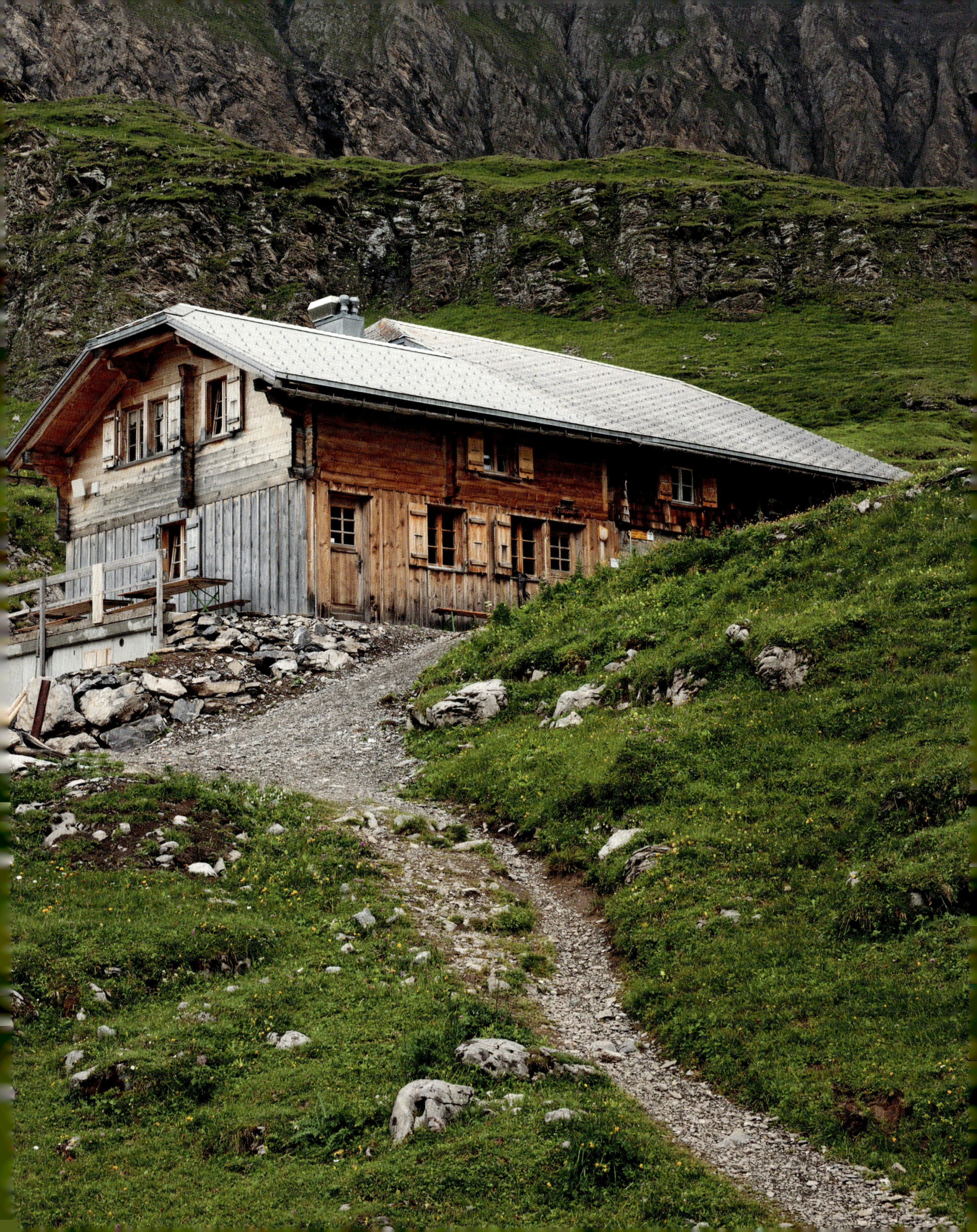

Das Beste aus den Hüttenküchen *Geltenhütte*

Bild oben: Bunte Gebetsfahnen, ein Mitbringsel
der Hüttenwartsfamilie aus fernen Ländern.

Bild unten: Eine neugierige Kuh kommt dahergelaufen.

Bild links: Ein neuer Tag beginnt.

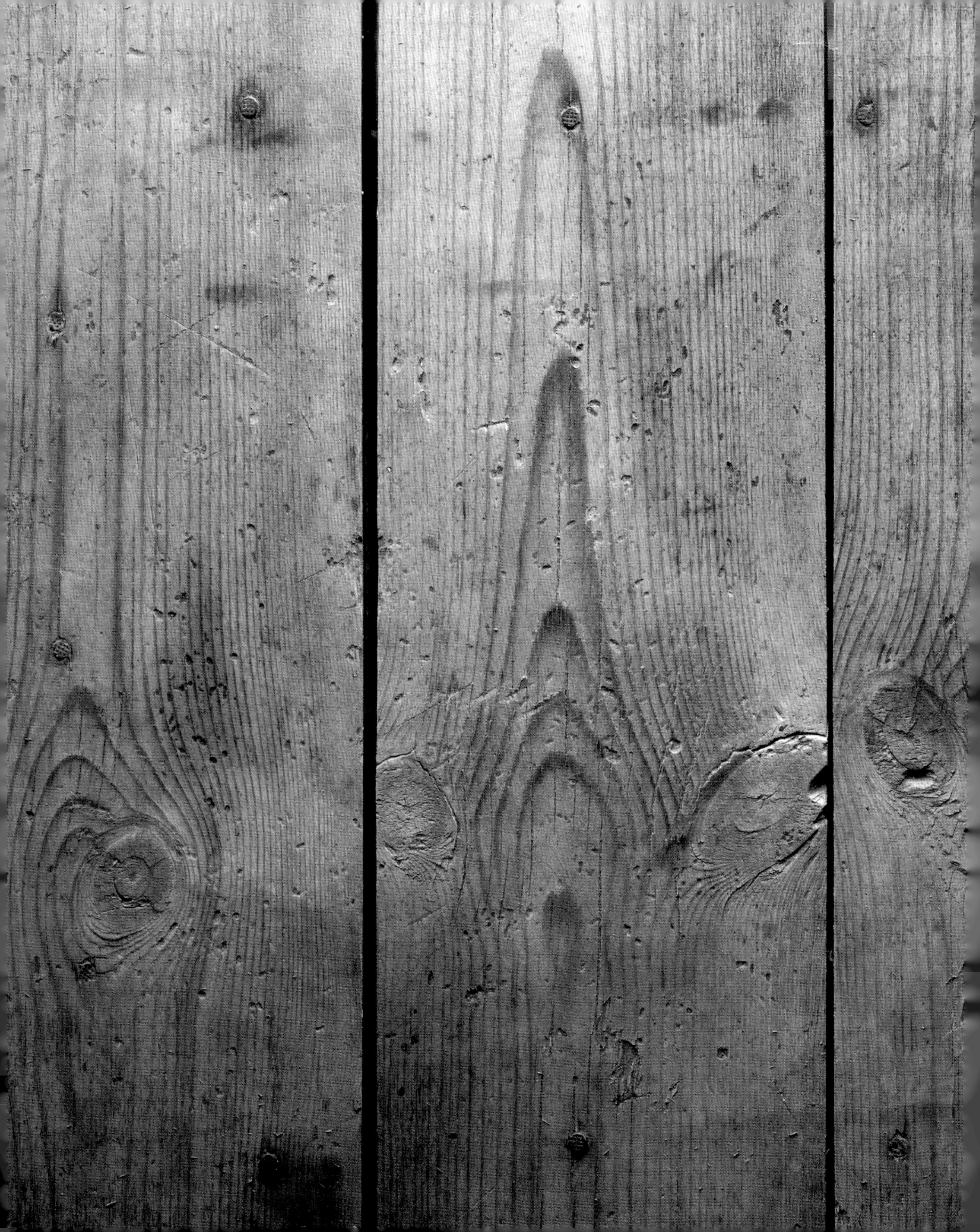

Balmhornhütte

Fleisch- und Käseplatte

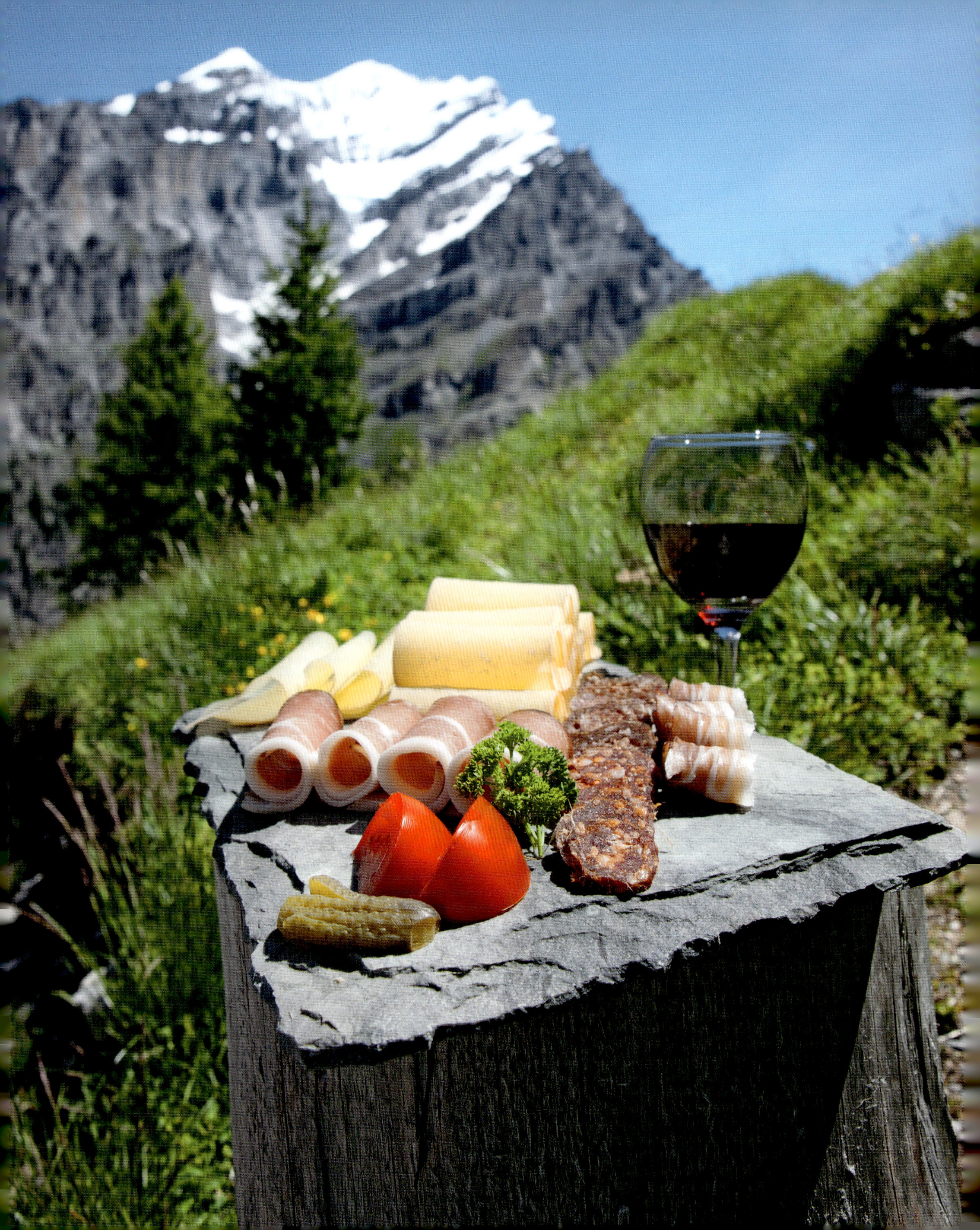

Das Beste aus den Hüttenküchen *Balmhornhütte*

Fleisch- und Käseplatte

Aus allen Zutaten eine schöne, kunstvolle Platte kreieren. Mit feinem, knusprigem Brot und nach Belieben einem guten Glas Wein servieren.

nach Belieben	Rohfleisch, Speck, Wurst, Hobel- und Alpkäse

Beilage

	Tomaten
	Essiggurken
	Silberzwiebeln
4 bis 8 Stück	feines Brot

Das Beste aus den Hüttenküchen *Balmhornhütte*

Balmhornhütte

1956 m

Unterwegs zur Hütte

Ausgangspunkt auf dem Weg zur Balmhornhütte ist Kandersteg, bzw. das wunderschöne Gasterental. Ab Kandersteg sind es rund 3 Stunden Weg. Wer mit dem vorreservierten Bus bis Neubrück Waldhaus fährt, verkürzt den Weg um eine Stunde. Umgeknickte Bäume im Tal zeugen von niedergegangenen Lawinen vergangener Winter, die Kander mäandert durch die Ebene. Beim Gasternholz zweigt der Hüttenweg rechts ab. Es folgt ein steiler, jedoch gut ausgebauter Pfad. Er führt durch Wald- und Felspartien hinauf in den Kessel unter der Nordflanke des Balmhorns, welches Namensgeberin der Hütte ist. Hinten im Tal ist ein eindrücklicher Wasserfall zu erspähen, wo frühmorgens erste Sonnenstrahlen das stiebende Wasser glänzen lassen. Der Weg führt nun beinahe waagrecht hinauf in begrüntes Gelände. Es gibt etliche Blumen zu bestaunen, wobei vor allem die Orchideen hervorstechen. Mehrere Bäche, zum Teil gespiesen vom Balmhorngletscher, sind zu überqueren. Bald schon ist die kleine Hütte erreicht, welche auf einem Hochplateau gebaut wurde. Umgeben ist das Häuschen von saftigen Wiesen mit vielen Blumen. Hunderte von «Ankebäueli» (Trollblumen) setzen gelbe Kontrastpunkte ins Gras. Wer es gemütlich mag, setzt sich mit einem Feldstecher auf die Terrasse und beobachtet die Berg- und Tierwelt. Als kleine Wanderung eignet sich der Gasteräspitz, welcher mit einer schönen Aussicht aufwartet. Wer hingegen alpinistische Herausforderungen liebt, der kann zum Beispiel das Balmhorn über die Nordwand oder den Wildelsiggrat besteigen.

Besonderes

Erwähnenswert ist das Frühstück, denn neben dem selbstgebackenen Brot gibt es Honig, den die Bienen des Hüttenwartskoordinators Oswald Künzi gesammelt haben.

Beim Besuch der Autorin waren Rosa und Willi Rebmann vor Ort.

Wanderzeit/Schwierigkeitsgrad
2 Std./T3

Ausgangsort
Bushaltestelle Neubrück Waldhaus

Eigentümer
SAC-Sektion Altels

Hüttenwart
Die Hütte wird im Tournus von Sektionsmitgliedern bewartet. Ursula und Oswald Künzi koordinieren die Einsätze.

Hüttentelefon
+41 (0)33 675 13 40

Website
www.balmhornhuette.ch

Bewartungszeit
Anfang Juni bis Ende September.

Übernachtungsmöglichkeit
Es stehen insgesamt 20 Schlafplätze mit Duvets und Kissen zur Verfügung.

Verpflegungsmöglichkeit
Suppen, Spaghetti mit verschiedenen Saucen, Rösti mit Spiegelei, Zwiebelsauce oder Speck, Fondue sowie süsses Selbstgebackenes.

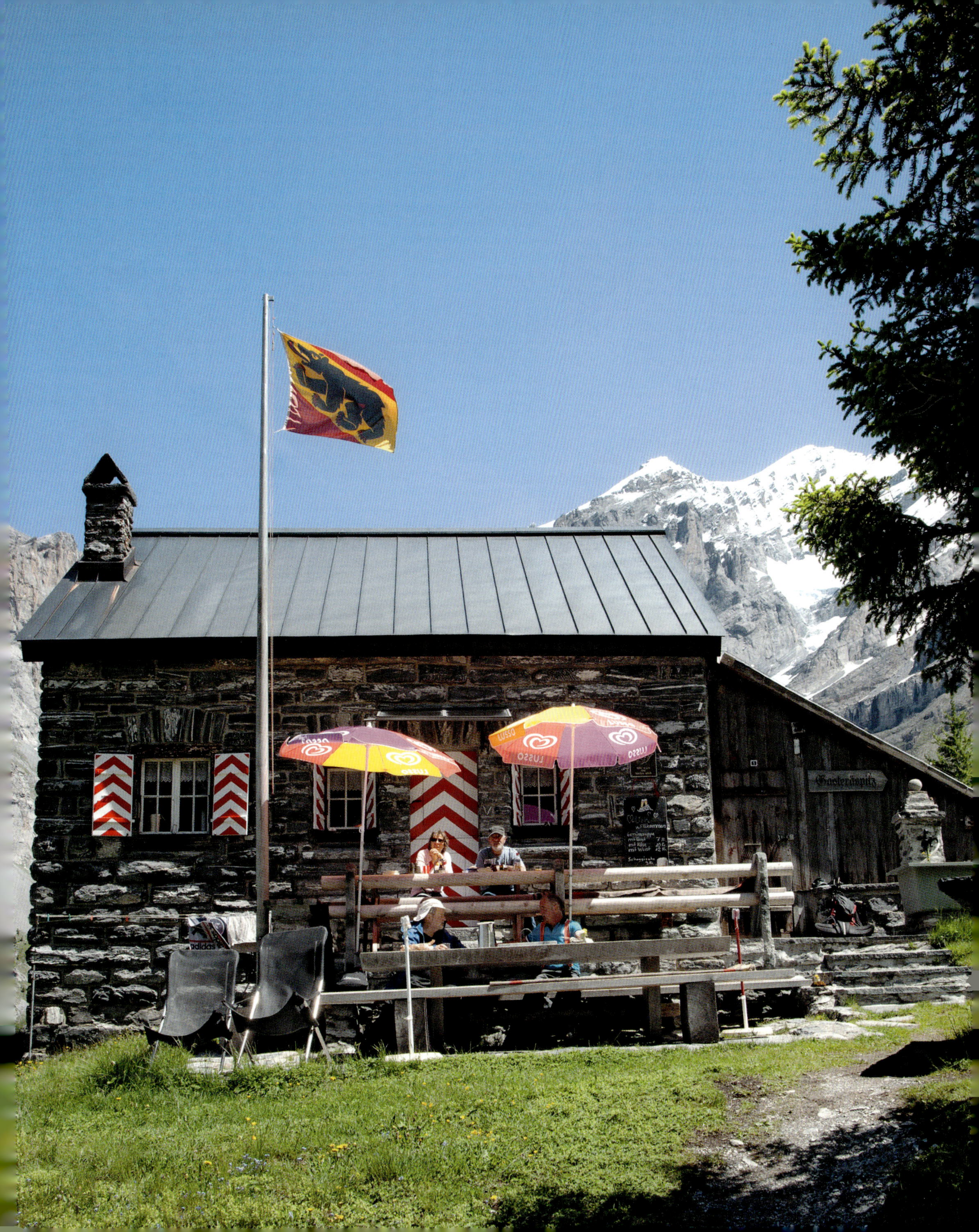
LUSSO

Das Beste aus den Hüttenküchen *Balmhornhütte*

Bild oben: Den Frauenschuh findet man im Auenwald wie auch oben auf dem Weg zur Hütte.

Bild unten: Zwei «Munggen» weisen den Weg.

Bild links: Stiebend fliesst das Wasser hinunter ins Gasterental.

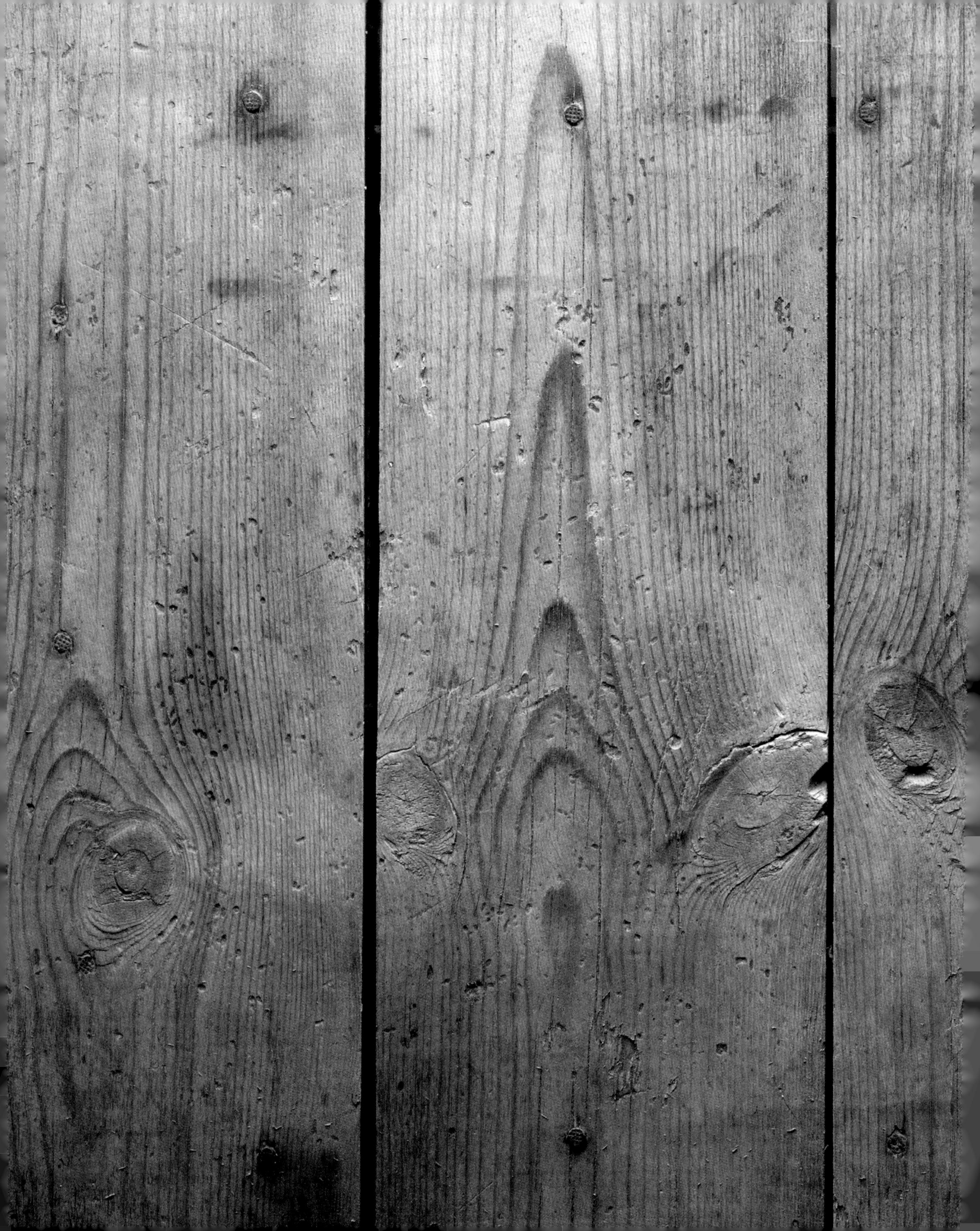

Voralphütte

Ryys und Boor (Reis und Lauch) mit Innerschweizer Hauswurst

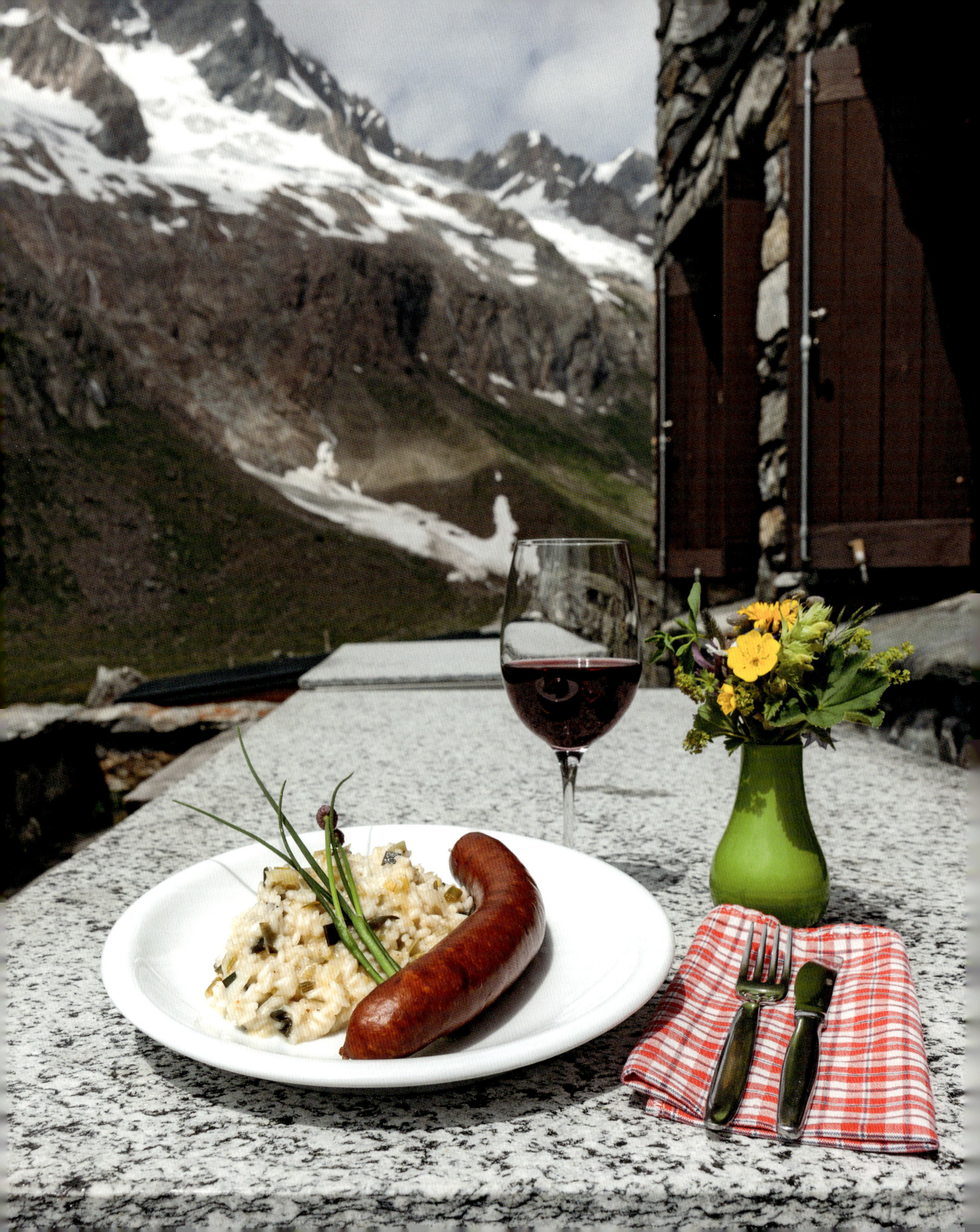

Das Beste aus den Hüttenküchen *Voralphütte*

Ryys und Boor mit Innerschweizer Hauswurst

Zwiebeln, Knoblauch und Lauch in Butter dünsten. Reis dazugeben und glasig rösten. Mit Weisswein ablöschen und mit Bouillon auffüllen. Ca. 20 Minuten auf schwachem Feuer unter gelegentlichem Rühren kochen lassen. Den Käse darunterziehen und mit Salz und Pfeffer abschmecken. Die Würste 20 Minuten im heissen Wasser ziehen lassen.

Ryys und Boor (Reis mit Lauch)

1 grosse	Zwiebel, gehackt
2	Knoblauchzehen, gepresst
300 g	Lauch, in kleine Streifen geschnitten
2 EL	Butter
250 g	Risotto-Reis (z. B. Carnaroli)
1 dl	Weisswein
5½ dl	Rindsbouillon
100 g	Urner Alpkäse, gerieben
	Salz und Pfeffer

Innerschweizer Hauswurst

4	Innerschweizer Hauswürste (Siedwurst)

Garnitur

Schnittlauch

Das Beste aus den Hüttenküchen *Voralphütte*

Voralphütte
2126 m

Unterwegs zur Hütte

«Der Weg ist das Ziel», dieses Zitat passt zur Voralphütte. Zum Ausgangspunkt der Wanderung bzw. zur Voralpkurve gelangt man ab Göschenen mit dem vorreservierten Post- oder Privatauto, aber auch mit dem Fahrrad. Ab hier, wo die Voralpreuss über grosse Felsen stürzt, führt der Pfad zuerst durch den Wald und dann über offenes Gelände hinein ins Voralptal. Vorbei an blühenden Blumenwiesen und weidenden Kühen kehrt man der Zivilisation den Rücken. Der Weg ist bestens geeignet für Familien und für Wanderer, welche eine nicht allzu anstrengende Tour laufen möchten. Kurz vor der Horefelli-Alp erspäht man die Voralphütte mit dem Erdwall, welcher die 1989 neu erbaute Hütte im Winter vor Lawinen schützt. Begrüsst wird man bei der Ankunft mit einem Glas Pfefferminzsirup, das man am Besten auf der Terrasse trinkt, mit schönem Blick auf das Sustenhorn und mehrere Gletscher. Wenn man ganz ruhig verweilt, kommt einen vielleicht sogar eines der Murmeltiere begrüssen, welche direkt um die Hütte herum ihre Bauten angelegt haben. Mensch und Tier leben hier in und mit der Natur. In der Küche werden wild wachsender Schnittlauch und selbstgepflückte Heidelbeeren verarbeitet. Besonders stolz ist Silvia, die Hüttenwartin, über den Türkenbund, der gleich neben dem Haus blüht.

Besonderes

Wer sich zum Essen gerne einen feinen Wein gönnt, der wird über das Angebot staunen. Es werden auserlesene Bordeauxweine angeboten. Und wer dem Wein und dem Gesang frönt, der nehme die im Speisesaal aufgehängte Gitarre und spiele was vor!

Silvia, die Hüttenwartin, flankiert von zwei aufgestellten Helferinnen.

Wanderzeit/Schwierigkeitsgrad
2½ Std./T2

Ausgangsort
Postautohaltestelle Abzw. Voralpkurve

Eigentümer
SAC-Sektion Uto

Hüttenwarte
Silvia und Peter Bernhard

Hüttentelefon
+41 (0)41 887 04 20

Website
www.voralphuette.ch

Bewartungszeit
Die Hütte ist von Mitte Juni bis Mitte Oktober bewartet.

Übernachtungsmöglichkeit
In vier Zimmern stehen insgesamt 40 Schlafplätze mit Duvets und Kissen zur Verfügung.

Verpflegungsmöglichkeit
Suppe, «Plättli» mit Urner Spezialitäten, Ziegenkäse, Rösti, Polenta und feine selbstgebackene Kuchen.

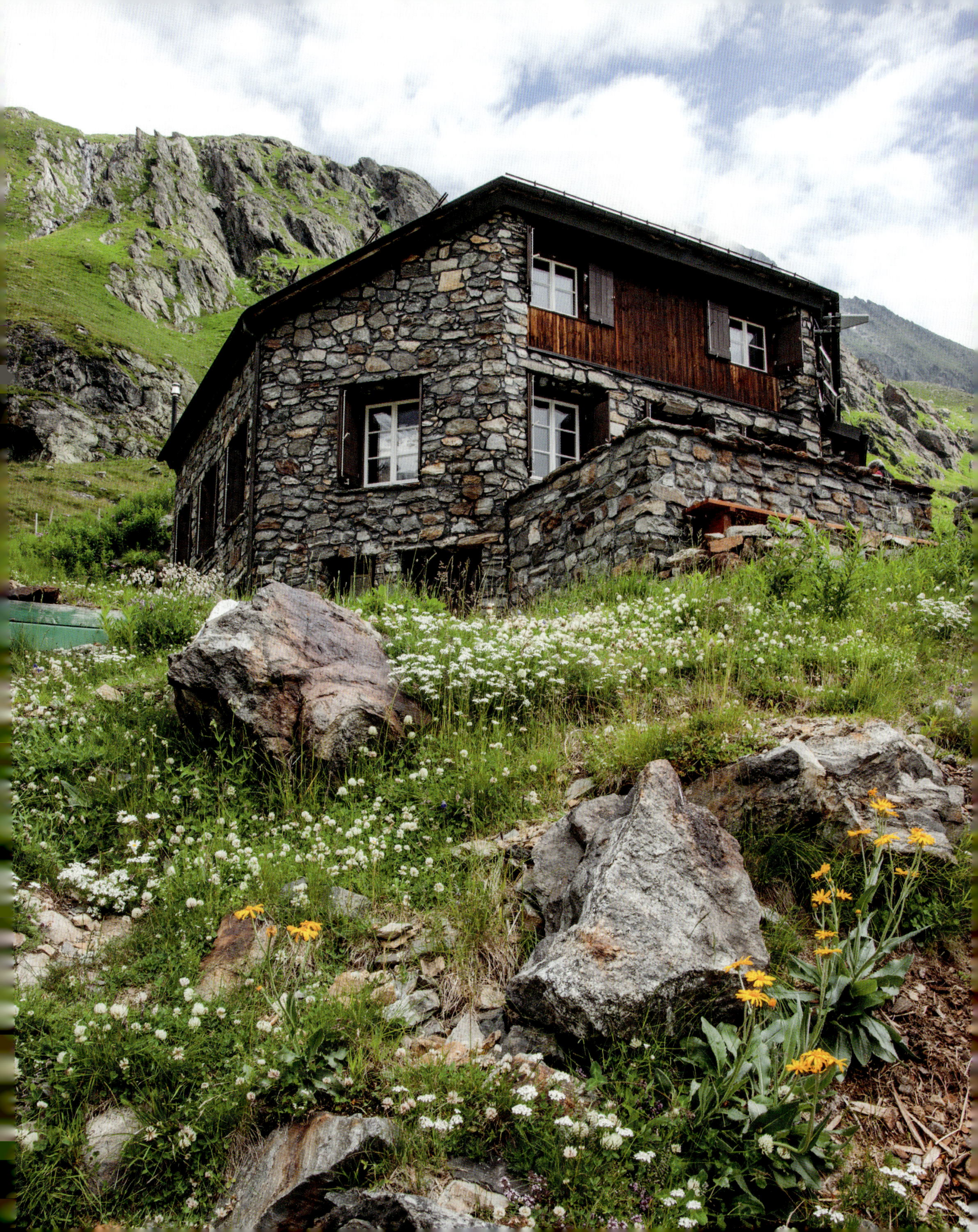

Das Beste aus den Hüttenküchen *Voralphütte*

Bild oben: Im Voralptal scheint die Zeit stillzustehen.

Bild unten: Sprudelnd bahnt sich das Wasser seinen Weg durch das steinig-felsige Bachbett.

Bild links: Blühender Berghauswurz säumt den Wegrand.

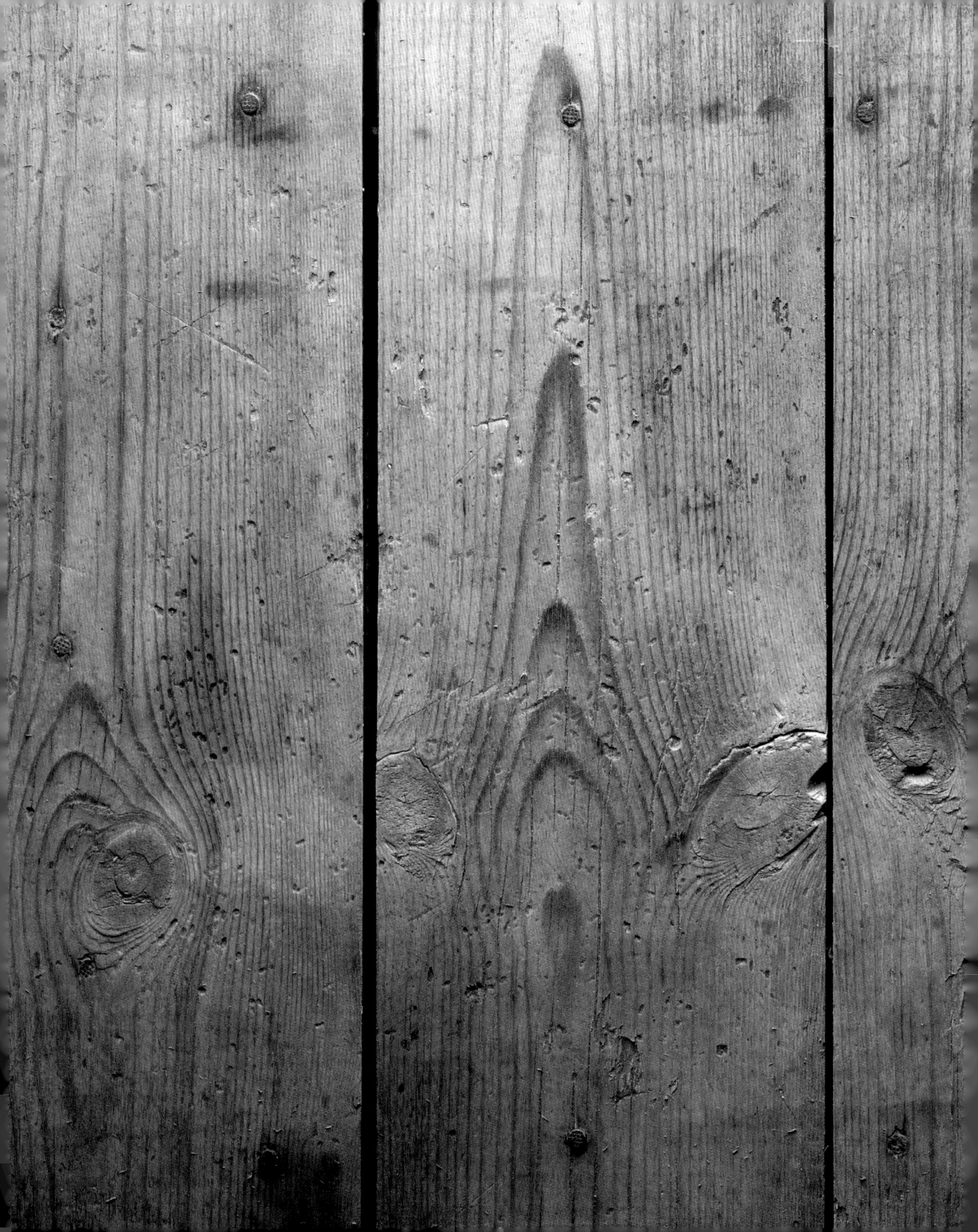

Oberaletschhütte
Schwarznasen-Lammragout mit Safran

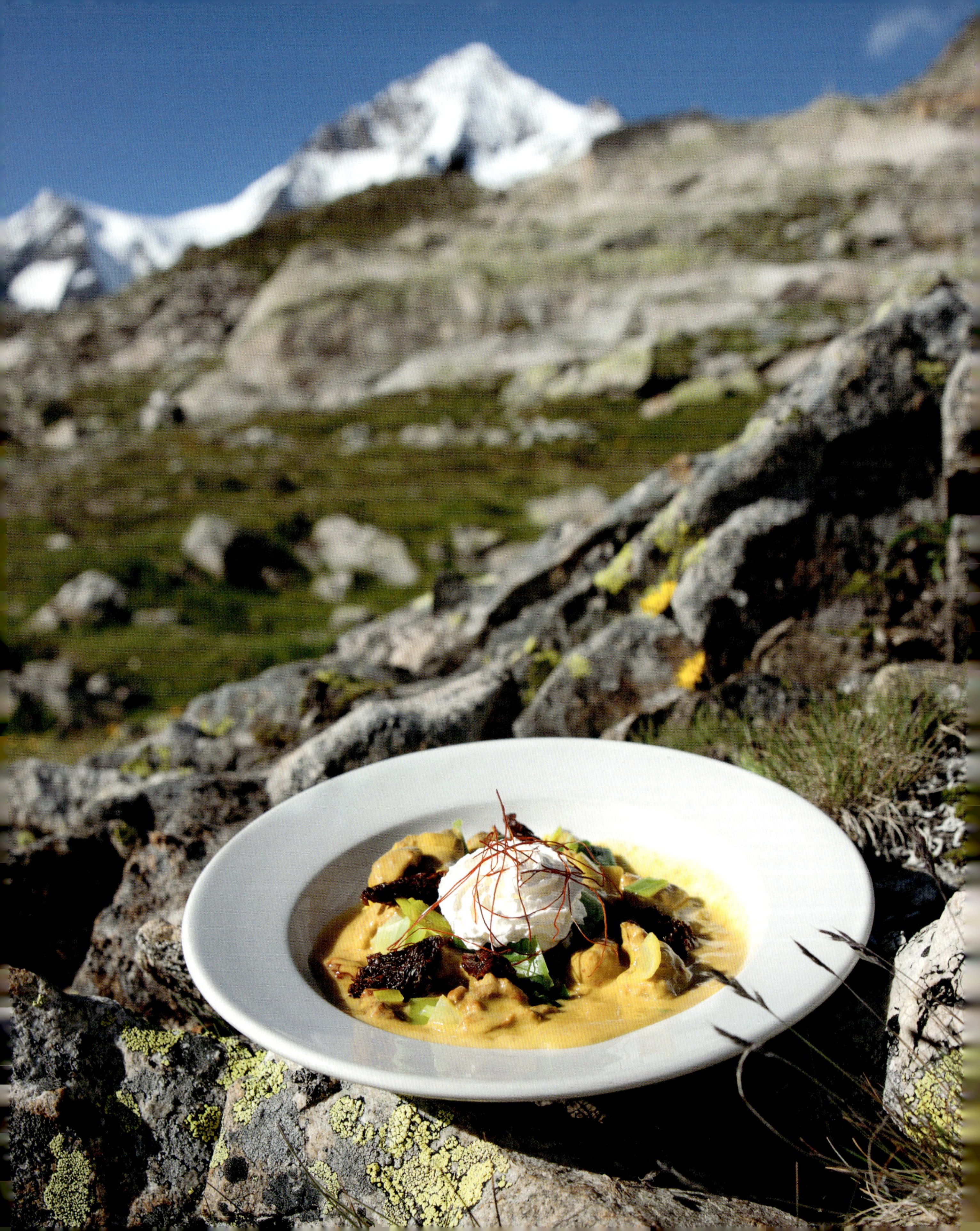

Das Beste aus den Hüttenküchen *Oberaletschhütte*

Schwarznasen-Lammragout mit Safran

1 kg	Lammschulter vom Schwarznasenschaf, ohne Knochen, in 2 cm grosse Würfel geschnitten
1–2	Zwiebeln
2	Lorbeerblätter
2	Gewürznelken
1–2	Salbeiblätter
6 dl	Rindsbouillon (schwach gesalzen)
2 dl	Weisswein
1	mittelgrosse Lauchstange
30 g	Tomaten, getrocknet
2 Briefchen	Safran
25 g	weiche Butter
25 g	Mehl
2 dl	Rahm
	Salz und Pfeffer

Garnitur

Safran- oder Chilifäden
Schlagrahm

Die Zwiebeln schälen, halbieren und mit Lorbeer und Nelken spicken. Mit Salbei, Bouillon und Weisswein in eine Pfanne geben und zusammen aufkochen. Das Fleisch beifügen und ca. 45 Minuten bei schwacher Hitze köcheln. Von Zeit zu Zeit abschäumen. In Zwischenzeit den Lauch waschen. Den weissen Teil in 1 cm breite Streifen schneiden. Den grünen Teil ebenfalls klein schneiden, 3–4 Minuten blanchieren und kalt abschrecken. Die getrockneten Tomaten vierteln. Nach ca. 45 Minuten die gespickte Zwiebel entfernen. Die weissen Stücke des Lauchs, die Tomaten und den Safran zum Fleisch geben und 30–45 Minuten weich schmoren. Nach Bedarf etwas Bouillon dazugeben. Die weiche Butter mit dem Mehl verrühren und flockenweise zum Fleisch geben, bis die Sauce leicht bindet. Mit Rahm verfeinern und mit Salz und Pfeffer abschmecken. Den blanchierten, grünen Teil des Lauchs dazugeben und alles nochmals kurz erhitzen. Kurz vor dem Abbinden mit Butter und Mehl können Safranfäden als Dekor dazugegeben werden. Das Ragout vor dem Servieren zudem mit etwas Schlagrahm und Chilifäden garnieren.

Das Beste aus den Hüttenküchen *Oberaletschhütte*

Oberaletschhütte

2640 m

Unterwegs zur Hütte

Ab Blatten bei Naters bringt eine grosse Gondel die Besucher innert weniger Minuten hinauf auf die Belalp, den Ausgangspunkt der Wanderung. Wer hungrig ist, kann beim Hotel Belalp eine Pause einlegen, die Nussgipfel sind einmalig! Dann beginnt die eigentliche Wanderung. Vorbei neben der kleinen Kappelle führen im Zickzack angelegte Treppenstufen hinunter, dann geht es dem Hang entlang auf die alte Moräne des Oberaletschgletschers. Ziegen suchen nach saftigen Kräutern und lassen sich weder von Wanderern noch vom Grossen Aletschgletscher beeindrucken. Eine Schlucht versperrt den Weg, doch dank einer Brücke ist auch dieses Hindernis zu überwinden. Weiter geht es bis ans Ende der Moräne – vorbei an grasenden Walliser Schwarznasenschafen. Es folgen einige Höhenmeter hinauf auf den Panoramaweg, welcher vor rund zehn Jahren erstellt wurde. An einigen Stellen wurden Ketten angebracht, damit die gesamte Strecke sicher zu begehen ist. Mehr oder weniger waagrecht verläuft nun – mit bester Sicht auf den Oberaletschgletscher – der Weg Richtung Oberaletschhütte. Diese liegt oberhalb der Stelle, an der sich der Beichgletscher mit dem Oberaletschgletscher vereint. Schöne Sonnenuntergänge und für Frühaufsteher beinahe noch beeindruckendere Sonnenaufgänge erwarten die übernachtenden Gäste. Der Besuch der Hütte, im UNESCO-Weltnaturerbe Region Jungfrau-Aletsch-Bietschhorn gelegen, ist ein prägendes Erlebnis, weitab der Zivilisation.

Besonderes

Die zum Brunnen umfunktionierte Badewanne draussen vor dem Haus lädt sprichwörtlich zum Baden ein (siehe übernächste Seite).

Hüttenwart Richard hat immer ein offenes Ohr für seine Gäste.

Wanderzeit/Schwierigkeitsgrad
4½ Std./T3

Ausgangsort
Blatten bei Naters/Belalp

Eigentümer
SAC-Sektion Chasseral

Hüttenwart
Richard Walker

Hüttentelefon
+41 (0)27 927 17 67

Website
www.oberaletsch.ch

Bewartungszeit
Ende Juni bis Mitte September

Übernachtungsmöglichkeit
Insgesamt stehen 70 Schlapfplätze mit Decken und Kissen zur Verfügung.

Verpflegungsmöglichkeit
Suppen, Aletschteller, Hauswürste, Käseteller, Hobelkäse, Käseschnitte, «Schwarznasä»-Bratwurst mit Rys und Pohr, Sandwiches, selbstgebackene Süssigkeiten.

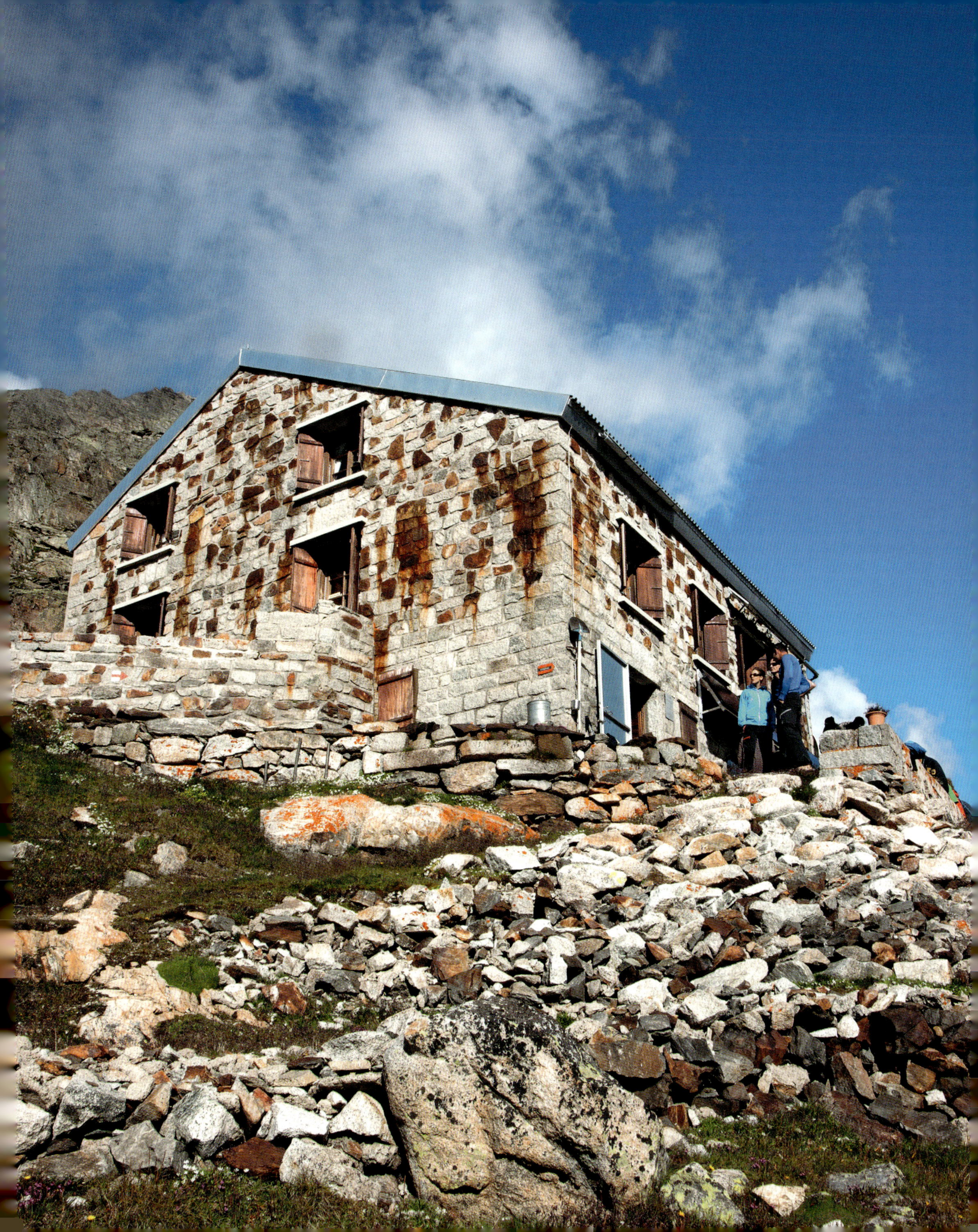

Das Beste aus den Hüttenküchen *Oberaletschhütte*

Bild oben: Die Wanne lädt zum Baden ein, inklusive kaltem Wasser!

Bild unten: Irgendwie scheinen die Schwarznasenschafe immer etwas grimmig dreinzuschauen.

Bild links: Hans gefällt der abwechslungsreiche Hüttenweg und die Sicht auf den Gletscher.

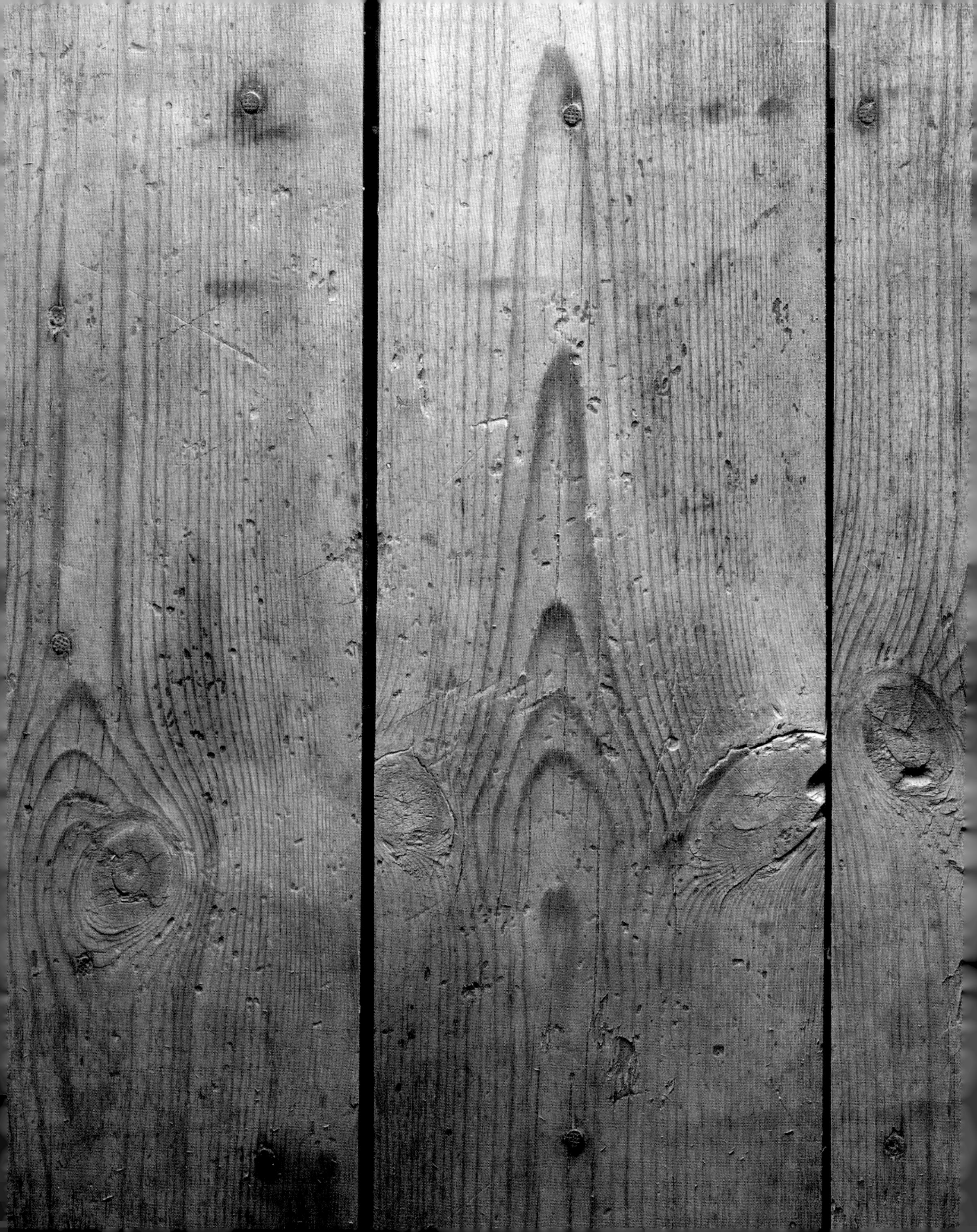

Hüfihütte

Schweinsvoressen an Steinpilzsauce

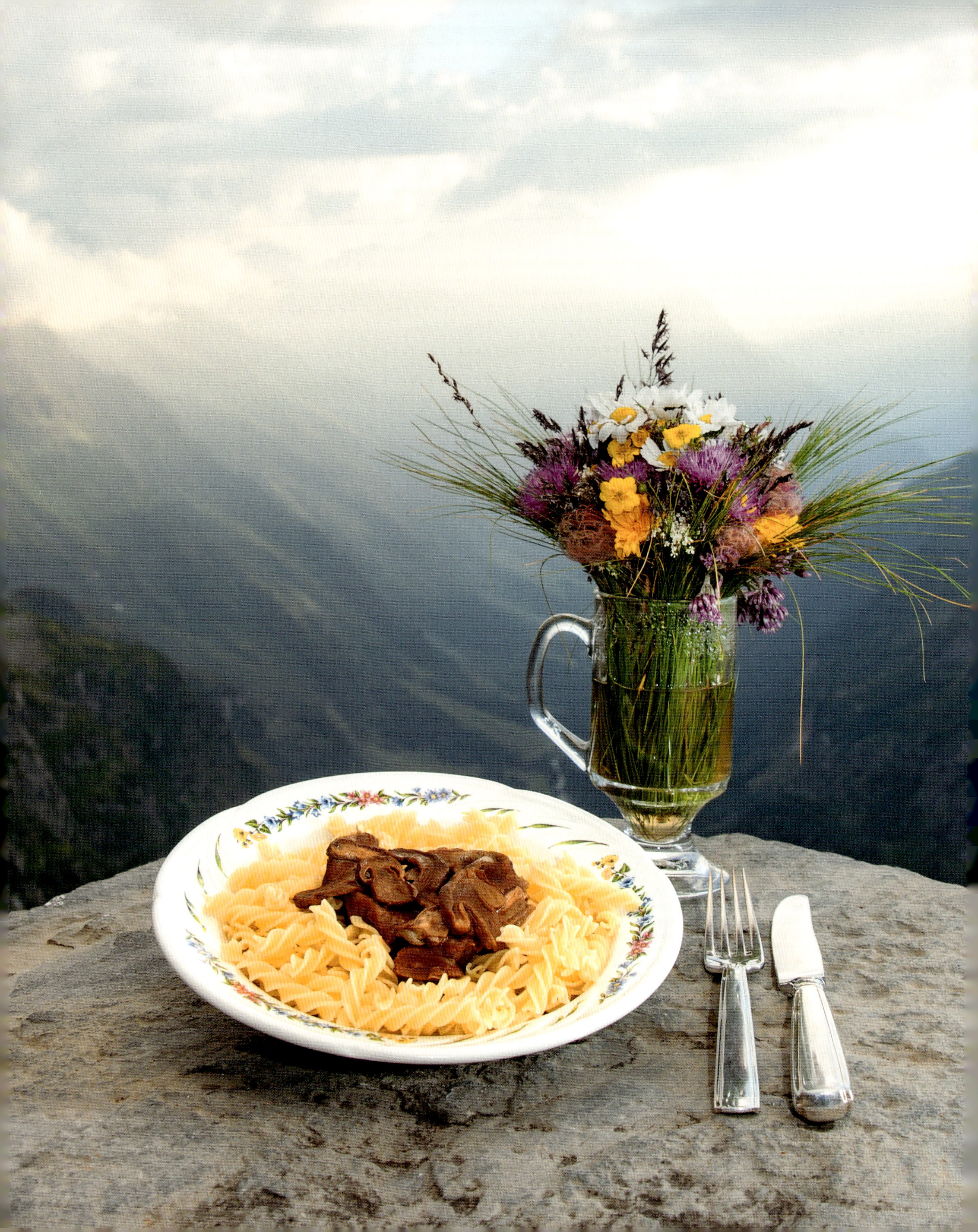

Das Beste aus den Hüttenküchen *Hüfihütte*

Schweinsvoressen an Steinpilzsauce

700 g	Schweinsvoressen, in mundgerechte Stücke geschnitten
150 g	Steinpilze, getrocknet
6 dl	Bratensauce
2 dl	Rotwein
1 kleine	Zwiebel
	Bratbutter
	Fleischgewürz

Beilage
Teigwaren

Die Steinpilze in Wasser einlegen. Die Bratensauce anrühren. Das Fleisch mit Fleischgewürz gut würzen, anbraten und in die Bratensauce geben. Die Zwiebel schälen, in kleine Stücke schneiden und in ordentlich Bratbutter andünsten. Zusammen mit dem Wein in die Sauce geben und köcheln lassen. Nach etwa einer halben Stunde die Steinpilze und, je nach gewünschter Intensität des Steinpilzgeschmackes, mehr oder weniger vom Einweichwasser hinzugiessen. Mindestens eine weitere halbe Stunde auf niedriger Stufe köcheln lassen. Längere Kochzeiten machen das Fleisch zarter. Als Beilage empfehlen sich Teigwaren.

Das Beste aus den Hüttenküchen *Hüfihütte*

Hüfihütte

2334 m

Unterwegs zur Hütte

Ein Bus fährt ab Erstfeld bis Bristen Cholplatz, für Privatautos stehen bei der Talstation der Golzernbahn Parkplätze zur Verfügung. Die Wanderzeit zur Hüfihütte kann auf 2 Stunden reduziert werden, wenn man mit dem Alpentaxi oder dem Fahrrad bis Guferen fährt. Ab hier wandert man der linken Seite des Chärstelenbachs entlang gemütlich aufwärts. Heuschrecken, wie zum Beispiel die grossen Warzenbeisser, springen einem vor die Füsse, Kühe grasen oder sind am Wiederkäuen. Als Pausenplatz eignet sich Blindensee, wo ein Brunnen mit «Sirup-Station» auf durstige Berggänger wartet. Nach der Überquerung der kleinen Brücke führt der Weg den rechten Berghang hinauf. Der bisweilen schmale Pfad schlängelt sich durch hochgewachsene Vegetation. Die Berggipfel hier sind eindrücklich, ebenso die Faltungen im Gestein. Blumen säumen den Wegrand und Vögel flattern herum, sind auf Futtersuche oder mit Nestbau beschäftigt. Die Hütte thront wie eine kleine Burg auf dem Hüfistöckli, im Hintergrund der Hüfigletscher. Die grosse Sonnenterrasse lädt zum Verweilen ein. Es wird gejasst, gestrickt, geplaudert und «gesünnelet», und erst das Nachtessen veranlasst die Gäste, den Aufenthaltsraum aufzusuchen. Wer nach dem Essen nochmals nach draussen geht, erspäht vielleicht sogar eine Fledermaus, welche auf der Jagd ist nach durch das Licht angelockten Insekten.

Besonderes

Mit etwas Glück sieht man eine der drei «Tante Ju» bei der Hütte vorbeifliegen, welche auf dem Militärflugplatz von Dübendorf stationiert sind. Ein schöner Anblick für kleine und grosse Flugzeugbegeisterte.

Hüfi-Paul mit seinem Markenzeichen, der Sonnenbrille.

Wanderzeit/Schwierigkeitsgrad
5 Std./T2

Ausgangsort
Bushaltestelle Golzern, Talstation Seilbahn

Eigentümer
SAC-Sektion Pilatus

Hüttenwart
Paul Streiff

Hüttentelefon
+41 (0)41 885 14 75

Website
www.huefipaul.ch

Bewartungszeit
Die Hütte ist ab ca. 20. Juni bis Ende September bewartet.

Übernachtungsmöglichkeit
Es stehen insgesamt 40 Schlafplätze mit Decken und Kissen zur Verfügung.

Verpflegungsmöglichkeit
Suppen, Rösti mit Ei oder Bratwurst, Alpkäse oder Salsiz mit Brot, Hüfibrettli, hausgemachte Kuchen.

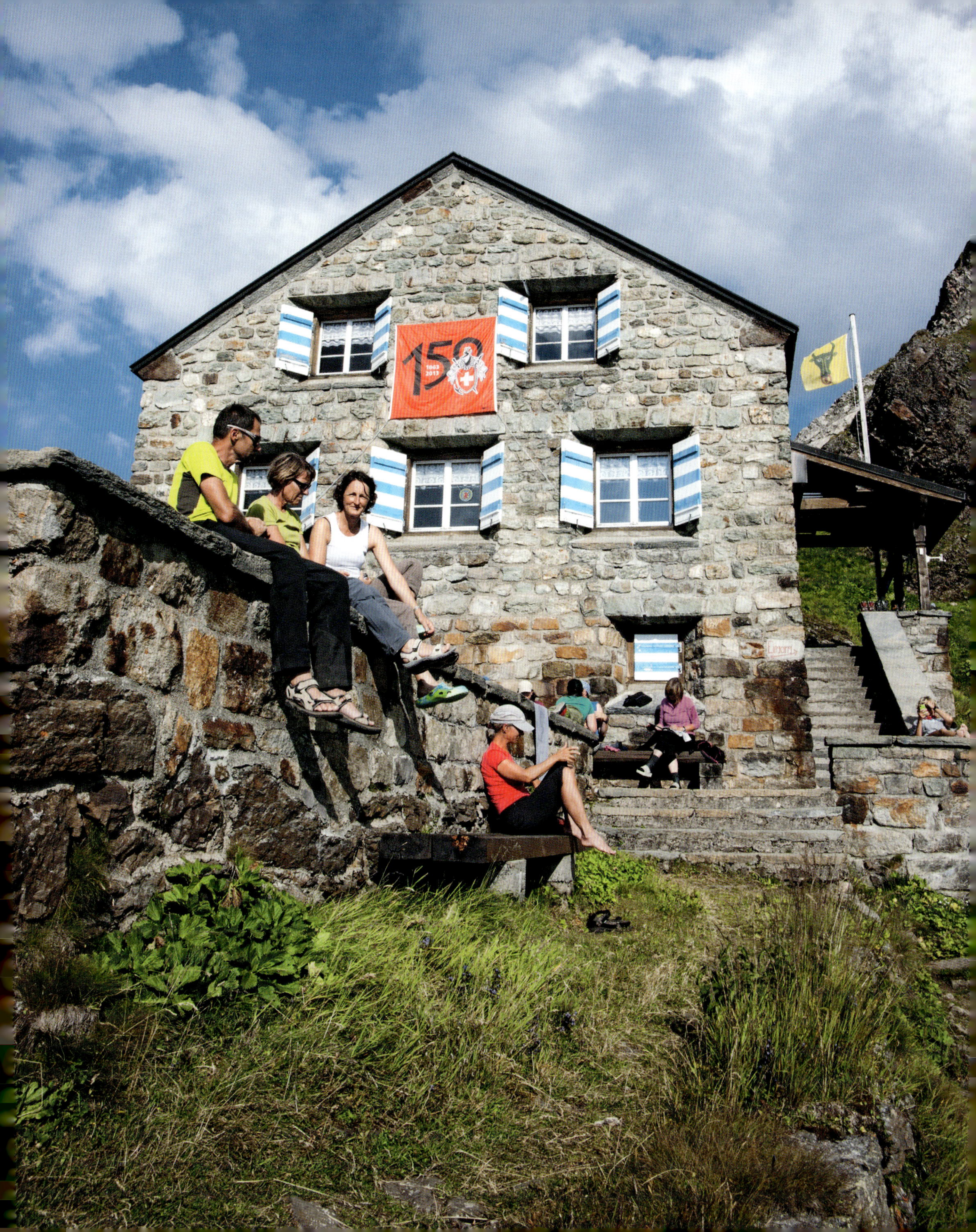
150

Das Beste aus den Hüttenküchen *Hüfihütte*

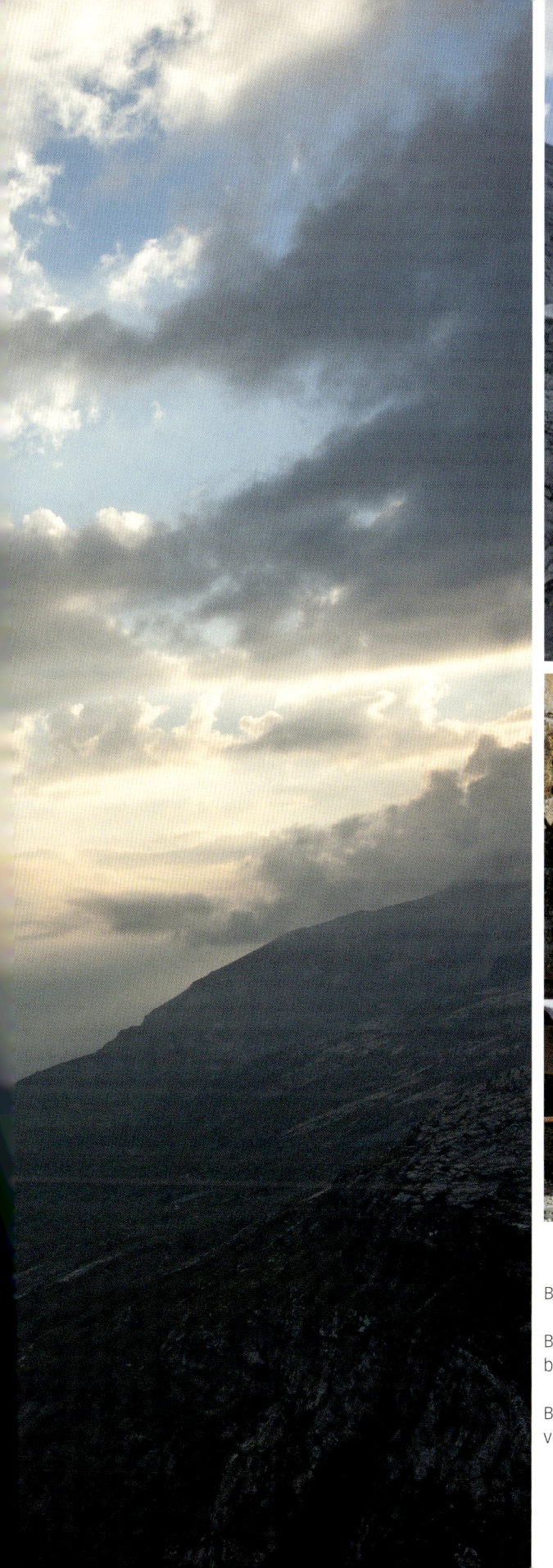

Bild oben: Blauer Eisenhut blüht am Wegrand.

Bild unten: Auf der Sonnenterrasse bleibt «frau» sitzen, bis die Sonne untergeht oder das Nachtessen parat ist.

Bild links: Eine wunderschöne Abendstimmung, von der Terrasse aus gesehen.

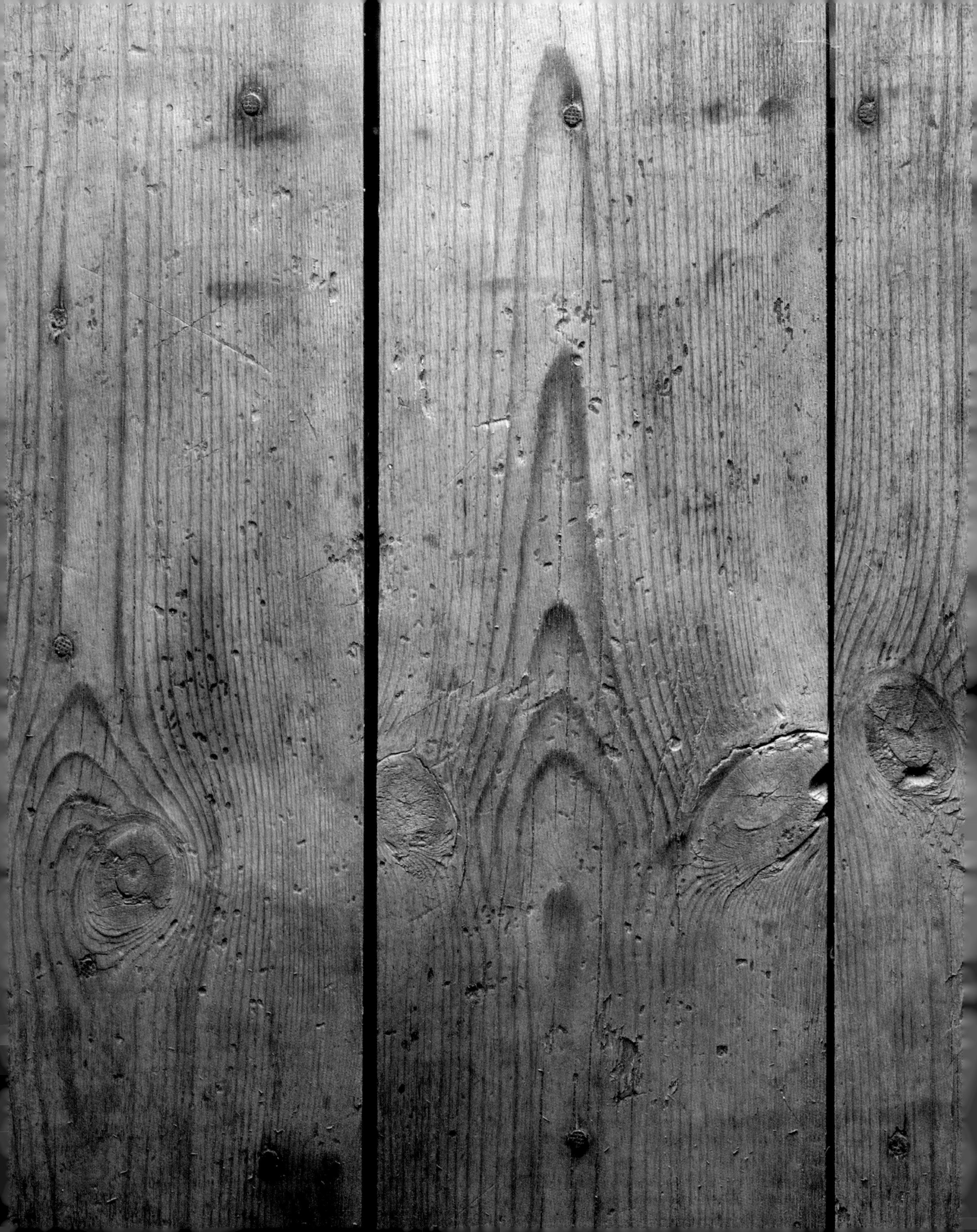

Tierberglihütte
Tierbergli-Chinoise

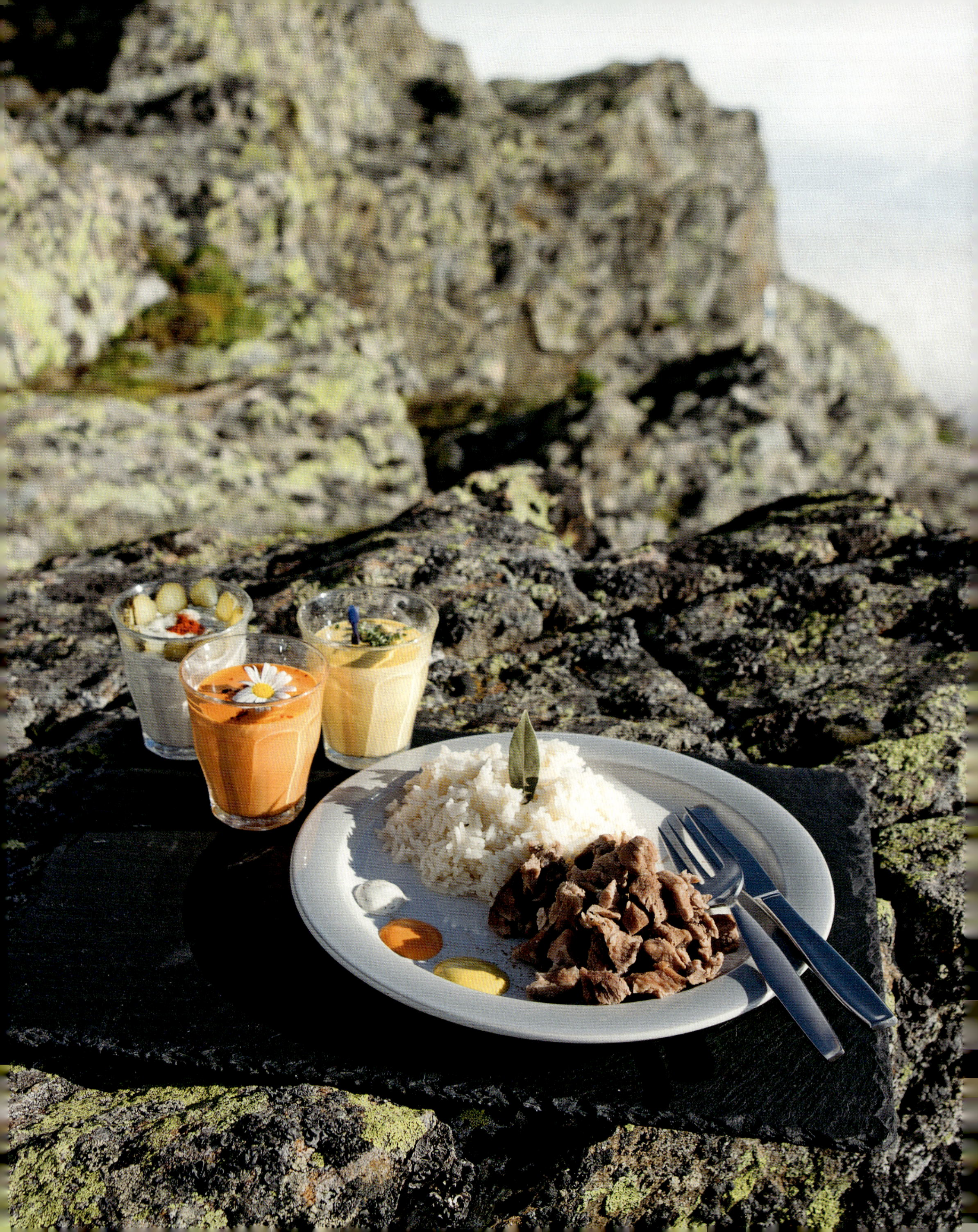

Das Beste aus den Hüttenküchen *Tierberglihütte*

Tierbergli-Chinoise

Tartaresauce

150 g	Magerquark
50 g	Crème fraîche
2	Essiggurken
3 EL	Schnittlauch
2 EL	Petersilie
1 TL	Obstessig
½ TL	Kräutersalz
wenig	Pfeffer aus der Mühle
	Paprikapulver

Magerquark und Crème fraîche zusammenrühren. Die fein gewürfelten Essiggurken, den fein geschnittenen Schnittlauch und die gehackte Petersilie beigeben. Mit Obstessig, Kräutersalz, Pfeffer und Paprika abschmecken.

Cocktailsauce

150 g	Magerquark
50 g	Crème fraîche
5 EL	Ketchup
1 TL	Cognac
3 Prisen	Zucker
wenig	Pfeffer aus der Mühle
	Salz
nach Belieben	Paprikapulver und Chilipulver

Magerquark, Crème fraîche, Ketchup und Cognac zusammenrühren. Mit Zucker und Pfeffer sowie nach Belieben Salz, Paprika und Chili abschmecken.

Currysauce

150 g	Magerquark
50 g	Crème fraîche
2 TL	Currypulver
½	kleiner Apfel
wenig	Pfeffer aus der Mühle
wenig	Zitronensaft
	Salz

Magerquark, Crème fraîche und Curry zusammenrühren. Den halben Apfel schälen und an der Bircherraffel zur Sauce reiben. Mit Pfeffer, Zitronensaft und Salz abschmecken.

Chinoise

1 l	kräftige Bouillon
	Zwiebeln
	Knoblauch
	Sellerie
	Lorbeerblätter
880 g	Rindsvoressen

Die Bouillon aufkochen. Zwiebeln, Knoblauch und Sellerie rüsten, in Stücke schneiden und beifügen. Die Lorbeerblätter dazugeben und alles 10 Minuten köcheln. Das Rindsvoressen klein würfeln und in die Bouillon geben. Aufkochen, danach 20 Minuten köcheln lassen. Die Pfanne vom Herd nehmen und zugedeckt 1 Stunde ziehen lassen. Kurz vor dem Servieren nochmals aufkochen. Die Fleischwürfel aus der Bouillon nehmen und in einer vorgewärmten Schüssel mit wenig Bouillon anrichten. Die Saucen dazu reichen.

Beilage

Reis

Garnitur

Für die Saucen: frische Kräuter, essbare Blüten und Apfelschnitze

Das Beste aus den Hüttenküchen *Tierberglihütte*

Tierberglihütte
2795 m

Unterwegs zur Hütte

Ab Meiringen fährt man mit dem Postauto oder Privatauto auf der Sustenpassstrasse bis zur Haltestelle Steingletscher. Ein vorgängiger Besuch des Käsereiladens auf der anderen Seite des Bachs ist lohnenswert. Wer die Wegzeit verringern möchte, fährt auf der gebührenpflichtigen Strasse vorbei am Steinsee bis Umpol, wo es einen grossräumigen Parkplatz hat. Für alle anderen beginnt der Weg gleich hinter der Käserei. Unzählige Blumen blühen am Wegrand; Felspartien, an denen Kinder und Jugendliche das Klettern üben können, sorgen für Auflockerung und kurzweilige Momente. Mit viel Glück ist sogar ein kleines, flinkes Wiesel zu sehen. Ist der Steinsee erreicht, ist es auch Zeit für eine Pause. Vor allem Kinder ziehen hier schnellstmöglich Schuhe und Socken aus, um im kühlen Wasser nach Steinen zu suchen oder Wasserläufe zu stauen. Dann geht es auf oder neben der Strasse weiter bis Umpol, wo der Aufstieg beginnt. Vor allem für den oberen Teil ist gutes Schuhwerk notwendig. Ist der Grat erklommen, zeigt sich auf der anderen Seite der imposante Steingletscher, und bis zur Hütte ist es nur noch einen Katzensprung weit. Draussen an den Tischen lässt sich das herrliche Panorama dieser eindrücklichen Gletscherwelt geniessen. Und bei ungezwungenen Gesprächen wird vom natürlichen Klettersteig gesprochen, den einige für den Aufstieg gewählt haben, während andere von einer Bergtour zurückgekehrt sind oder das Gwächtenhorn oder den Mittleren Tierberg bestiegen haben.

Besonderes

Besonders zu erwähnen sind die Sonnenauf- und -untergänge, welche eindrückliche Bilder entstehen lassen (siehe übernächste Seite).

Das Hüttenwartspaar Christine und Hans-Peter ist mit viel Tatendrang an der Arbeit.

Wanderzeit / Schwierigkeitsgrad
3 Std. / T3

Ausgangsort
Postautohaltestelle Steingletscher

Eigentümer
SAC-Sektion Baselland

Hüttenwarte
Christine und Hans-Peter Imboden

Hüttentelefon
+41 (0)33 971 27 82

Website
www.tierbergli.ch

Bewartungszeit
Mitte März bis Mitte Oktober

Übernachtungsmöglichkeit
In fünf Räumen stehen insgesamt 70 Schlafplätze mit Duvets und Kissen zur Verfügung.

Verpflegungsmöglichkeit
Tagessuppe, Wurst-Käse-Salat, Hobelkäse, Käseplättli, Tierbergliteller, «Bärgär»-Schnitzelbrot, Hot Dog, verschiedene Käseschnitten, Birchermüesli sowie selbstgebackene Süssigkeiten.

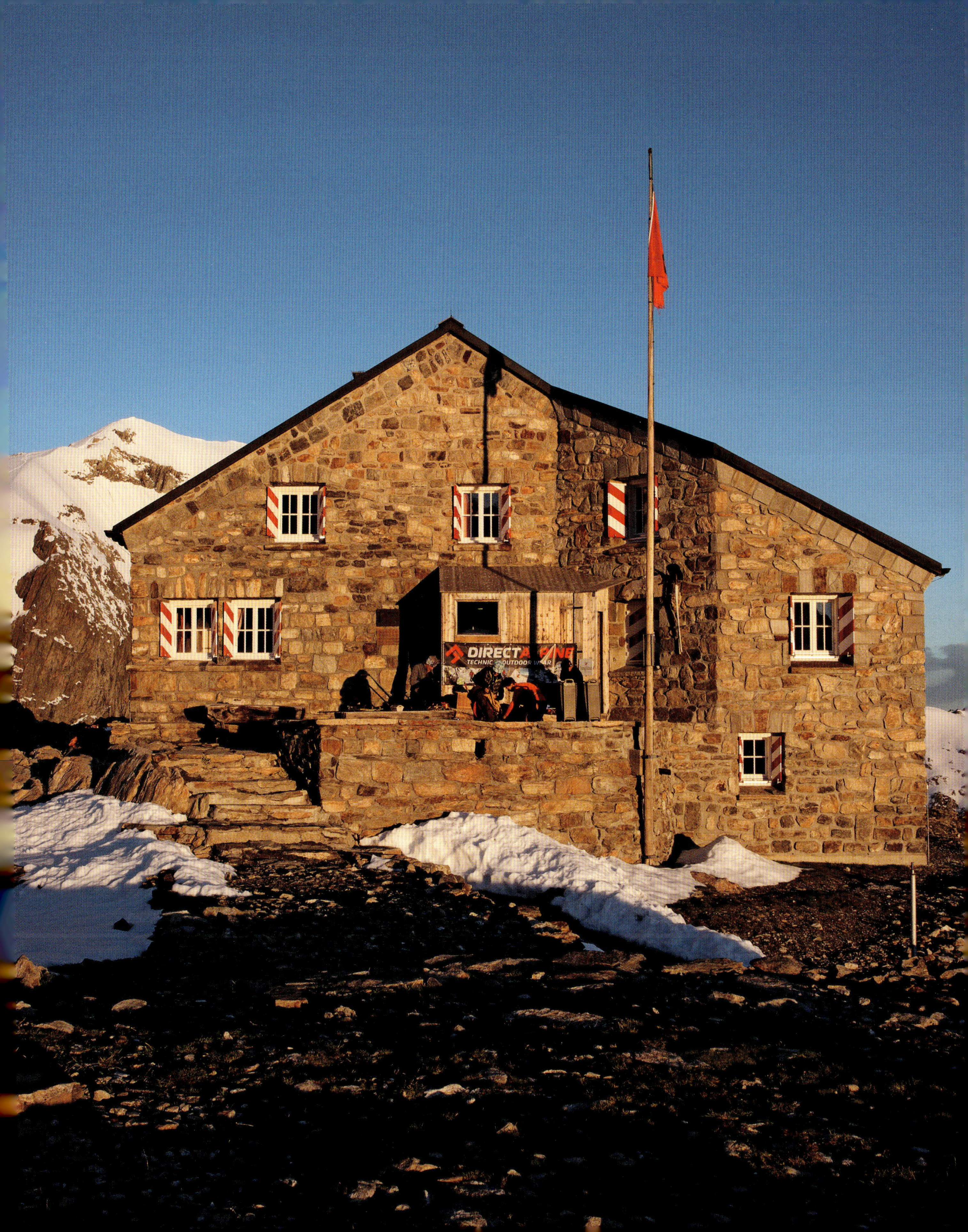

Das Beste aus den Hüttenküchen *Tierberglihütte*

Bild oben: Die letzten Sonnenstrahlen, bevor die Nacht einbricht.

Bild unten: Milchkrautweiden prägen im unteren Teil die Landschaft.

Bild links: Eindrückliche Glestscherspalten zeugen von der Kraft des Eises.

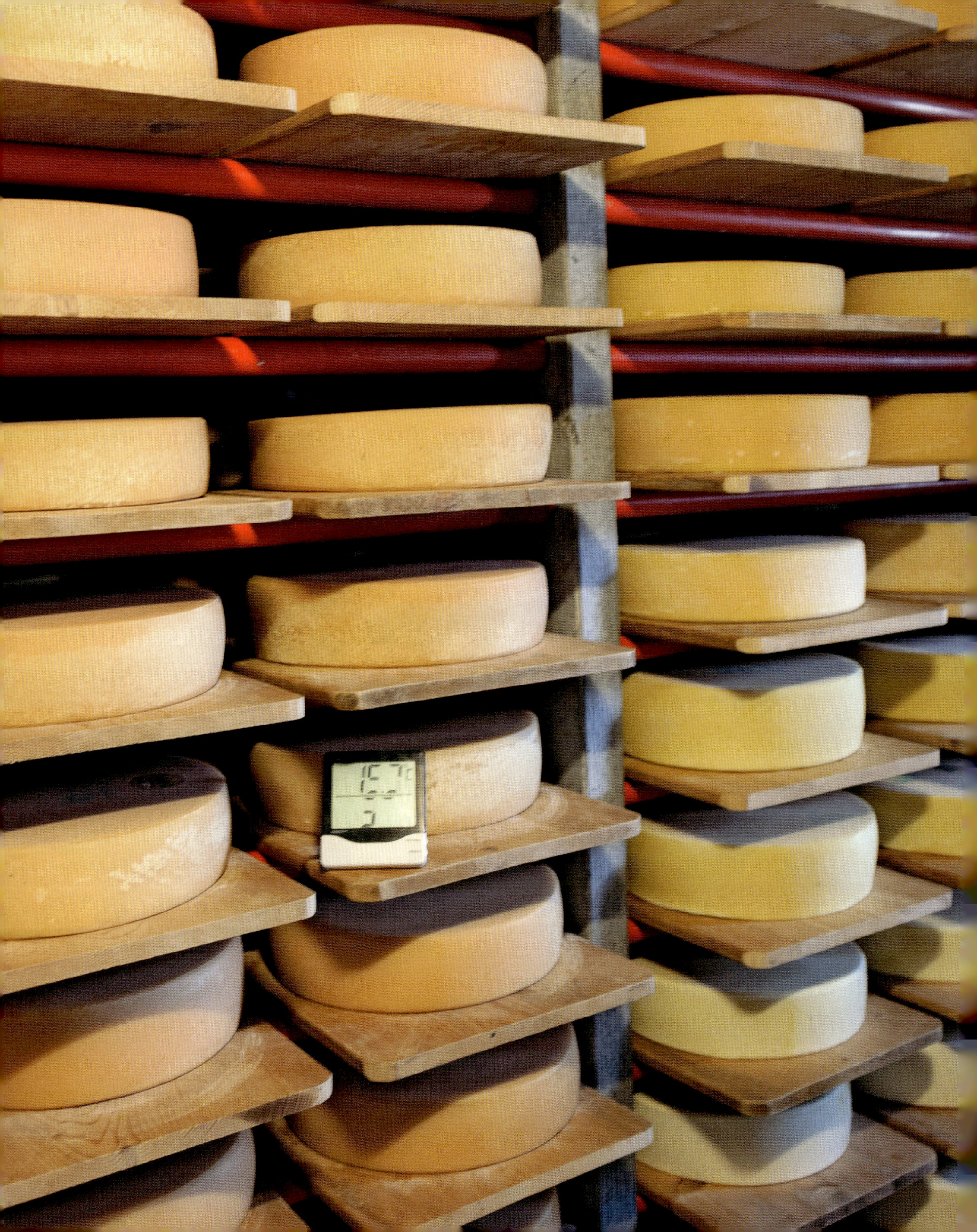

Hauptspeisen vegetarisch

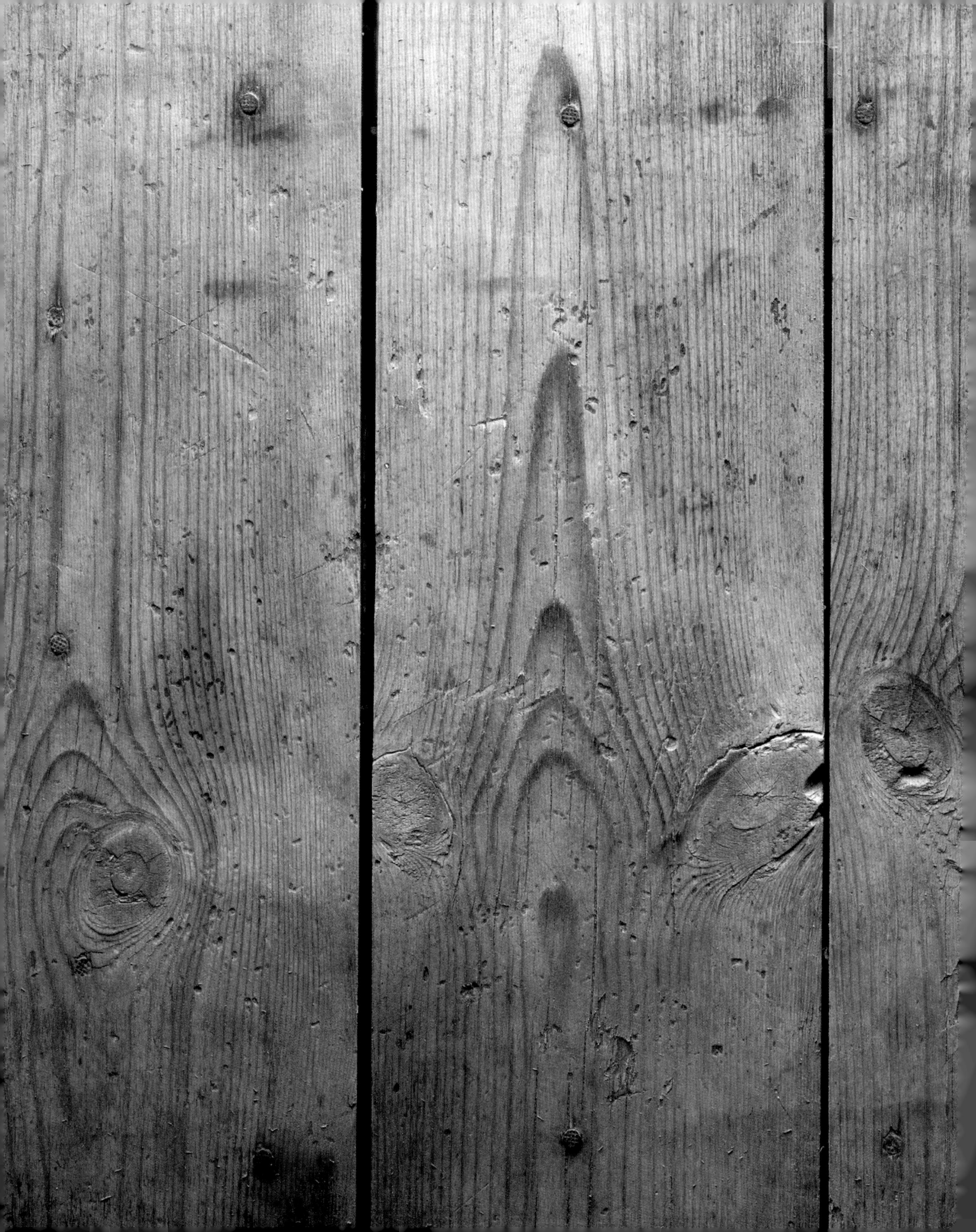

Spannorthütte

Brennnesselspätzli

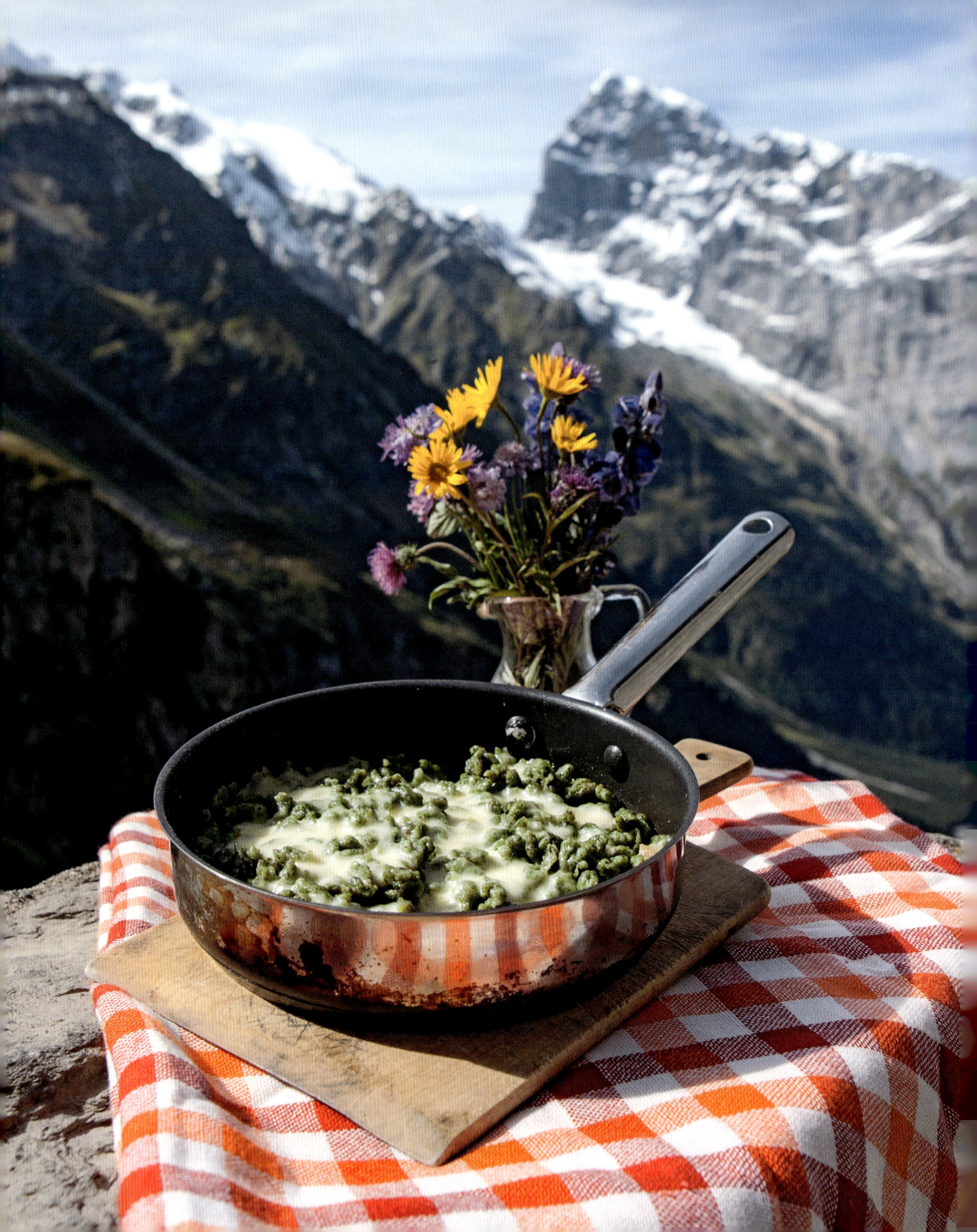

Das Beste aus den Hüttenküchen *Spannorthütte*

Brennnesselspätzli

400 g	Mehl
3½ dl	Milch
3	Eier
2	Knoblauchzehen, gepresst
1 Schüssel	Brennnesselblätter, frisch gepflückt
	Butter
200 g	Alpkäse, gewürfelt (von der Stäfelialp)
	Salz und Pfeffer
	Muskatnuss

Garnitur
Brennnesselblätter

Mehl, Milch und Eier zu einem Teig rühren und mit Salz, gepresstem Knoblauch und Muskatnuss würzen. Ca. 30 Minuten quellen lassen. Brennnesselblätter waschen, im Dampf ca. 3 Minuten blanchieren, abtropfen lassen und fein hacken. Dem gerührten Teig unterrühren. In einem Kochtopf Salzwasser aufkochen, Teig portionenweise durch das Spätzlisieb ins kochende Wasser streichen. Spätzli steigen lassen, mit einem Schaumlöffel herausnehmen und unter kaltem Wasser abschrecken. Spätzli in etwas Butter leicht anbraten. Käsewürfel über die Spätzli geben, zudecken und schmelzen lassen. Mit frisch gepflückten Brennnesseln dekorieren und anrichten.

Das Beste aus den Hüttenküchen *Spannorthütte*

Spannorthütte

1956 m

Unterwegs zur Hütte

In Engelberg ist für Bahnreisende Endstation. Mit dem Bus gehts weiter bis zur Talstation der Fürenalp-Bahn, wo auch Autoparkplätze zur Verfügung stehen. Wer die Wegzeit zur Spannorthütte um rund eine Dreiviertelstunde verkürzen möchte, kann mit dem Auto auf der taxpflichtigen Strasse bis zum Parkplatz Bründler weiterfahren. Oder aber man fährt mit dem Fahrrad direkt bis Stäfeli, wo man sich beim Berggasthaus Stäfelialp für den Aufstieg zur Spannorthütte stärkt. Hier zweigt der Weg rechts über den Stierenbach ab und führt in vielen Kurven über den grasbewachsenen «Geissrüggen» nach oben. Die kleine Hütte liegt an imposanter Lage am Fusse des Schlossberges in einer wilden, ursprünglichen Umgebung. Die Terrasse bietet einen fantastischen Blick über das Surenental. Rund um die Hütte gibt es auch für Kinder viel zu entdecken. Nebst dem Brunnen hat es in der Umgebung viele Bäche, wo gespielt, gespritzt und die Kleider nass gemacht werden können! Weidende Schafe kommen bis zur Hütte herauf, und manchmal sieht man einen Adler über die Berggipfel fliegen. Weit weg vom Alltag: In dieser kleinen, gemütlichen Hütte, wo noch mit Holz gekocht und gebacken wird, lässt es sich gut verweilen und entspannen.

Besonderes

Wer Spätzli liebt, wird in der Spannorthütte kulinarisch verwöhnt. Hüttenwartin Silvia serviert spezielle Spätzlipfannen, die jeden Hunger stillen. Die Brennnesselblätter, welche für die «grünen Spätzli» verarbeitet werden, wachsen direkt bei der Hütte.

Martin und Silvia mit dem kleinen Aaron, der sich über Kinderbesuch freut!

Wanderzeit/Schwierigkeitsgrad
3½ Std./T3

Ausgangsort
Bushaltestelle Talstation Fürenalp-Bahn

Eigentümer
SAC-Sektion Uto

Hüttenwarte
Silvia und Martin Hurschler-Bieri

Hüttentelefon
+41 (0)41 637 34 80

Website
www.spannorthuette.ch

Bewartungszeit
Die Hütte ist ab Mitte Juni bis Mitte Oktober bewartet.

Übernachtungsmöglichkeit
In drei Schlafsälen stehen insgesamt 40 Schlafplätze mit Decken und Kissen zur Verfügung.

Verpflegungsmöglichkeit
Suppe, spezielle Spätzlipfannen sowie selbstgebackene Kuchen und Wähen.

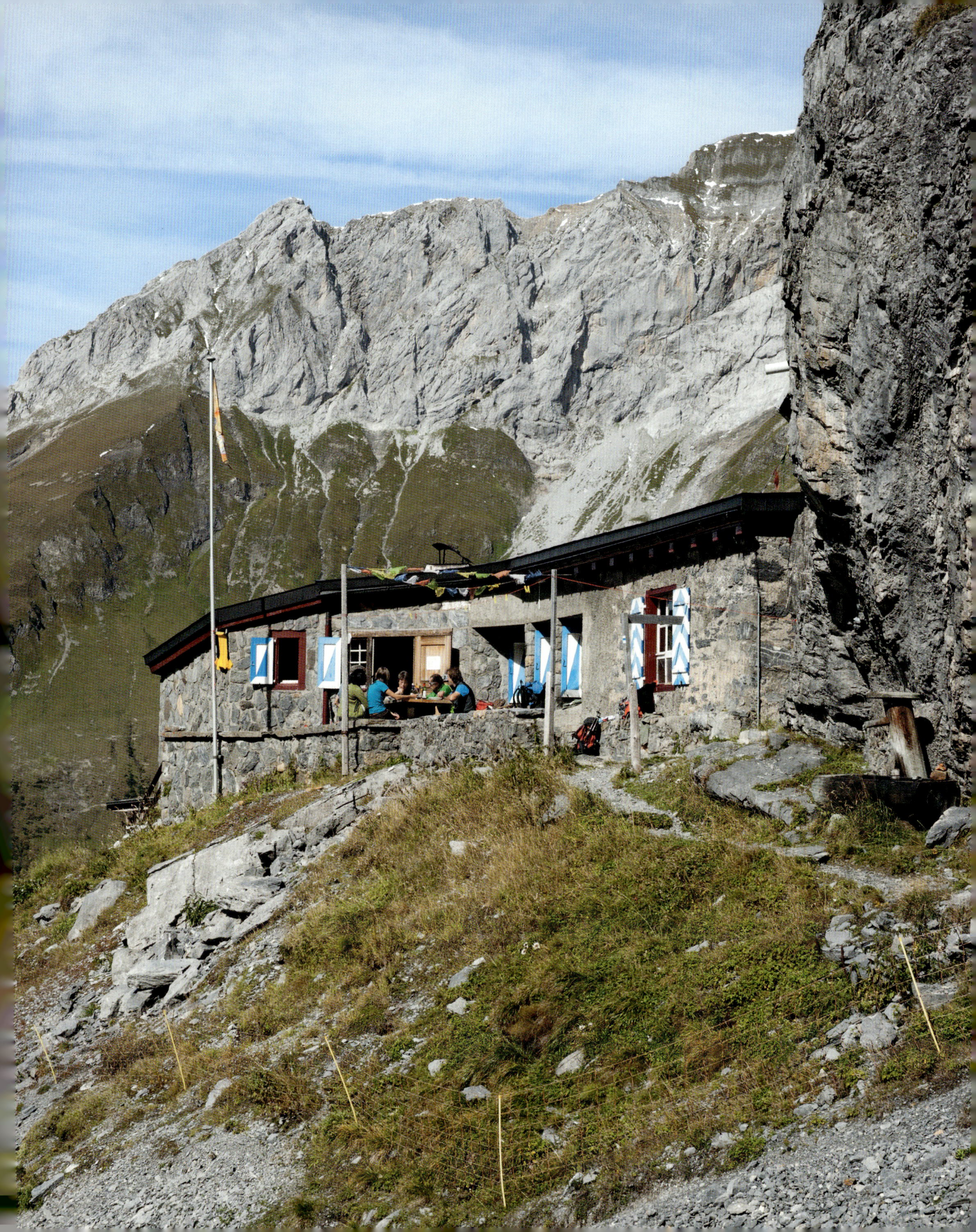

Das Beste aus den Hüttenküchen *Spannorthütte*

Bild oben: Durchquerung einer Runse mit riesigen Felsbrocken aus gelbem Röti-Dolomitgestein.

Bild unten: Auf kleinstem Raum befinden sich Küche, Aufenthaltsraum und Schlafgelegenheiten.

Bild links: Mächtig thronen die Türme von Gross und Chli Spannort. Je nach Witterungsbedingungen wähnt man sich fast in Patagonien.

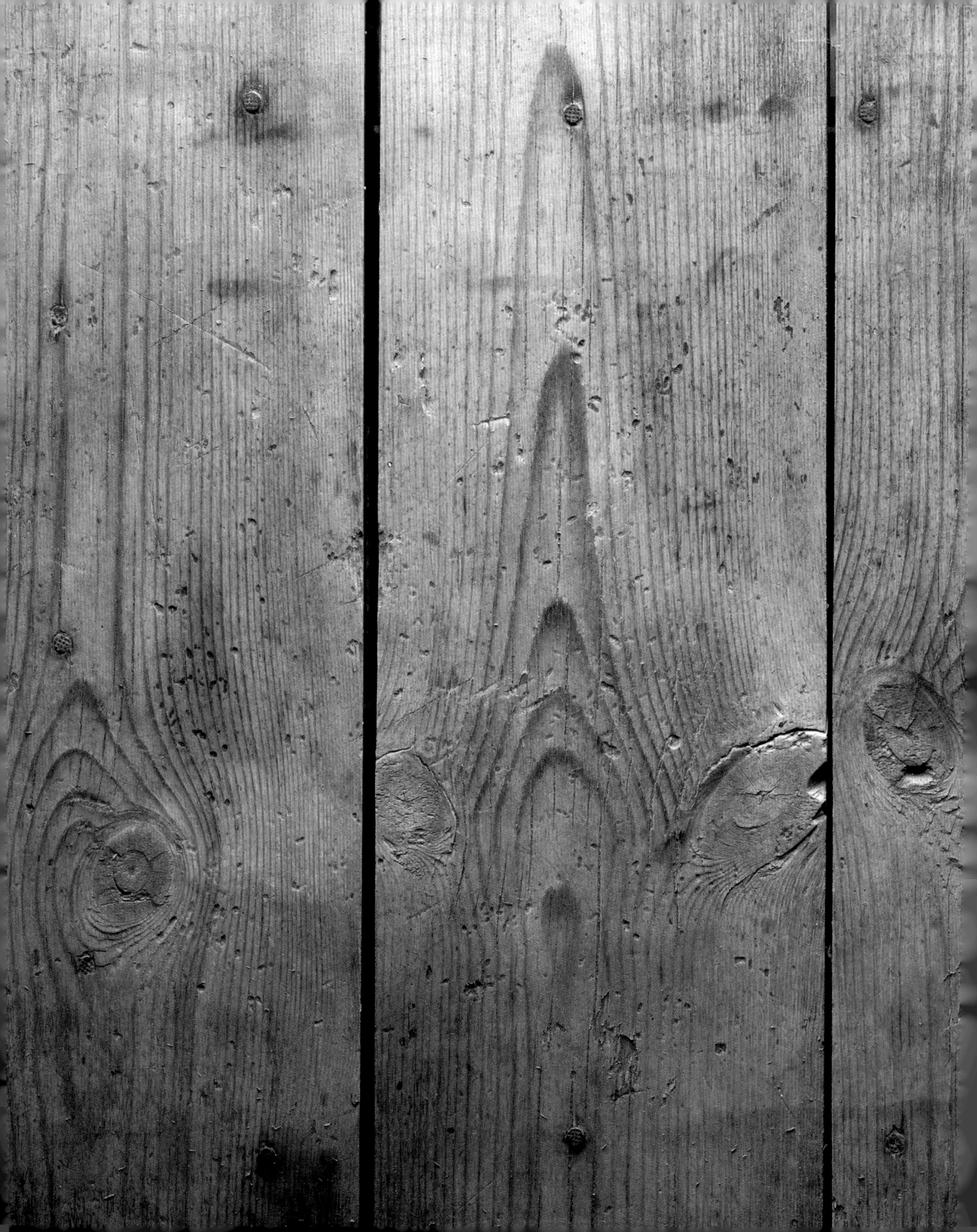

Glecksteinhütte

Chrigels Chässchnitta

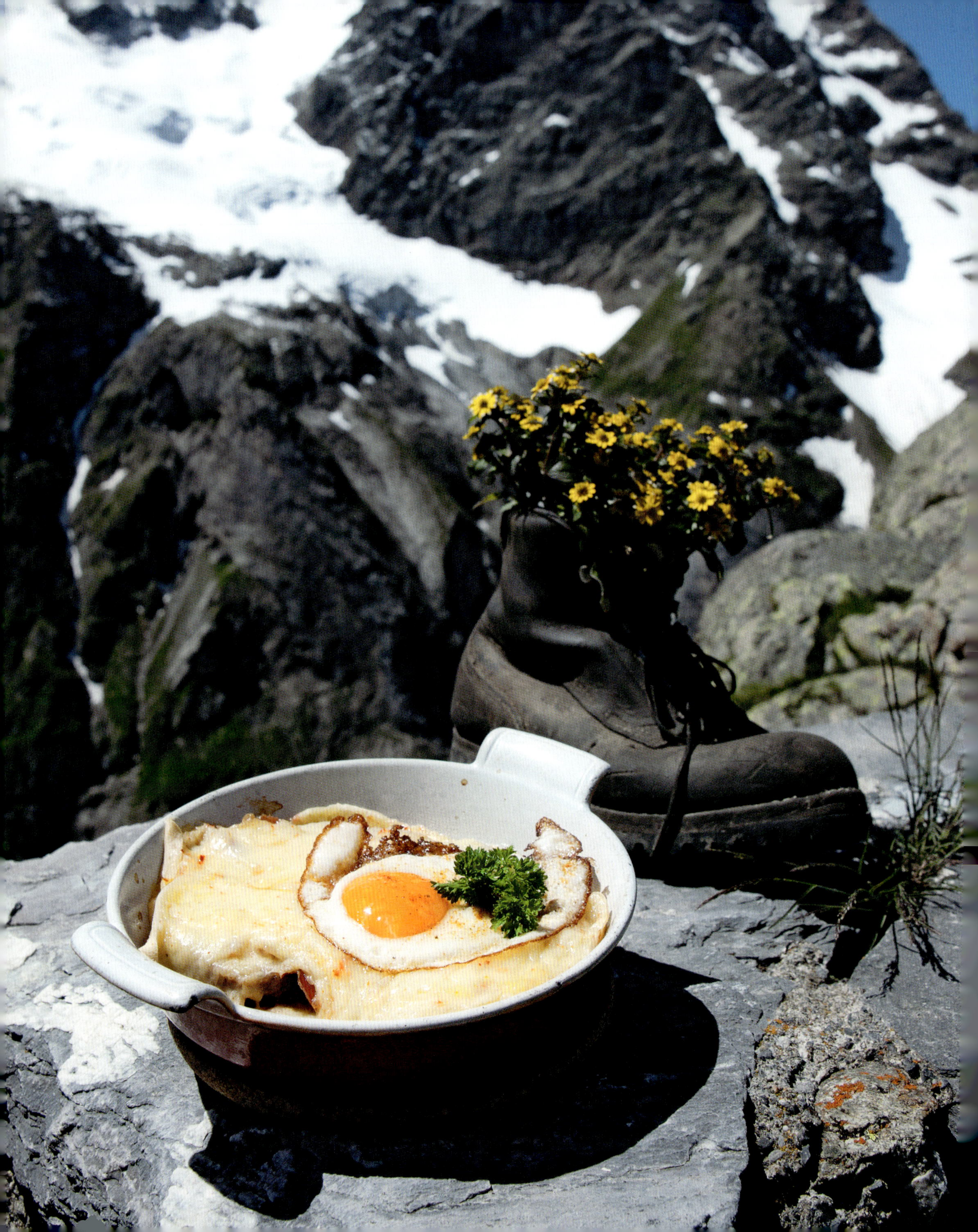

Das Beste aus den Hüttenküchen *Glecksteinhütte*

Chrigels Chässchnitta

Einen ofenfesten Teller leicht ausbuttern. Den ganzen Tellerboden mit nicht zu dicken Brotscheiben auslegen. Das Brot mit Weisswein beträufeln und mit Rohschinken belegen. Danach die dünnen Raclettescheiben darauf verteilen. Den Teller in den oberen Drittel des vorgeheizten Ofens (ca. 180 °C) schieben. Die Zubereitungszeit variiert von Ofen zu Ofen – darauf achten, dass der Käse nicht zu heiss wird und das Fett nicht ausscheidet. Gegen Ende der Backzeit die Butter in einer Bratpfanne zerlassen und die Eier darin aufschlagen. Die Spiegeleier gut durchbraten, danach über die Käseschnitte legen und mit Schnittlauch, Petersilie und Gewürzen bestreuen.

Chässchnitta

	Butter
400 g	Brot
1,2 dl	würziger Weisswein, z. B. Johannisberg
120 g	Rohschinken
760 g	Grindelwalder Alpenchili-Raclettekäse

Spiegeleier

4 Eier	von den Glecksteinhühnern
50 g	Butter

Garnitur

Wilder Schnittlauch aus der Umgebung
Petersilie
Pfeffer
Raclette- oder Fleischgewürz

Das Beste aus den Hüttenküchen *Glecksteinhütte*

Glecksteinhütte

2317 m

Unterwegs zur Hütte

Ausgangspunkt ist Grindelwald, wobei mit dem Auto oder dem Ortsbus bis zum Hotel Wetterhorn beziehungsweise Oberer Gletscher gefahren werden kann. Wer etwas über 300 Höhenmeter einsparen möchte, fährt mit dem Postauto bis zur Abzweigung Gleckstein und befindet sich so bereits auf der Höhe des Ischpfades. Zu Beginn ist ein Schneefeld zu queren, welches auch im Sommer meistens nicht wegschmilzt. Durch den eingefrästen Weg ist die Querung jedoch problemlos möglich. Der Weg wird mit der Zeit schmaler, windet sich den Felsen entlang und ist zum Teil sehr exponiert. Trittsicherheit und Schwindelfreiheit sind Voraussetzung, Kinder sind von Vorteil anzuseilen. Wichtig zu wissen: Bei starken Niederschlägen und Gewittern sollte der Weg nicht begangen werden. Linkerhand des Oberen Grindelwaldgletschers führt der Weg in die Höhe. Und bald schon naht das Ziel, die Glecksteinhütte, die auf einer natürlichen Terrasse gebaut ist. Die Hütte ist ein ehemaliges Berghotel und wurde im Jahr 1920 von der SAC-Sektion Burgdorf übernommen. Am gemütlichsten ist es auf der grossen Terrasse, mit Sicht aufs Wetter-, Lauteraar- und Schreckhorn, um nur ein paar Gipfel zu erwähnen. In unmittelbarer Nähe zur Hütte sind mehrere Klettergärten angelegt, wobei sich einige auch für Familien eignen.

Besonderes

Es geht tierisch zu und her: Im Teich tummeln sich Fische, Murmeltiere verschwinden hinter der Steinmauer, eine Schar Hühner gackert umher, während die Zwergkaninchen im Gehege am frischen Gras knabbern. Die Attraktion sind jedoch die vielen Steinböcke, welche vorwiegend am Abend bei der Hütte beobachtet werden können.

Das Hüttenwartspaar Rosmarie und Christian mit den Kindern Anja und Bruno.

Wanderzeit/Schwierigkeitsgrad
3½ Std./T3

Ausgangsort
Postautohaltestelle Oberer Gletscher

Eigentümer
SAC-Sektion Burgdorf

Hüttenwarte
Rosmarie und Christian Bleuer

Hüttentelefon
+41 (0)33 853 11 40

Website
www.gleckstein.ch

Bewartungszeit
Mitte Juni bis Anfang Oktober

Übernachtungsmöglichkeit
In mehreren Räumen stehen insgesamt 80 Schlafplätze mit Duvets und Kissen zur Verfügung.

Verpflegungsmöglichkeit
Suppen, Trockenfleisch-, Käse- und Salatteller, verschiedene Röstis und Käseschnitten sowie selbstgebackene Süssigkeiten.

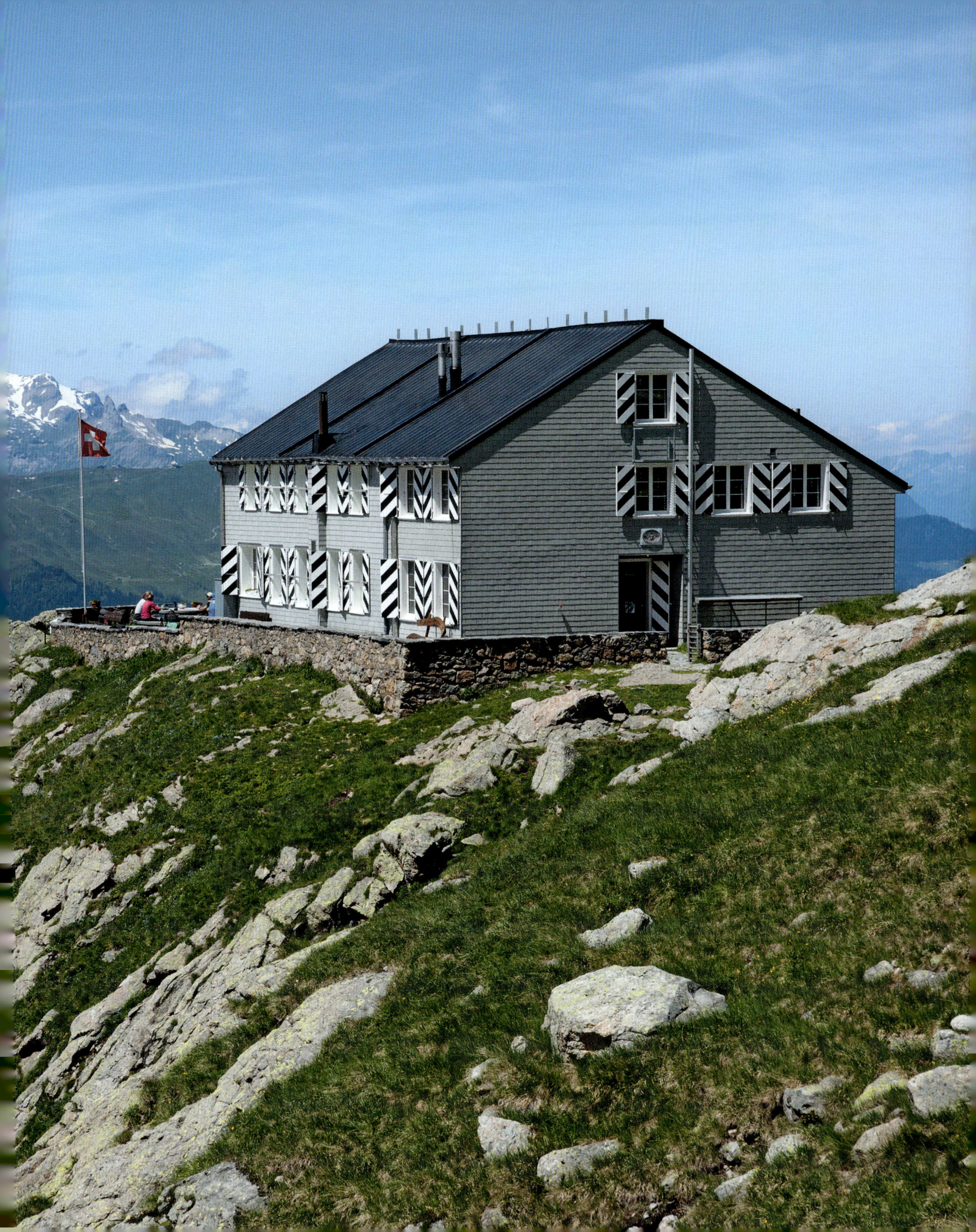

Das Beste aus den Hüttenküchen *Glecksteinhütte*

Bild oben: Dem wachsamen Auge der Hühner entgeht nichts.

Bild unten: Bei schmalen Passagen ist Aufmerksamkeit geboten.

Bild links: Eindrücklich ist auch der Grindelwaldgletscher, wo von Zeit zu Zeit Eisbrocken abbrechen und hinunterdonnern.

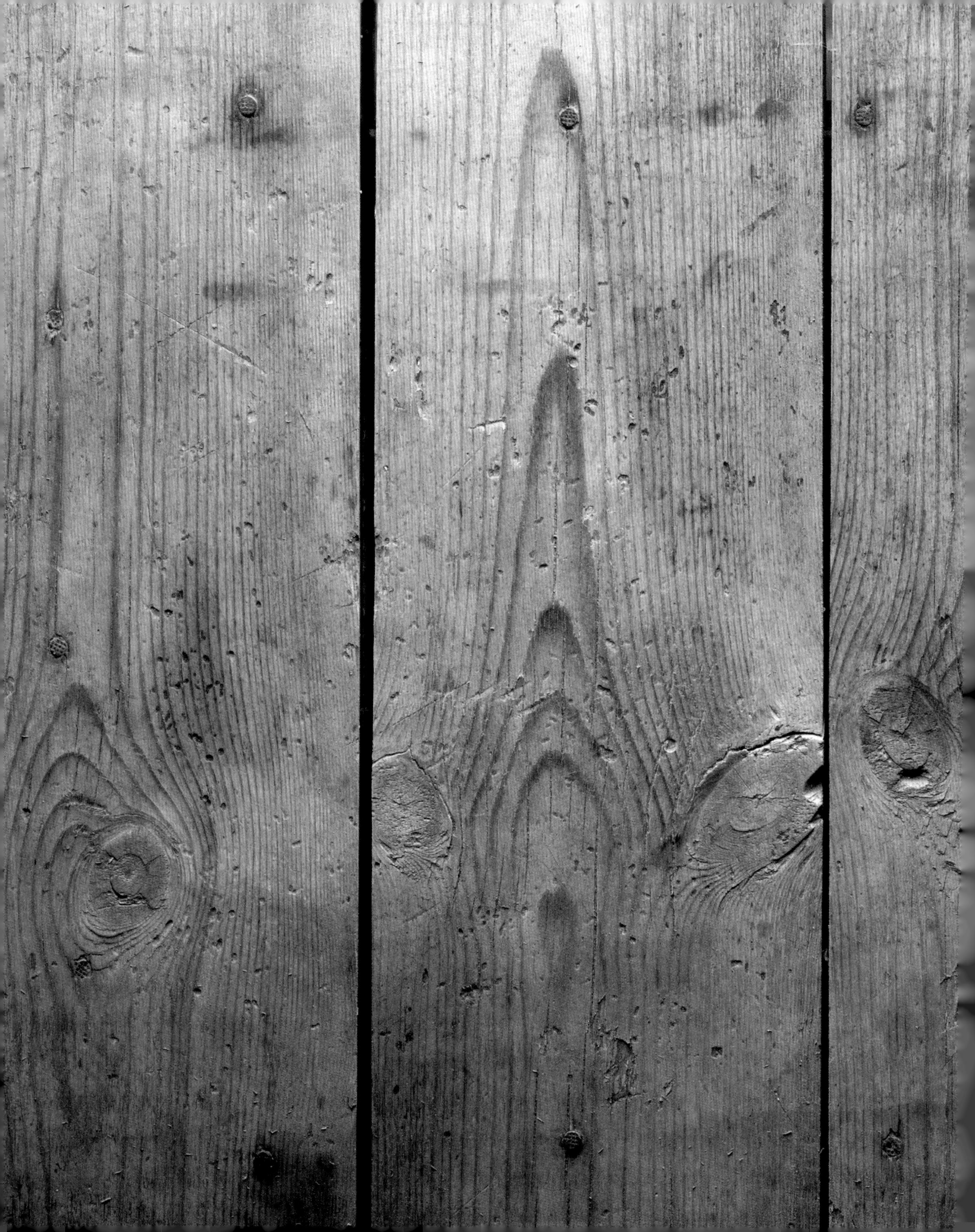

Sustlihütte

Gemüselasagne

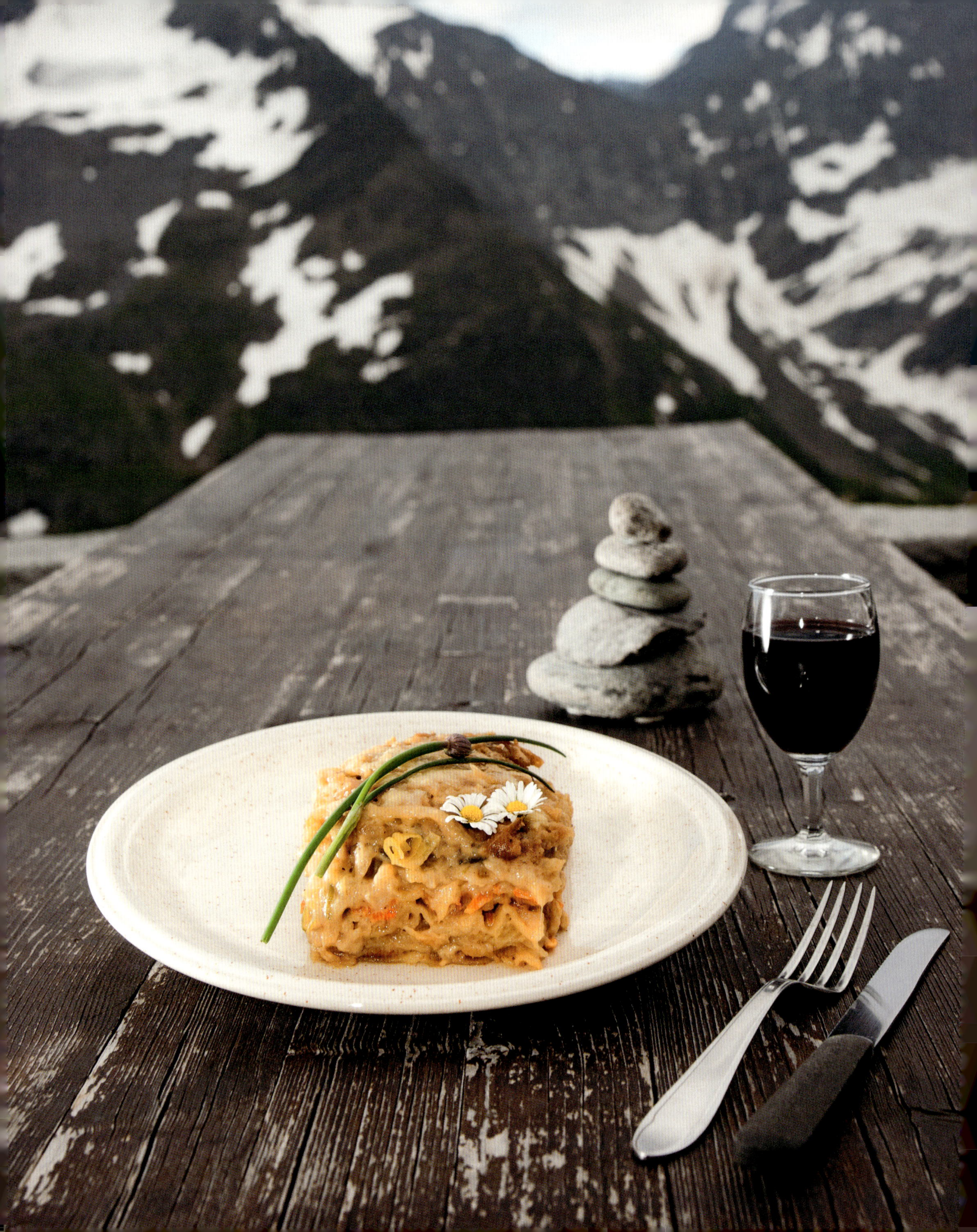

Das Beste aus den Hüttenküchen *Sustlihütte*

Gemüselasagne

Béchamelsauce

50–80 g	Butter oder Margarine
3–4 EL	Mehl
3 dl	Milch
3 dl	Halbrahm
200 g	Reibkäse (Sbrinz oder anderer gut schmelzender Käse)
1 TL	Salz
	Pfeffer aus der Mühle
	Muskatnuss

Gemüselasagne

16–20	Lasagne-Teigblätter
300 g	Karotten
1 kleine	Lauchstange
2 kleine	Zwiebeln
4	Knoblauchzehen
300 g	Kartoffeln
½	Sellerieknolle
etwas	Reibkäse
	Salz und Pfeffer

Garnitur

Schnittlauch

Beilage

Salat nach Belieben

Béchamelsauce

Butter oder Margarine zerlassen. Mehl beigeben und kurz andünsten. Milch und Halbrahm ebenfalls beigeben und unter Rühren mit dem Schwingbesen aufkochen, Hitze reduzieren. Mit Salz, Pfeffer und Muskatnuss würzen, ca. 5 Minuten köcheln lassen und danach den Käse unter die Masse ziehen.

Gemüselasagne

Lauch in Streifen schneiden, Zwiebeln klein hacken und Knoblauch pressen. Alles zusammen knapp weich dämpfen. Karotten und Kartoffeln an der Röstiraffel raffeln. Sellerie mit der kleinsten Raffel schneiden. Ofenfeste, gefettete Form belegen mit: 1. Schicht Lasagneblätter, 2. Schicht Kartoffeln (roh, gut gesalzen), 3. Schicht Karotten (roh), 4. Schicht Hälfte der Béchamelsauce, 5. Schicht Lauch, Zwiebeln und Knoblauch, 6. Schicht Lasagneblätter, 7. Schicht Sellerie (roh), 8. Schicht Lasagneblätter, 9. Schicht restliche Sauce und etwas Reibkäse. Mit Pfeffer gut würzen. Im vorgeheizten Ofen bei 220 °C 25 bis 30 Minuten backen.

Das Beste aus den Hüttenküchen *Sustlihütte*

Sustlihütte

2257 m

Unterwegs zur Hütte

Der Ausgangspunkt zur Hüttenwanderung befindet sich bei der Postautohaltestelle Sustenbrüggli an der Sustenpassstrasse. Für Privatautos steht nur eine beschränkte Anzahl Parkplätze zur Verfügung. Möglich ist auch die Anreise mit dem Alpentaxi oder mit dem Fahrrad ab Wassen. Der Sustlibach mit seinem breiten Bachbett eignet sich für eine ausgiebige Mittagspause, bevor der Aufstieg in Angriff genommen wird. Mehrere Wege führen hinauf zur Sustlihütte. Die schnellste Möglichkeit bietet der Leiterliweg – entlang der Transportseilbahn – mit rund 1¼ Stunden Wanderzeit. Vier etwa vier Meter lange Leitern führen über die steilsten Abschnitte hinweg. Kinder sind über diesen Aufstieg begeistert, sollten jedoch – wie auch Erwachsene – schwindelfrei sein und trittsicher laufen können. Durch die Steilheit des Geländes ist die Hütte, welche auf einem gegen Süden ausgerichteten Hochplateau liegt, lange nicht sichtbar. Umso schöner, wenn man endlich vor ihr steht und sich auf die grosse Terrasse setzen kann! Doch man sollte nicht zu lange ruhen, denn mehrere Klettergärten warten auf ihre Begehung. Die Sustlihütte ist auch Ausgangspunkt für Kletter-, Berg- und Hochtouren sowie für gemütliche Wanderungen. Und wer vor dem Nachtessen bereits grossen Hunger verspürt, sollte unbedingt einen der feinen, selbstgebackenen Nussgipfel probieren.

Besonderes

Die Umgebung rund um die Sustlihütte ist für Familien sehr attraktiv. Kleine Seelein, Felsen zum Klettern, eine Slackline zum Balancieren – es gibt viel auszuprobieren und zu entdecken.

Agi und Kari mit Helferin Iris (Mitte) draussen vor der Sustlihütte.

Wanderzeit/Schwierigkeitsgrad
1 Std./T3

Ausgangsort
Postautohaltestelle Sustenbrüggli

Eigentümer
SAC-Sektion Rossberg

Hüttenwarte
Agi und Kari Stadler

Hüttentelefon
+41 (0)41 885 17 57

Website
www.sustlihuette.ch

Bewartungszeit
Die Hütte ist von Anfang Juni bis Ende Oktober bewartet.

Übernachtungsmöglichkeit
In fünf Schlafräumen stehen insgesamt 80 Schlafgelegenheiten mit Decken und Kissen zur Verfügung.

Verpflegungsmöglichkeit
Tagessuppe, Älplermagronen mit Apfelmus, Rösti, Käseschnitte, Wildheuspeck, selbstgebackene Kuchen.

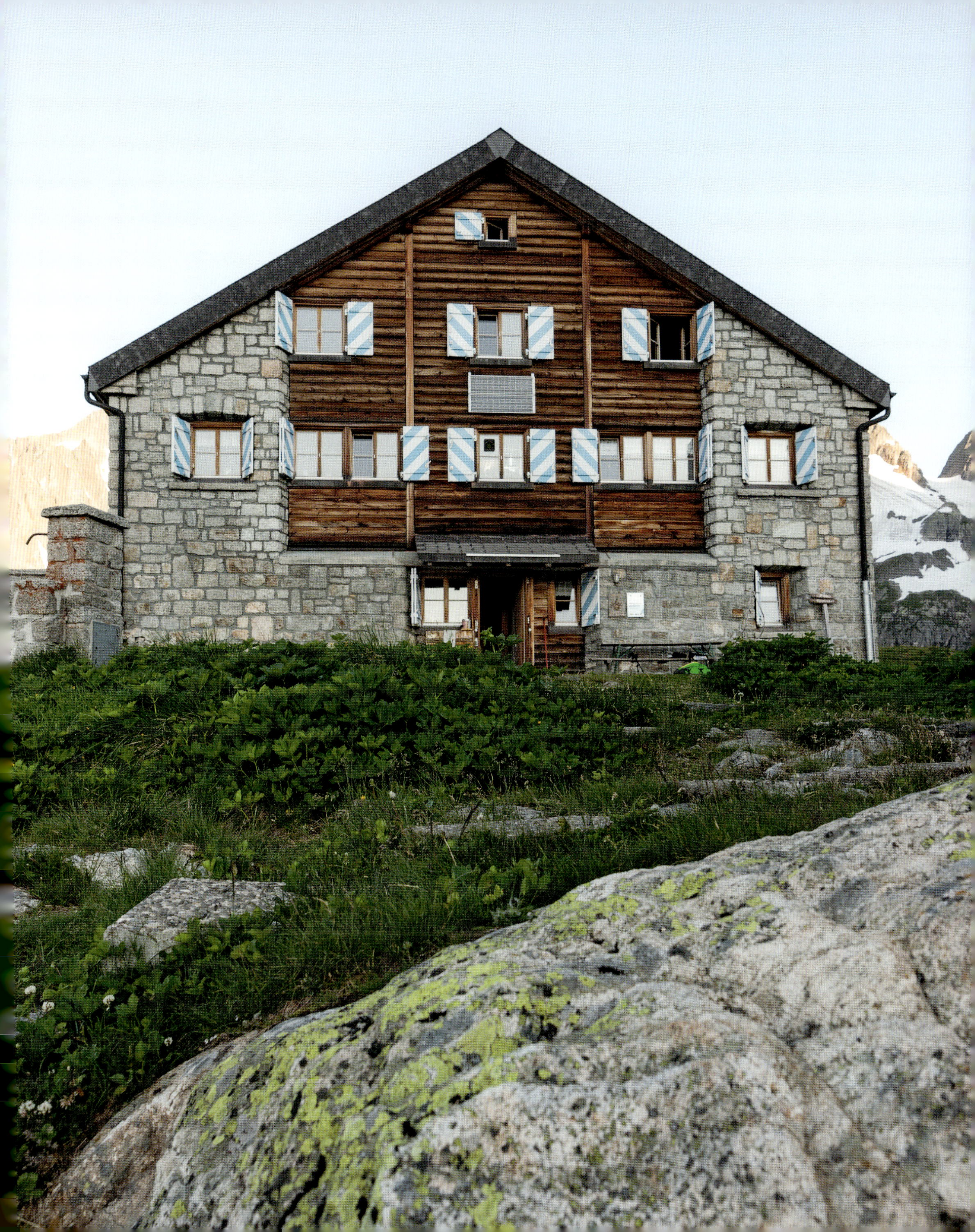

Das Beste aus den Hüttenküchen *Sustlihütte*

Bild oben: Viele Alpenrosen blühen auf den Alpweiden.

Bild unten: Auch wenn die Katze Bijou normalerweise in der Nacht jagt – das Fotoshooting mit der leckeren Lasagne hat sie hinter dem Ofen hervorgelockt.

Bild links: Ein schöner Sommertag im Meiental.

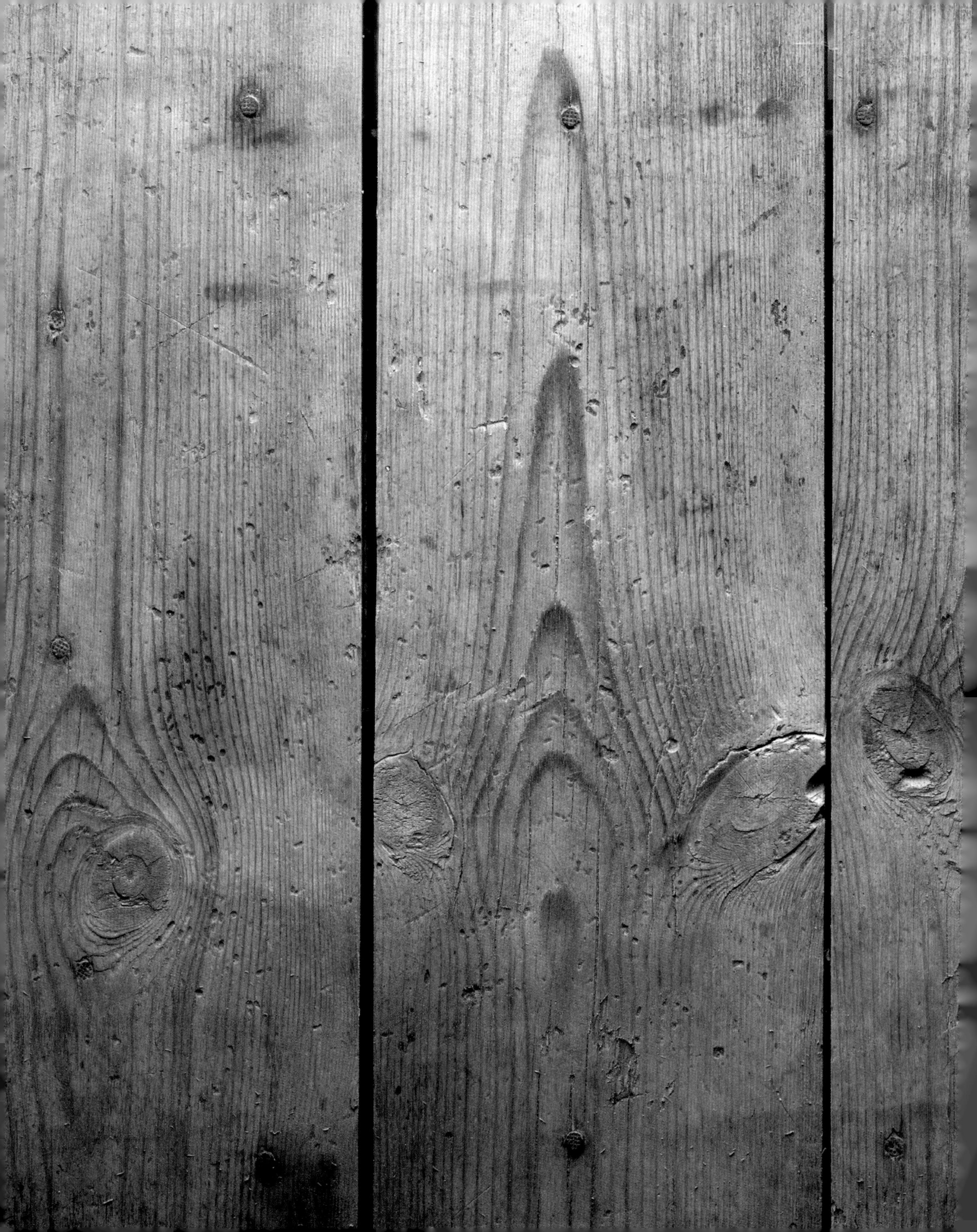

Lidernenhütte

Grillierter Geisskäse mit Tomatensalat

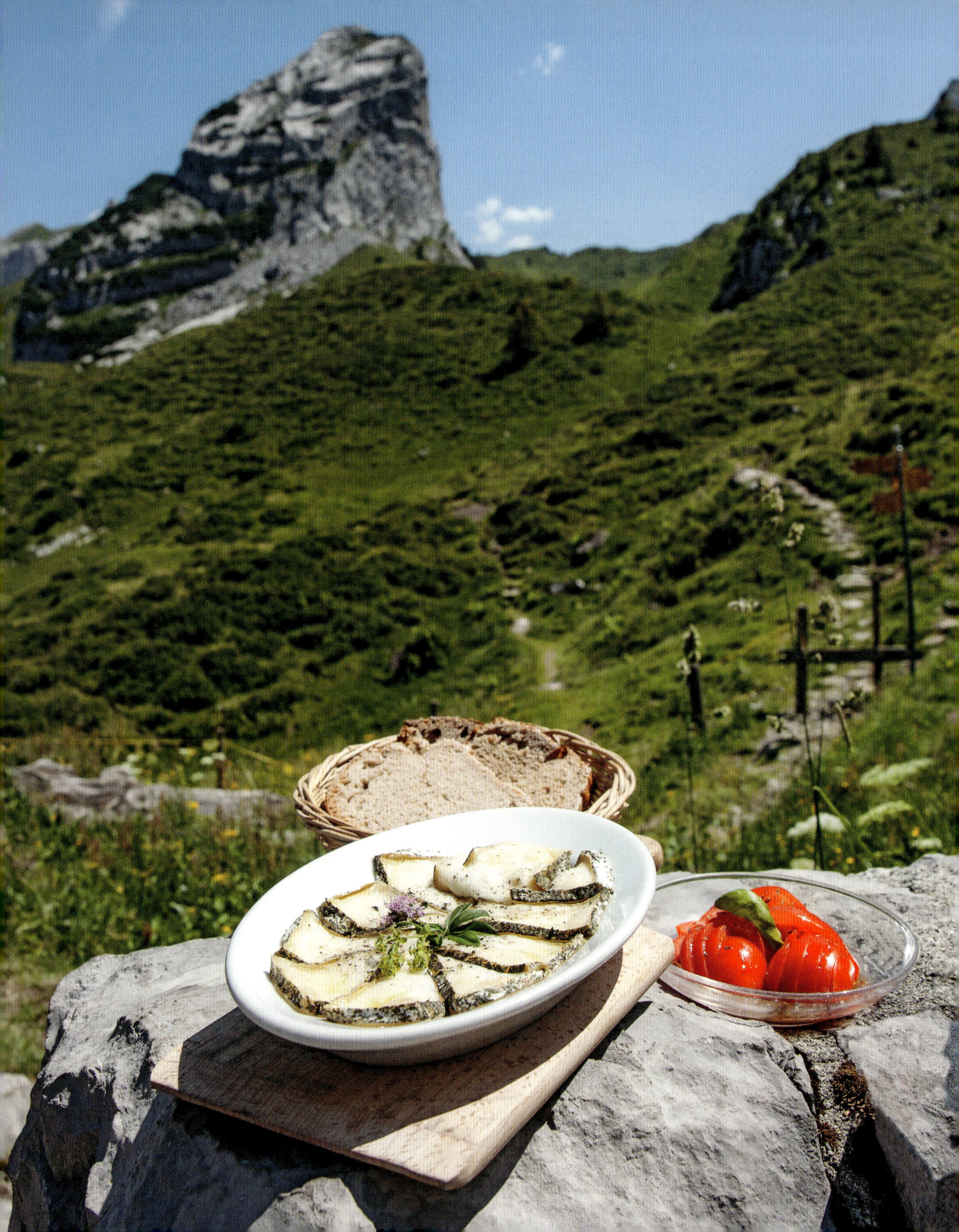

Das Beste aus den Hüttenküchen *Lidernenhütte*

Grillierter Geisskäse mit Tomatensalat

Geisskäse

600 g	Weichkäse aus Ziegenmilch (z. B. Camembert, Tomme)
3–4 EL	Olivenöl
	Pfeffer aus der Mühle

Tomatensalat

4	Tomaten
2 EL	weisser Balsamico
3 EL	Olivenöl
	Salz und Pfeffer

Garnitur

Essbare Kräuter und Blüten für den Geisskäse (z. B. Silbermänteli, Thymian- oder Schnittlauchblüten)
Basilikumblätter für den Salat

Beilage

(Vollkorn-) Brot

Geisskäse

Den Geisskäse in 5 mm dicke Scheiben schneiden. Schuppenartig auf 4 Teller verteilen. Bei Oberhitze (ca. 220 °C) rund 5 Minuten grillieren, bis die Oberfläche des Käses Blasen bildet und leicht braun wird. Olivenöl darüberträufeln und mit frisch gemahlenem Pfeffer abschmecken. Mit Kräutern und Blüten garnieren.

Tomatensalat

Die Tomaten halbieren und in Streifen schneiden. Auf eine Platte verteilen. Für die Sauce Balsamico, Olivenöl, Salz und Pfeffer gut mischen und über die Tomaten geben. Mit frischen Basilikumblättern garnieren. Mit (Vollkorn-) Brot servieren.

Das Beste aus den Hüttenküchen *Lidernenhütte*

Lidernenhütte

1727 m

Unterwegs zur Hütte

Nach Chäppeliberg, oberhalb von Sisikon am Vierwaldstättersee gelegen, gelangt man mit dem Postauto oder Privatauto – Polysportive radeln mit dem Fahrrad den Berg hinauf! Ab hier geht man über verschiedene Wege aufwärts, wobei die Lidernenhütte auf dem kürzesten Pfad in rund 1½ Stunden erreicht wird. Wer es ganz gemütlich nehmen will oder mit kleinen Kindern unterwegs ist, fährt mit der kleinen roten Seilbahn hinauf zur Alp Gitschen. Hier werden auch einheimische Produkte wie Käse und Trockenfleisch verkauft. Bereits sieht man in der Nähe die Lidernenhütte – ein gelbes, geschindeltes Haus –, eingebettet in eine Kulisse, in der graue Karstfelsen das Landschaftsbild prägen. Die Lidernenhütte ist ab Seilbahnstation in einem rund viertelstündigen Spaziergang erreicht. Gerade für Familien ist die Lidernenhütte ideal, aber auch für alle, die Ruhe und Entspannung suchen. Während sich die Erwachsenen bei schönem Wetter auf der Terrasse kulinarisch verwöhnen lassen, bevorzugen die meisten Kinder die Schaukel im Garten. Aber auch in der näheren Umgebung gibt es viel zu erleben. Für Sportliche stehen Klettergärten bereit, etwas weiter entfernt liegen der Spilauer- und der Alplersee, die vor allem an heissen Sommertagen Abkühlung bieten.

Besonderes

Irène, die Hüttenwartin, ist Anhängerin der Vollwertküche. Deshalb gibt es hier auch für Kinder Vollkornteigwaren, der Eistee ist selbstgemacht und das Getreide für die Brote wird vor der Verarbeitung mit der eigenen Mühle frisch gemahlen. Für Interessierte werden mehrtägige Veranstaltungen angeboten.

Pius und Irène in einer kurzen Pause, bevor wieder die Arbeit ruft.

Wanderzeit/Schwierigkeitsgrad
1½ Std./T2

Ausgangsort
Postautohaltestelle Chäppeliberg

Eigentümer
SAC-Sektion Mythen

Hüttenwarte
Irène Kamer und Pius Fähndrich

Hüttentelefon
+41 (0)41 885 14 35

Website
www.lidernenhuette.ch

Bewartungszeit
Die Hütte ist ab Mitte Juni bis Mitte Oktober bewartet.

Übernachtungsmöglichkeit
In sechs Räumen stehen insgesamt 80 Schlafplätze mit Duvets und Kissen zur Verfügung.

Verpflegungsmöglichkeit
Suppen, diverse Magronengerichte, Käseschnitten, hausgemachte Glace sowie Kuchen und Selbstgebackenes.

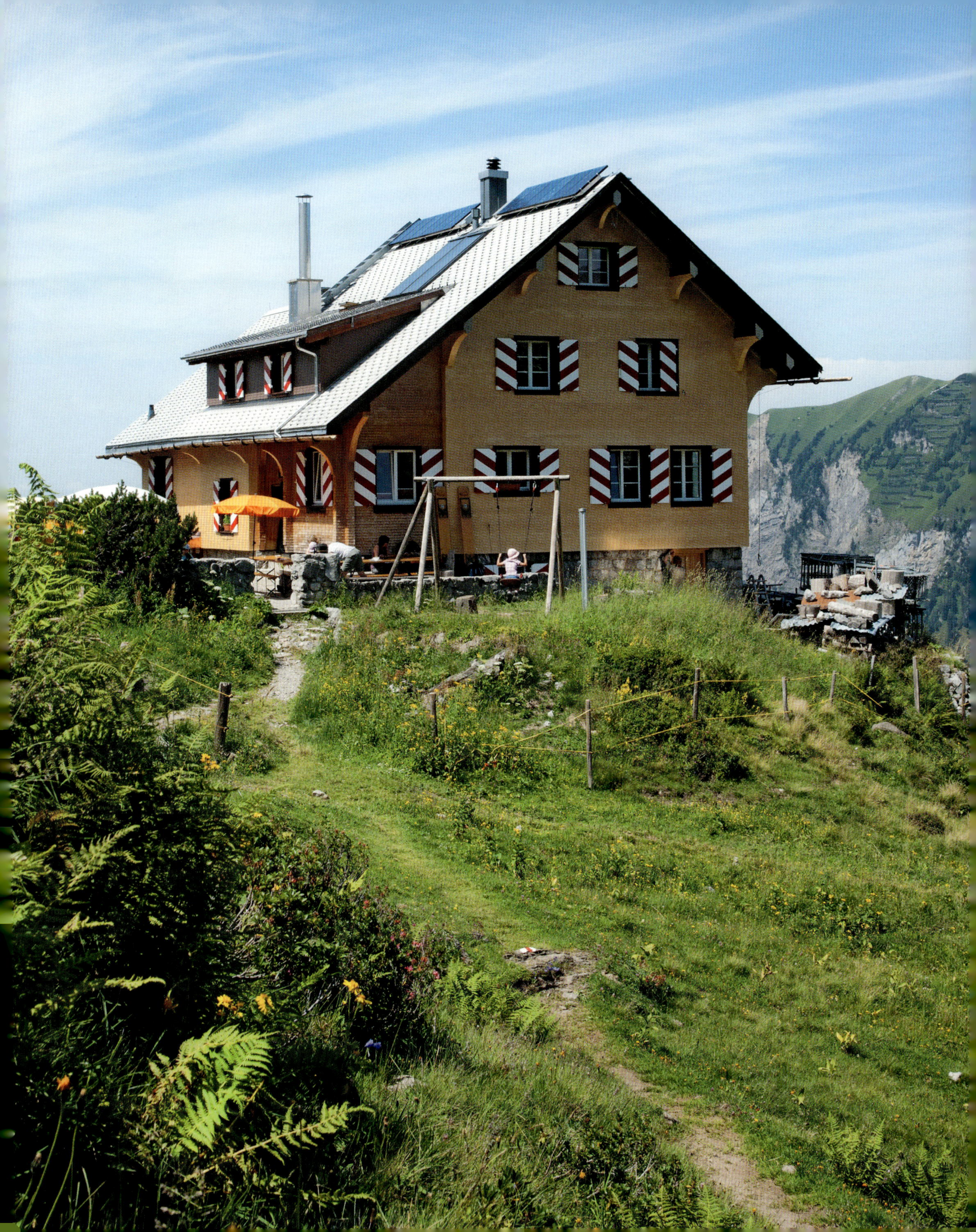

Das Beste aus den Hüttenküchen *Lidernenhütte*

Bild oben: «Mit dem Gondeli zu fahren ist viel gemütlicher als zu laufen», finden Linus und Maurin mit verschmitztem Lächeln!

Bild unten: Beeindrucken die Farbintensität bei den Widderchen.

Bild links: Der Besuch der Lidernenhütte ist ideal für erste Wander- und «Kletter»-Touren!

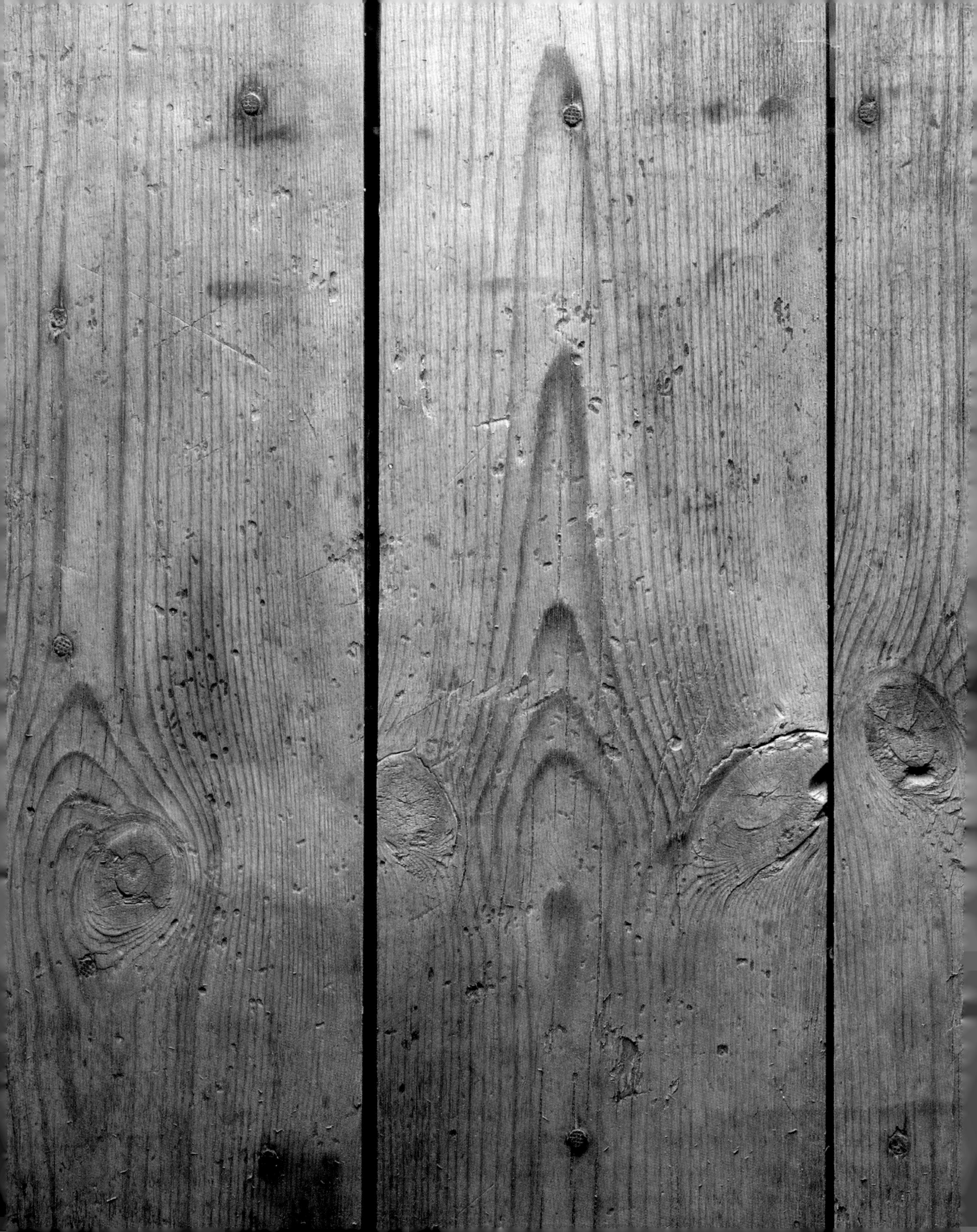

Bergseehütte
Käseschnitte

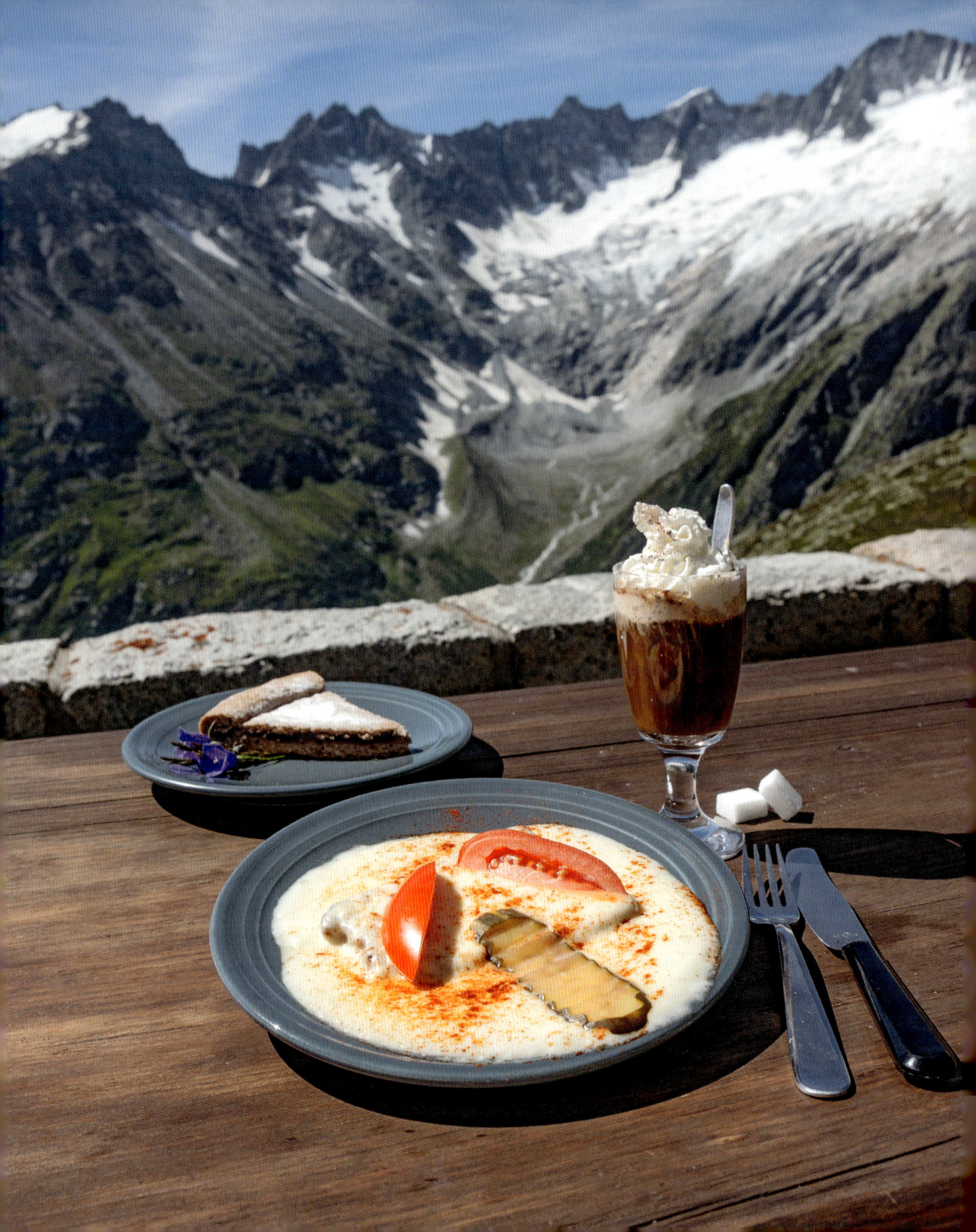

Das Beste aus den Hüttenküchen *Bergseehütte*

Käseschnitte

4 Scheiben	Brot
ca. 10 g	Butter
ca. 200 g	Raclettekäse
etwas	Kaffeerahm

Garnitur
Pfeffer und Paprikapulver
Tomaten- und Gurkenscheiben

Brotscheiben beidseitig in Butter braten und auf Teller legen. Raclettekäse bei mittlerer Temperatur in der Bratpfanne schmelzen und mit Kaffeerahm verfeinern. Gleichmässig geschmolzene Portionen auf die Brotscheiben gleiten lassen. Nach Belieben würzen, garnieren und heiss servieren.

Das Beste aus den Hüttenküchen *Bergseehütte*

Bergseehütte
2370 m

Unterwegs zur Hütte

Ausgangspunkt ist die Göscheneralp, welche mit Postauto, Taxi, Auto oder Fahrrad erreichbar ist. Den Mittelpunkt bildet hier der Göscheneralpsee, welcher im Jahre 1960 fertiggestellt wurde. Die Siedlung Göscheneralp samt Kirche ruht seitdem auf dem Seegrund. Am See darf auch gefischt werden. Wer ein Eintagespatent benötigt, kann dieses direkt vor Ort kaufen. Alpine Hochmoore und Weiher prägen die Umgebung. Nebst den Tümpeln, wo je nach Jahreszeit Frösche zu beobachten sind, finden Naturfotografen auch in den Felsen dieser Granitlandschaft faszinierende Sujets. Kinder hingegen bevorzugen im Spätsommer und Herbst die süssen Heidelbeeren, auch wenn Zunge und Finger bald einmal blau gefärbt sind! Hinauf zur Hütte passiert man ein Bildstöckli, Purpur-Enzian blüht am Wegrand und man kann Kletterer beobachten, welche an Granitwänden mit Seil und Karabiner unterwegs sind. Nach einem Zickzackweg ist es bis zur Bergseehütte nicht mehr weit. Sie liegt am Fusse des Bergseeschijen, inmitten eines eindrücklichen Bergpanoramas. Im kleinen See neben der Hütte kann gebadet werden, es finden sich verschiedene Klettergärten in der Umgebung und wer sucht, kann kleine Kristalle finden. Die Göscheneralp ist ein wahres Paradies für Strahler.

Besonderes

Ein besonders «gluschtiger» Kuchen ist der Bergseekuchen, welcher täglich frisch aus dem Ofen kommt. Das Rezept ist weit über 100 Jahre alt, überliefert von der Grossmutter der Hüttenwartin. Der Kuchen ähnelt einer Linzertorte, wird ohne Nüsse zubereitet und weist einen feinen Zimtgeschmack auf. Unbedingt ausprobieren!

Das Hüttenwartspaar Maria und Toni auf der gemütlichen Terrasse.

Wanderzeit/Schwierigkeitsgrad
1½ Std./T2

Ausgangsort
Göscheneralp

Eigentümer
SAC-Sektion Angenstein

Hüttenwarte
Maria und Toni Fullin

Hüttentelefon
+41 (0)41 885 14 35

Website
www.bergsee.ch

Bewartungszeit
Die Hütte ist im Sommer von Anfang Juni bis Mitte Oktober bewartet.

Übernachtungsmöglichkeit
In mehreren Zimmern stehen insgesamt 70 Schlafplätze mit Duvets und Kissen zur Verfügung.

Verpflegungsmöglichkeit
Suppen, Schweinswürstli mit Brot, Älpler-Rösti, Käseschnitte sowie selbstgebackene Kuchen, Biräweggä.

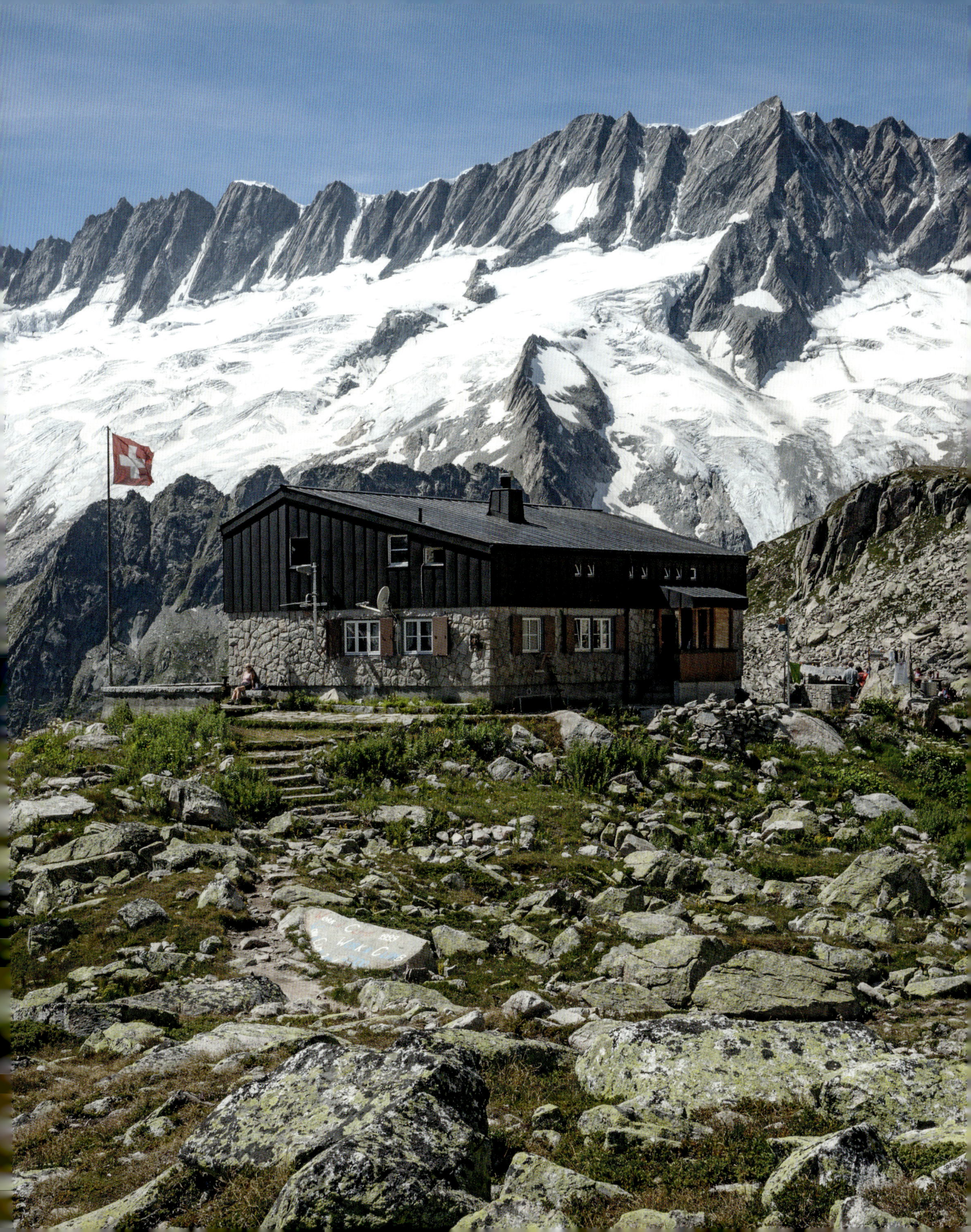

Das Beste aus den Hüttenküchen *Bergseehütte*

Bild oben: Schön anzusehen ist der dunkelrote Purpur-Enzian, während die Hummel «am Arbeiten» ist.

Bild unten: Eine eindrückliche Moorlandschaft findet sich hier oben beim Göscheneralpsee.

Bild links: Kletterer beim Diskutieren des Routenverlaufes.

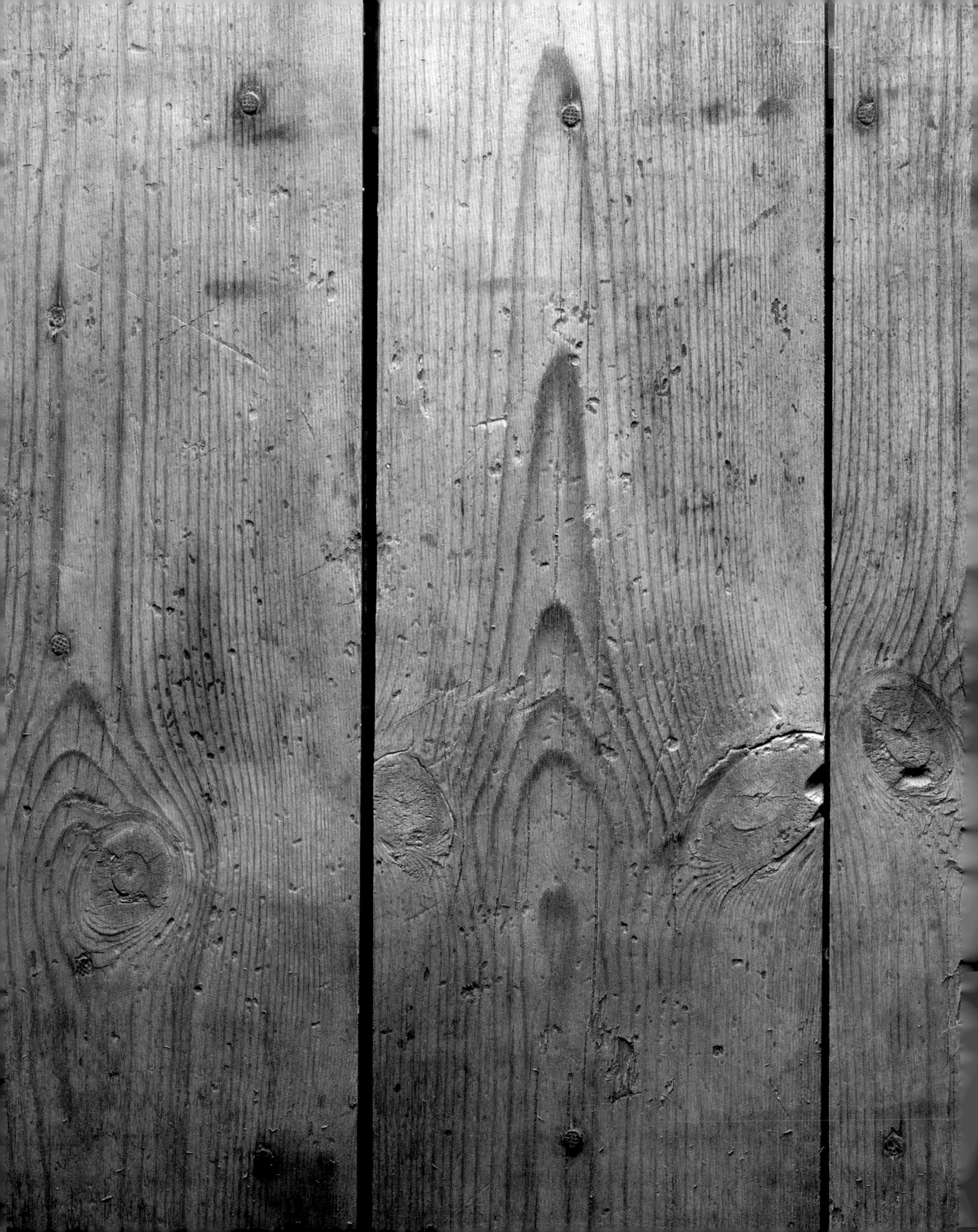

Baltschiederklause
Klausen-Cholera

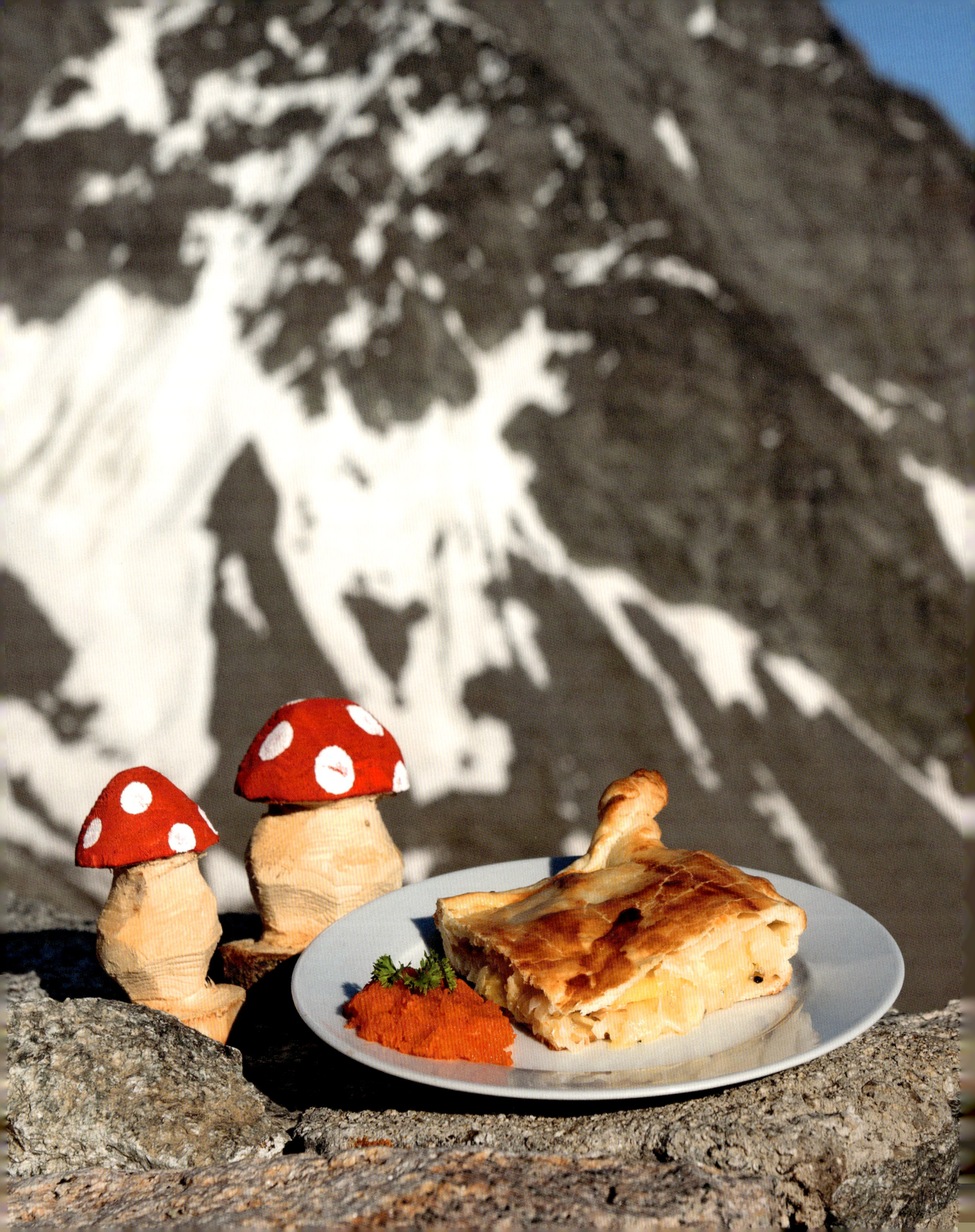

Das Beste aus den Hüttenküchen *Baltschiederklause*

Klausen-Cholera

300 g	Lauch
1	grössere Zwiebel
	Butter
500 g	Kartoffeln, festkochend
	Salz und Pfeffer
450 g	Äpfel
300 g	rezenter Käse
1	Kuchenteig, ausgewallt, 30 x 40 cm
1	Ei

Beilage

Dazu passt ein saisonaler Salat.

Lauch waschen, rüsten und in Ringe schneiden. Zwiebel schälen und in Ringe schneiden. In Butter ca. 10 Minuten andünsten, ohne dass das Gemüse zu stark anbräunt. Die Kartoffeln schälen, in Salzwasser bissfest kochen, abgiessen und in Scheiben schneiden. Zum Lauch und den Zwiebeln geben und mit Salz und Pfeffer bzw. nach Belieben würzen. Die Äpfel schälen, vierteln, entkernen und in feine Scheiben schneiden. Den Käse ebenfalls in feine Scheiben schneiden. Kuchenteig auf ein mit Backpapier belegtes Blech legen und die Kartoffel-Lauch-Mischung, die Äpfel und den Käse lagenweise darauf verteilen. Den Teigrand mit verquirltem Ei bestreichen. Einen Teigdeckel zuschneiden und auf die Füllung legen. Den Rand gut andrücken und den Deckel ebenfalls mit Ei bestreichen. Mehrmals mit einer Gabel einstechen. Im vorgeheizten Ofen ca. 50 Minuten backen.

Das Beste aus den Hüttenküchen *Baltschiederklause*

Baltschiederklause
2783 m

Unterwegs zur Hütte

Startpunkt ist Ausserberg, und wer den Weg etwas verkürzen möchte, der kann mit dem Auto oder dem Fahrrad direkt bis zum Stollen fahren, was jedoch bewilligungspflichtig ist. Wer nicht schwindelfrei ist, wählt den Weg direkt durch den Stollen, wobei eine Taschenlampe unabdingbar ist. Eindrucksvoller ist der Weg über die Suonen, welche bereits vor über 700 Jahre für die Bewässerung der Wiesen erbaut wurden. Bei Regen sind die exponierten Stellen jedoch unpassierbar. Bald ist das Inner Senntum erreicht, eine kleine Alpsiedlung. Zahlreiche Blumen blühen auf den Wiesen, Schmetterlinge und Widderchen fliegen durch die Luft, während die Weinbergschnecke gemächlich vorwärtskriecht. Über eine Hängebrücke gelangen Wanderer auf die andere Seite des Baltschiederbachs. Begleitet vom Rauschen des Wassers geht es hinauf nach Chiemattu und anschliessend im Zickzack weiter zur Martischipfa. Murmeltiere pfeifen zwischen den Alpenrosensträuchern, neugierige Schafe kommen daher gerannt. Der Weg führt weiter ins Gletschervorfeld des Innere und Üssere Baltschiedergletschers, und die letzten Höhenmeter sind rasch zurückgelegt. Von der kleinen Terrasse aus findet der Gast eine atemberaubende Aussicht zurück ins Tal auf einen kleinen Teil des eindrücklichen UNESCO Welterbes «Schweizer Alpen Jungfrau-Aletsch». Während es für Wanderer am nächsten Morgen zurück ins Tal geht, stehen für Bergsteiger verschiedene Hoch- und Klettertouren zur Auswahl, wobei das Bietschhorn der bekannteste Berg ist.

Besonderes

Verschiedene Veranstaltungen werden hier oben durchgeführt, zum Beispiel ein gemütlicher Spiel- und Jassabend oder eine «Ausruh»-Spezialwoche.

Die quirlige Hüttenwartin Jolanda freut sich über Besuch.

Wanderzeit / Schwierigkeitsgrad
6½ Std. / T2 (den Suonen entlang T4)

Ausgangsort
Ausserberg

Eigentümer
SAC-Sektion Blümlisalp

Hüttenwartin
Jolanda Stettler

Hüttentelefon
+41 (0)27 952 23 65

Website
www.baltschiederklause.ch

Bewartungszeit
Mitte Juni bis Ende September

Übernachtungsmöglichkeit
In mehreren Zimmern stehen insgesamt 76 Schlafplätze mit Duvets und Decken zur Verfügung.

Verpflegungsmöglichkeit
Tagessuppe, Würste, verschiedene Rösti, Teigwaren, Käseschnitte, Plättli, Sandwiches sowie selbstgebackene Süssigkeiten.

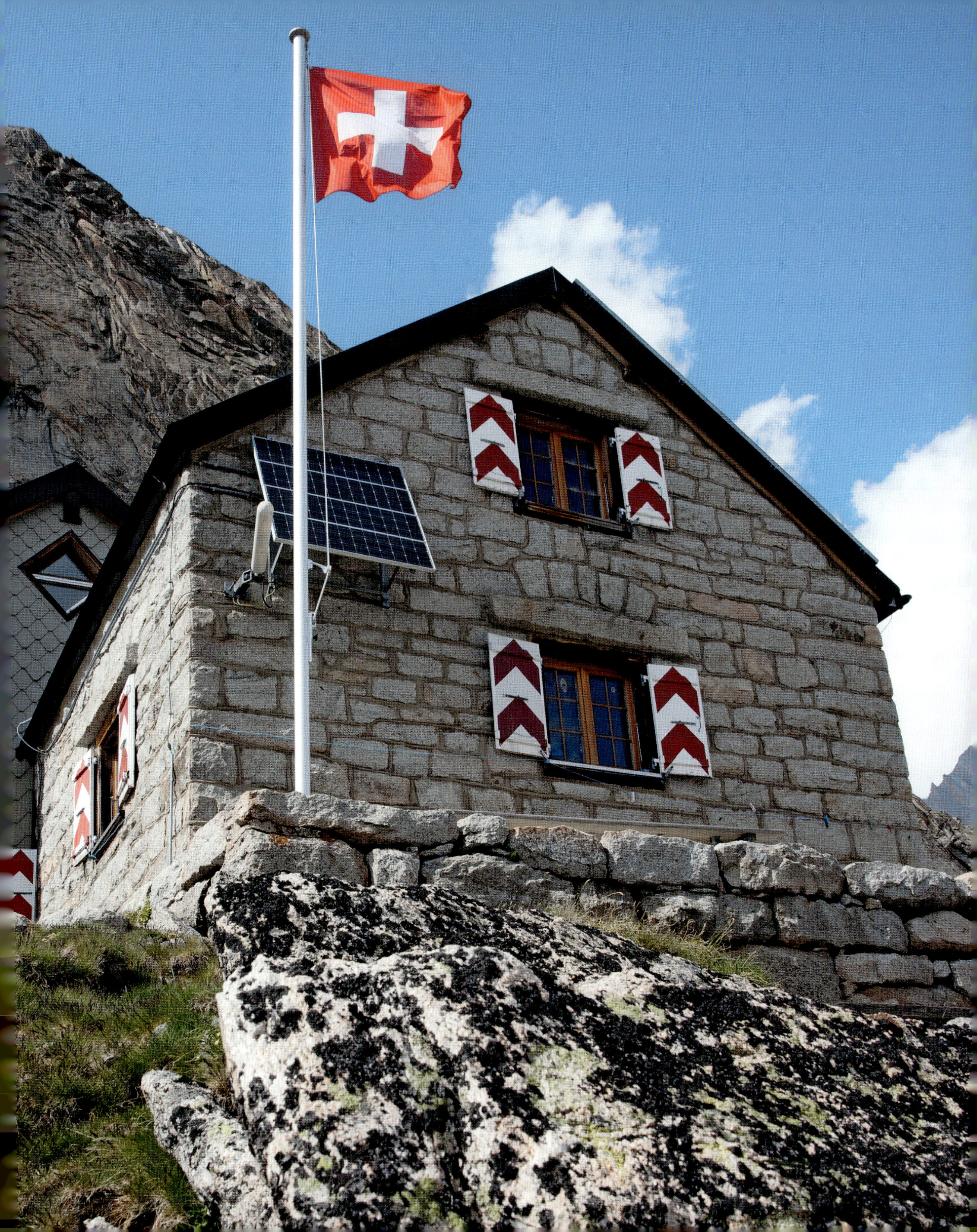

Das Beste aus den Hüttenküchen *Baltschiederklause*

Bild oben: Blumen in allen Farben blühen auf den Alpweiden und am Wegrand, wie zum Beispiel der Frühlingsenzian.

Bild unten: Nur für Schwindelfreie eignet sich der Umweg den Suonen entlang.

Bild links: Dieser Steinbock lässt sich nahe der Hütte von niemanden stören.

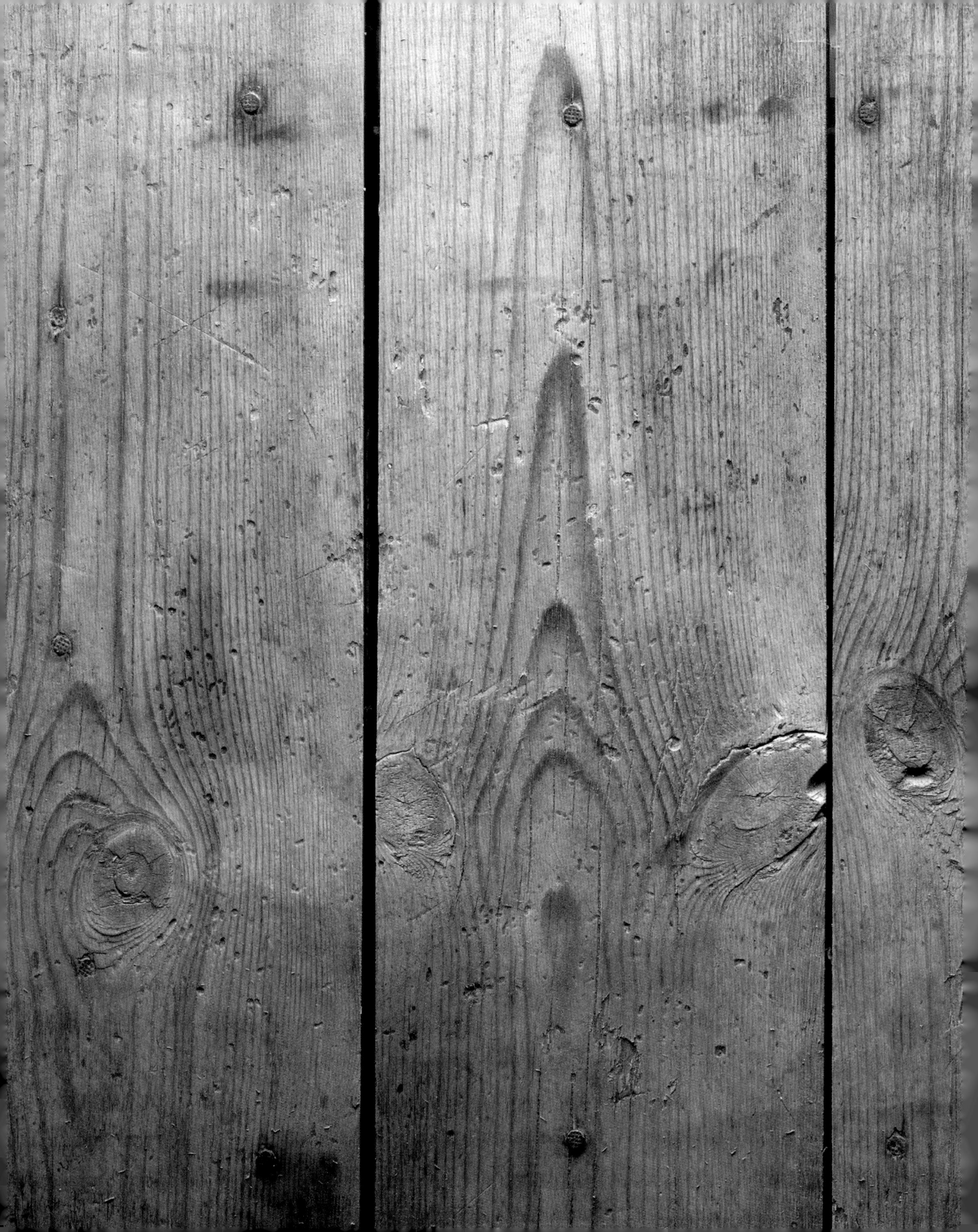

Brunnihütte
Knorrlischüssel – Älplermagronen mit Apfelmus

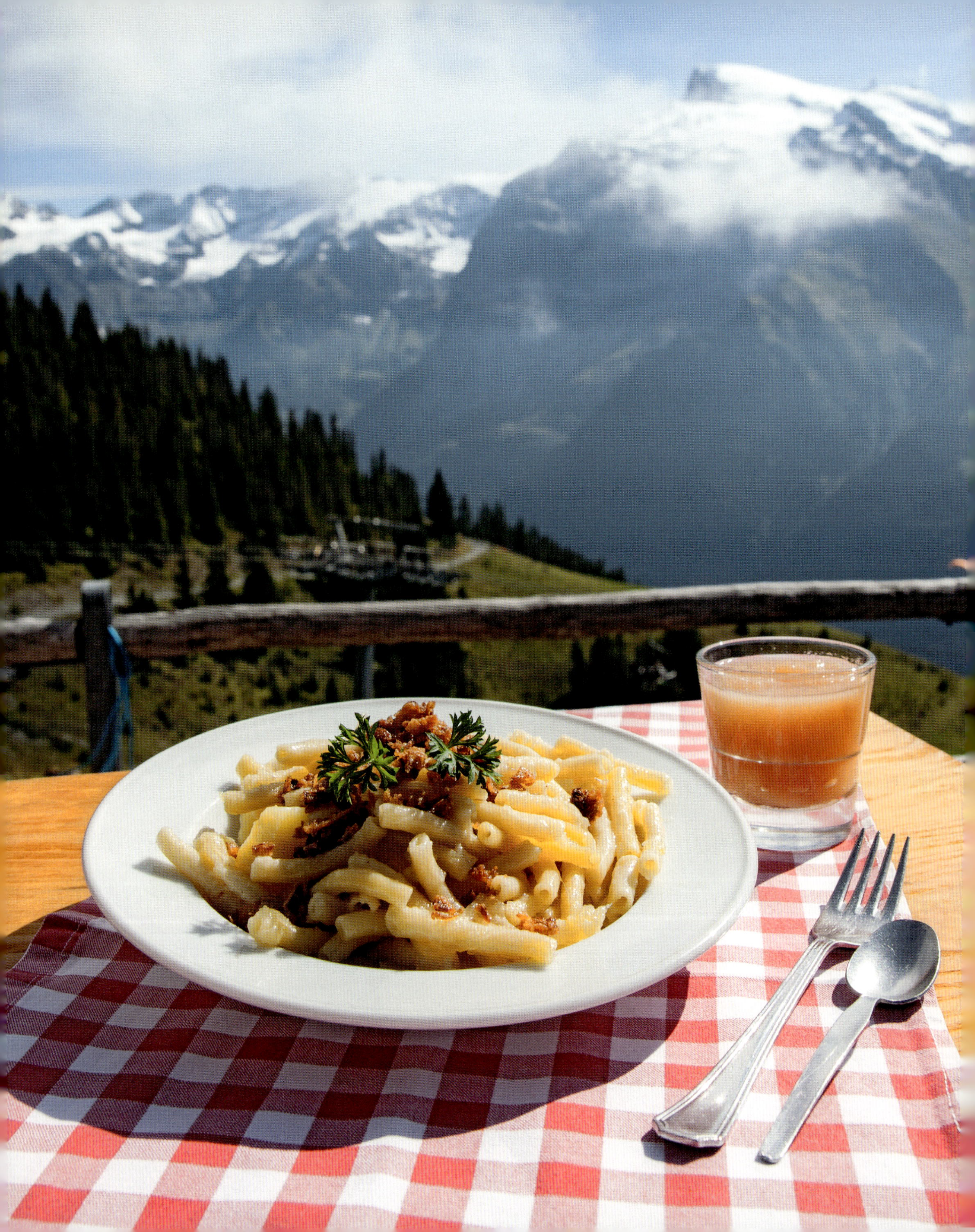

Das Beste aus den Hüttenküchen *Brunnihütte*

Knorrlischüssel – Älplermagronen mit Apfelmus

Älplermagronen

400 g	Kernser Älplermagronen
500 g	Kartoffeln, geschält
	Salz
1 dl	Halbrahm
200 g	Alpkäse, gerieben
200 g	Bratkäse, geraffelt
50 g	Bratbutter
1	Zwiebel

Apfelmus

1 kg	Äpfel (süsse Sorte)
1 EL	Zucker (oder etwas mehr, wenn die Äpfel sauer sind)

Garnitur

Peterli-Sträusschen
Rüebli-Rädli

Älplermagronen

5 Liter Wasser mit Salz aufkochen. Geschälte Kartoffeln in Würfel schneiden und dazugeben. Wenn das Wasser kocht, Älplermagronen dazugeben und umrühren. Ca. 10 Minuten kochen lassen, abgiessen. Alpkäse und Bratkäse darunterziehen. Wenig Rahm dazugeben, umrühren, dass es schön sämig wird. Die Zwiebel in Ringe schneiden und in Bratbutter goldgelb braten (am besten wenn die Älplermagronen im Wasser kochen, damit alles heiss in der Schüssel serviert werden kann).

Apfelmus

Ca. 1 kg Äpfel rüsten, in Schnitze schneiden und mit 1 EL Zucker kochen und pürieren. Hausgemachtes Apfelmus schmeckt fein!

Das Beste aus den Hüttenküchen *Brunnihütte*

Brunnihütte

1860 m

Unterwegs zur Hütte

Wer mit dem Zug nach Engelberg fährt, fühlt sich bereits auf der Anreise wie in einer anderen Welt. Während die indischen und chinesischen Gäste den Titlis ansteuern, geht es zur Brunnihütte die gegenüberliegende Talseite hinauf. Wer es gemütlich nimmt, wählt zuerst die Bahn bis Ristis. Sollte sich die Sonne am Morgen noch im Nebel verstecken, dann wird sie doch bereits im Brunni-Lied besungen, welches während der Gondelfahrt eingespielt wird. Ab Ristis, wo Kinder und Junggebliebene ein Globi-Spielplatz und eine Rodelbahn erwarten, geht es über verschieden lange Wege hinauf zur Hütte, die in rund einer Stunde erreichbar ist. Wer ab Ristis den Sessellift wählt, kann bis zur Hütte seine Beine gemütlich baumeln lassen, verpasst jedoch die vielen Blumen am Wegrand. Interessant ist auch der Naturlehrpfad «Brunnipfad», welcher unter anderem Zusammenhänge in der Natur erklärt. Selbst für Mountainbiker ist die Brunnihütte erfahrbar, und oben angekommen erwarten einen auf der grossen Terrasse drei Katzen sowie das umwerfende Panorama des Titlisgebietes. Und wer sich noch nicht sofort von Agnes und ihrem Team verköstigen lassen will, kann gleich hinter dem Haus die Schuhe abstreifen und barfuss den kühlnassen Kitzelpfad rund um den Härzlisee ablaufen.

Besonderes

Bei der Brunnihütte ist immer etwas los. In der Nähe befinden sich die Klettersteige Brunnistöckli und Zittergrat, und wer mit seinem Gleitschirm hinunter ins Tal fliegen möchte, findet hier einen von drei Startplätzen des Brunnigebietes. Hüttenwart Fredy bietet zudem auf Voranmeldung ein Maultiertrekking an.

Das Hüttenwartspaar Fredy und Agnes mit Enkelin Josiane.

Wanderzeit / Schwierigkeitsgrad
2½ Std. / T1

Ausgangsort
Engelberg

Eigentümer
SAC-Sektion Engelberg

Hüttenwarte
Agnes und Fredy Schleiss

Hüttentelefon
+41 (0)41 637 37 32

Website
www.berghuette.ch

Bewartungszeit
Die Hütte ist das ganze Jahr geöffnet.

Übernachtungsmöglichkeit
In mehreren kleinen Zimmern stehen insgesamt 40 Schlafplätze mit Duvet und Kissen zur Verfügung.

Verpflegungsmöglichkeit
Suppen, Salate, verschiedene Hauptgerichte und Saisonspezialitäten. Spezielle Familiengerichte (Knorrli-Schüssel) und süsses Selbstgebackenes.

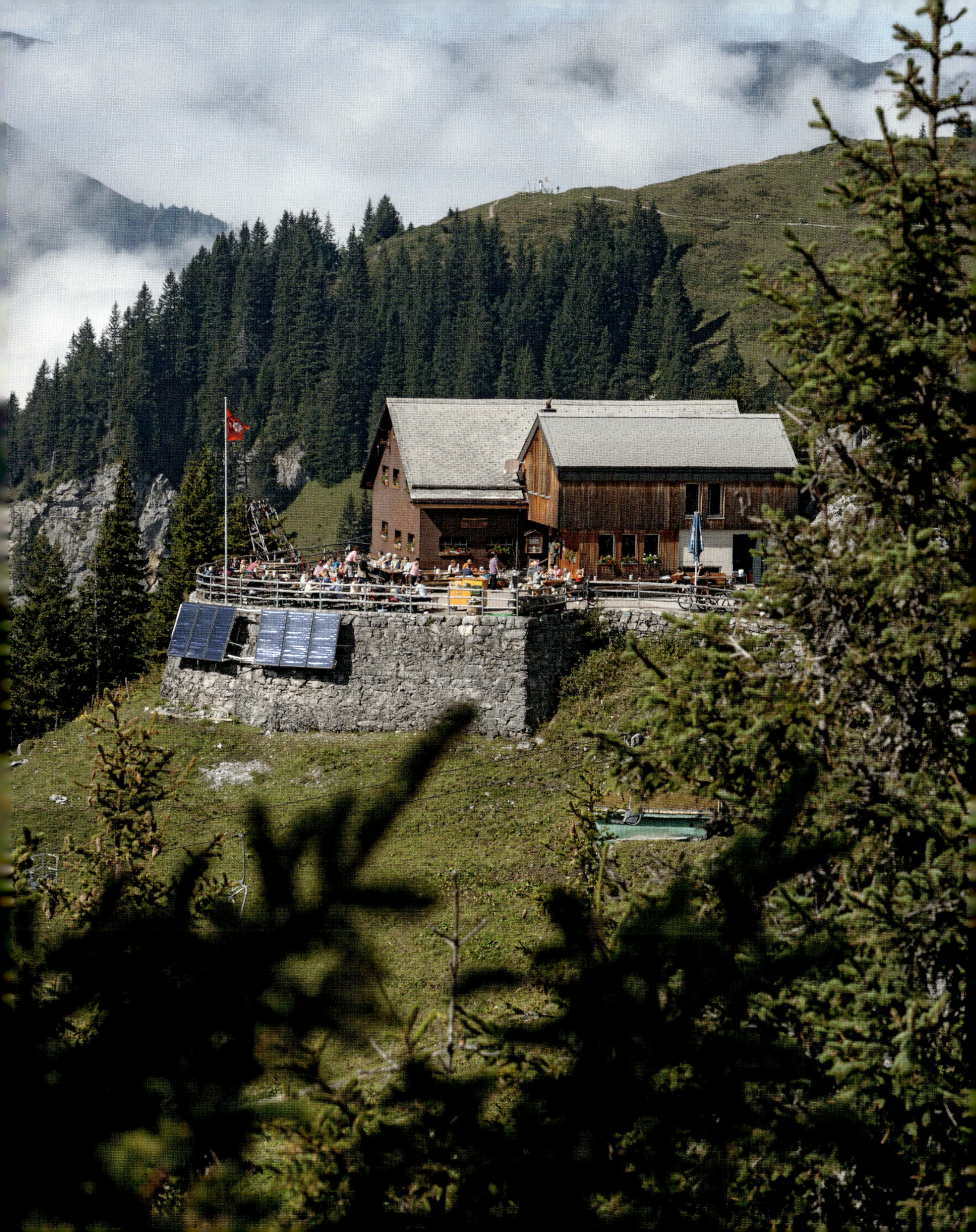

Das Beste aus den Hüttenküchen *Brunnihütte*

Bild oben: Den gemütlichen Maultieren begegnet man unterwegs.

Bild unten: Wer die Gipfel nicht alle beim Namen nennen kann, dem hilft die dreidimensionale Speisekarte mit Panorama weiter.

Bild links: Zwei Mountainbiker auf dem Weg zur Brunnihütte.

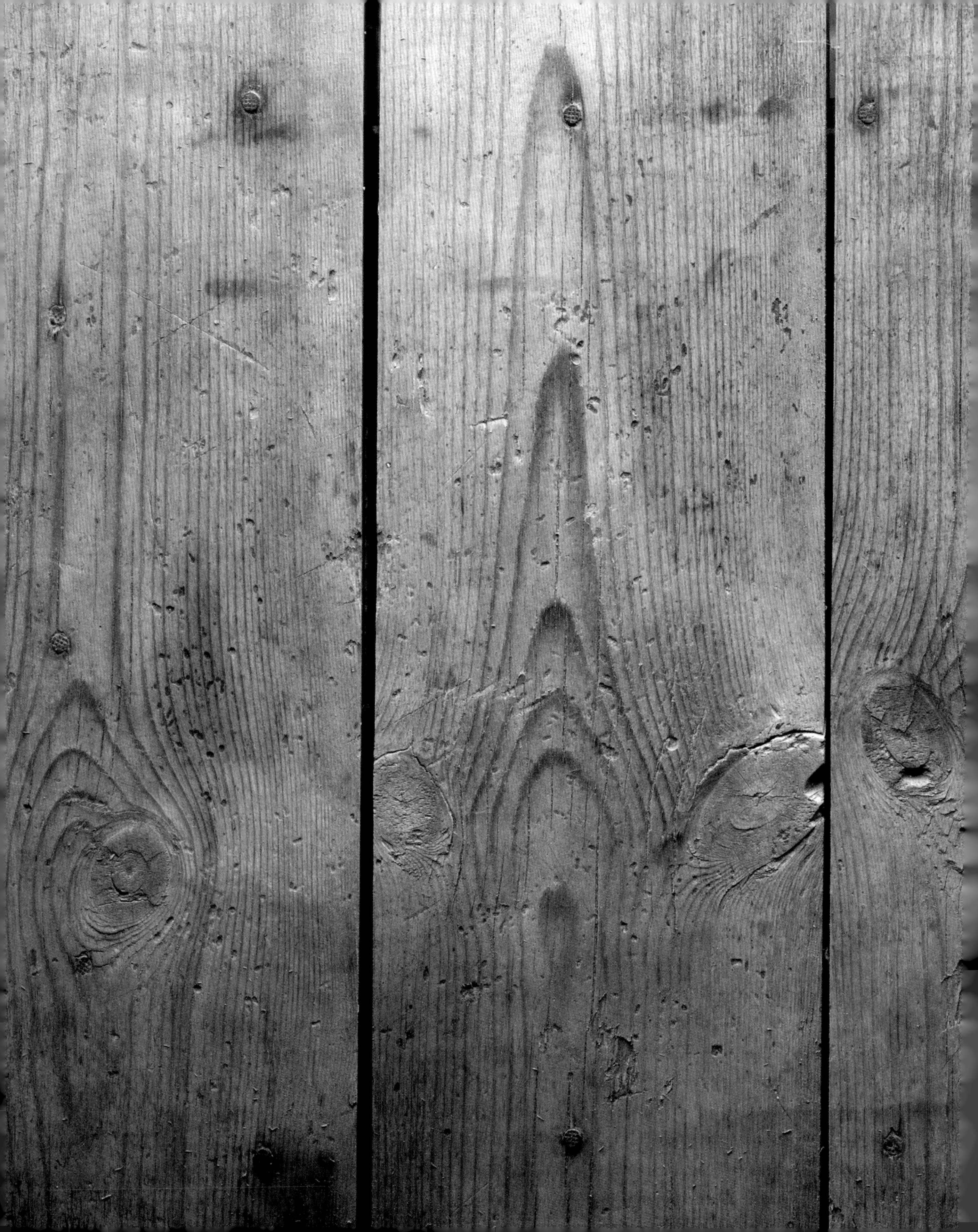

Dossenhütte
Quarkpizokel

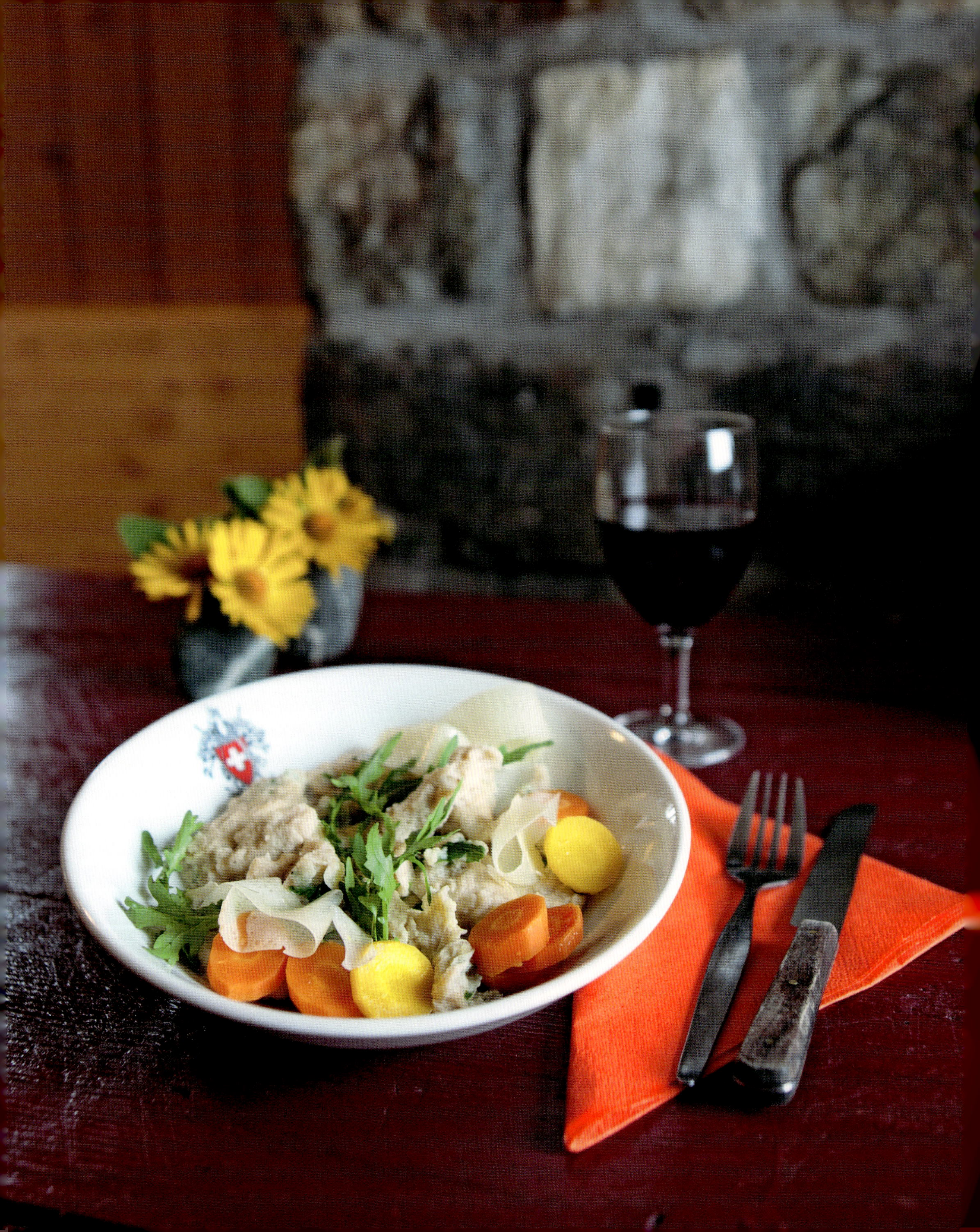

Das Beste aus den Hüttenküchen *Dossenhütte*

Quarkpizokel

250 g	Halbfettquark
4	Eier
nach Belieben	Rucola oder Bärlauch
220 g	Vollkornmehl
1 TL	Salz
	Pfeffer
	Muskatnuss
etwas	Alpkäse, gerieben

Garnitur

Rucola oder Bärlauch
Rüeblispäne

Quark und Eier gut verrühren. Rucola oder Bärlauch waschen, fein schneiden und dazugeben. Das Mehl und die Gewürze ebenfalls beifügen und den Teig glattrühren. Etwas ruhen lassen. Danach die Masse auf ein kalt abgespültes Brett geben und mit einem nassen Messer nicht allzu grosse Pizokel in kochendes Salzwasser schaben. Sobald die Pizokel an der Oberfläche schwimmen, mit einer Schaumkelle herausheben, abtropfen lassen und warm stellen. Den Alpkäse darunterziehen und die Pizokel anrichten. Mit Rucola oder Rüeblispänen garnieren.

Tipp

Die Pizokel schmecken auch gut, wenn man sie vor dem Servieren kurz in Butter anbrät.

Das Beste aus den Hüttenküchen *Dossenhütte*

Dossenhütte

2663 m

Unterwegs zur Hütte

Ausgangspunkt ist der lauschige Weiler Rosenlaui, welcher mit dem Postauto, dem Fahrrad oder dem Auto ab Meiringen über eine gebührenpflichtige Strasse erreicht wird. Beim Hotel Rosenlaui bzw. bei der Gletscherschlucht beginnt die Wanderung. Es lohnt sich, das Ticket für die Schlucht zu lösen und die Kraft des Wassers in seiner Ursprünglichkeit zu erleben. Anschliessend läuft man hinauf zum Gletscherhubel, quert ein Waldstück und läuft linkerhand des Bachs, welcher aus dem Rosenlauigletscher mit Schmelzwasser gespiesen wird, weiter ins Tal hinein. Ein erster, steiler Aufstieg erfolgt über Felsflanken, die mit Leitern und Drahtseilen versehen sind. Vorbei am Rosenlaui-Biwak gelangt man zum zweiten Aufstieg. Hier ist es teilweise erforderlich, sich mit den Händen festzuhalten. Es folgt der letzte und abenteuerlichste Teil der Wanderung, denn die Dossenhütte wurde auf dem schmalen, ausgesetzten Dossengrat erbaut und 2010 erweitert. Trittsicherheit und Schwindelfreiheit sind Voraussetzung. Der Hüttenstandort gleicht einem Adlerhorst, mit prächtigem Panorama und Weitsicht bis zum Weissenstein, fernab vom Massentourismus. Einzig der Nebel kann die Aussicht manchmal trüben, umso gemütlicher ist es dann drinnen im Aufenthaltsraum. Wer am nächsten Tag nicht einen der Gipfel von Dossen-, Ränfe-, oder Wetterhorn anpeilt, nimmt am besten als Rückweg den Abstieg auf der anderen Seite hinunter ins Urbachtal in Angriff, welcher einfacher zu bewältigen ist. Innertkirchen kann danach zu Fuss oder mit einem vorgängig organisierten Taxi erreicht werden.

Besonderes

«Gfrörlis» können sich für einen Zweifränkler eine Bettflasche mit heissem Wasser füllen lassen.

Hüttenwartin Cyrille mit ihrem Hund Mara, welcher es liebt, Steine aus Schneefeldern freizuscharren.

Wanderzeit/Schwierigkeitsgrad
4½ Std./T4

Ausgangsort
Postautohaltestelle Rosenlaui

Eigentümer
SAC-Sektion Oberaargau

Hüttenwartin
Cyrille Zwicky

Hüttentelefon
+41 (0)33 971 44 94

Website
www.dossenhuette.ch

Bewartungszeit
Ende Juni bis Ende September

Übernachtungsmöglichkeit
In vier Räumen stehen insgesamt 55 Schlafmöglichkeiten mit Duvets und Kissen zur Verfügung.

Verpflegungsmöglichkeit
Tagessuppe, Schweinswürstli, Chlytaler Wurst, Dossenplättli, Portion Alpkäse, Rösti, Käseschnitten, Spiegelei mit Brot sowie selbstgebackene Süssigkeiten.

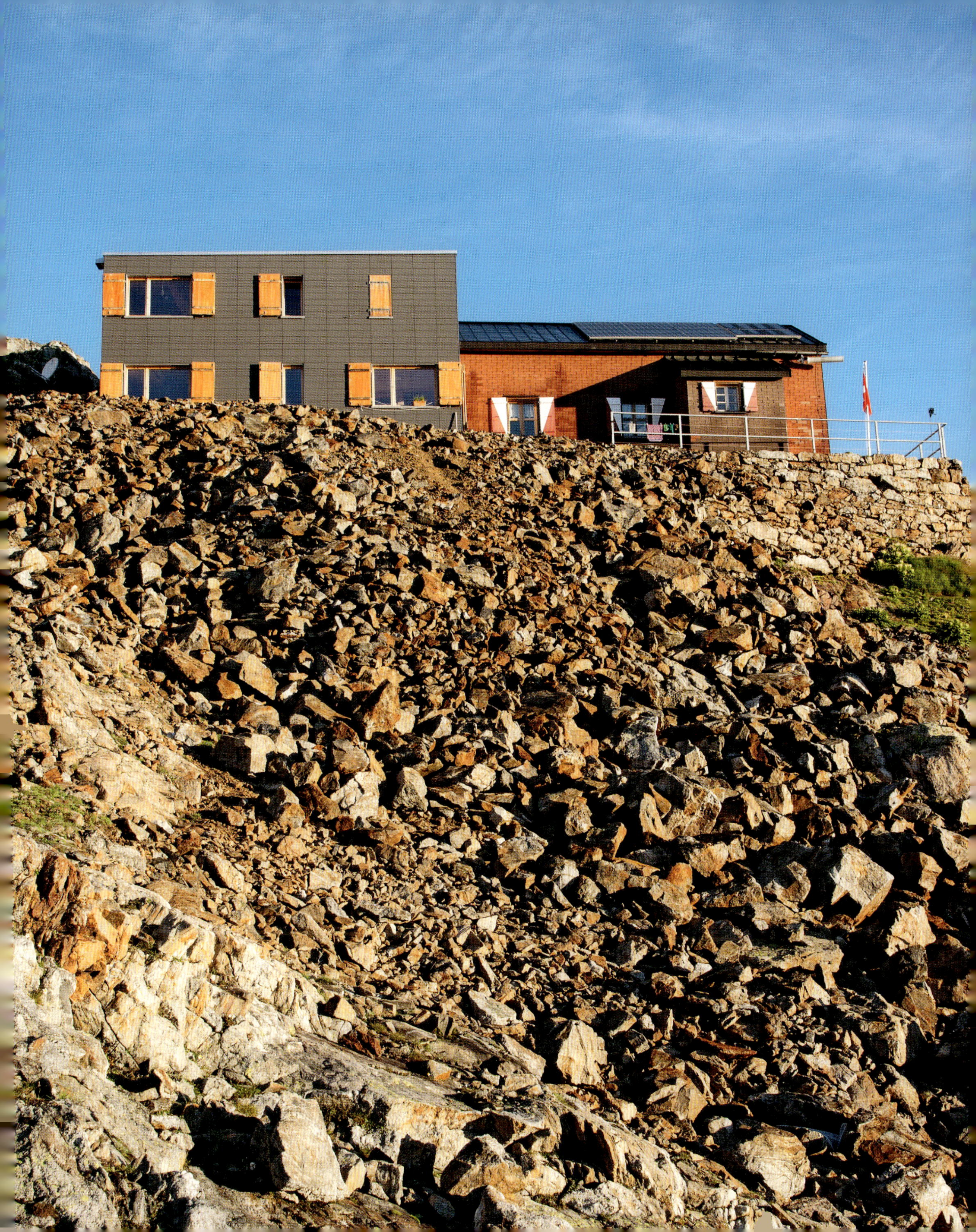

Das Beste aus den Hüttenküchen *Dossenhütte*

Bild oben: Eindrückliche Fotomotive bietet die Gletscherschlucht.

Bild unten: Fels und Eis prägen die Landschaft.

Bild links: Aussicht von der Hütte aus hinunter auf den Dossengrat und in die Ferne.

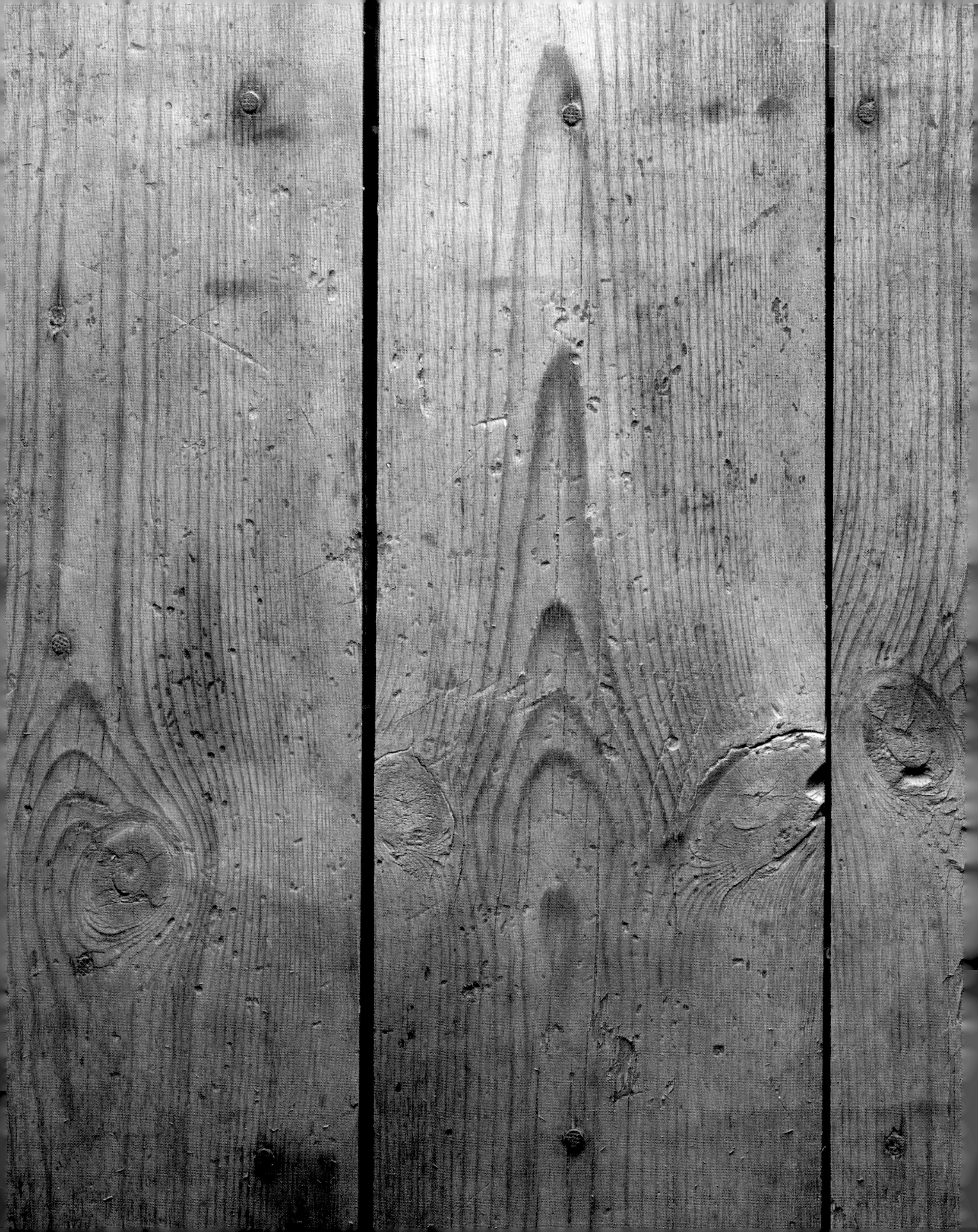

Blümlisalphütte
Spätzlipfanne

RAMSEIER
Suure Moscht
CIDRE DE POMME
1.5 L
Blümlisalphütte SAC

Das Beste aus den Hüttenküchen *Blümlisalphütte*

Spätzlipfanne

1 kg	Eierspätzli, gekauft oder selber gemacht
200 g	gemischtes Gemüse, z. B. Rüebli, Lauch, Sellerie, Pfälzer
3 EL	Bratbutter
	Saucenhalbrahm
	Pfeffer
	Streuwürze
	Muskatnuss

Garnitur
Tomatenschnitze oder Peperonifächer
Petersilie oder Schnittlauch

Das Gemüse waschen, rüsten und klein schneiden. Die Bratbutter erhitzen und das Gemüse darin andämpfen. Die Spätzli beigeben und alles gut durchmischen. Mit Pfeffer, Streuwürze und Muskatnuss würzen. Saucenhalbrahm dazugeben und nur noch gut heiss werden lassen. Mit einem Tomatenschnitz oder einem Peperonifächer garnieren und mit Petersilie oder Schnittlauch bestreuen.

Das Beste aus den Hüttenküchen *Blümlisalphütte*

Blümlisalphütte

2840 m

Unterwegs zur Hütte

Mit einem der blauen «Gondeli» geht es gemütlich hinauf zum Oeschinensee. Während die einen mit der Rodelbahn wieder hinunterfahren, geht es für die anderen direkt zum See. Eine breit ausgebaute Forststrasse führt dahin, dann geht es auf einem Weg weiter, vorbei an picknickenden Familien, Fischern und kleinen Ruderbooten, welche gemietet werden können. Nun steigt es stetig an, und vielleicht sieht man sogar einen kleinen schwarzen Alpensalamander. Bereits von weitem ist die Blüemlisalphütte hoch oben thronend auszumachen. Ab dem Hohtürli – der Passübergang zwischen Kandersteg und dem Kiental – sind es nur noch fünf Minuten bis zur Hütte. Freundlich begrüssen die Hüttenwarte Hildi und Hans ankommende Gäste. Die traumhafte Terrasse lädt zu einer Verschnaufpause ein. Wer hier oben übernachtet, kann wunderschöne Sonnenuntergänge erleben. Die Wanderung hier hinauf ist aber auch als Tagestour möglich. Und nur rund zehn Minuten werden benötigt, um von der Hütte zum Gletscherrand zu gelangen und das eindrückliche Eis aus der Nähe zu betrachten. Die Hütte ist auch Ausgangspunkt für Hochtouren in der Blüemlisalp-Gruppe, zum Beispiel auf die Weisse Frau, die Wilde Frau oder das Blüemlisalphorn, um nur einige zu nennen. Auch Gletschertouren sind möglich. Und für Kletterer hat es in Hüttennähe sowie beim Blüemlisalpgletscher zwei bestens eingerichtete Klettergärten.

Besonderes

Beim Oeschinensee, im UNESCO Weltnaturerbe Jungfrau–Aletsch gelegen, ist immer was los. Familien mit Kinderwagen sind genauso unterwegs wie Rollstuhlfahrer oder ausländische Touristen, welche wohl zum ersten Mal eine Kuh von nah betrachten können.

Das Hüttenwartspaar Hildi und Hans, während einer verdienten Pause.

Wanderzeit/Schwierigkeitsgrad
4 Std./T2

Ausgangsort
Kandersteg/Oeschinen

Eigentümer
SAC-Sektion Blümlisalp

Hüttenwarte
Hildi und Hans Hostettler

Hüttentelefon
+41 (0)33 676 14 37

Website
www.bluemlisalphuette.ch

Bewartungszeit
Mitte Juni bis Mitte Oktober

Übernachtungsmöglichkeit
In neun Zimmer stehen insgesamt 130 Schlafplätze mit Duvets und Kissen zur Verfügung.

Verpflegungsmöglichkeit
Suppe mit Wurst und mehr, Rösti, Käseschnitte, Sandwiches, Trockenfleischteller, Hobelkäse, Glace sowie selbstgebackene Süssigkeiten.

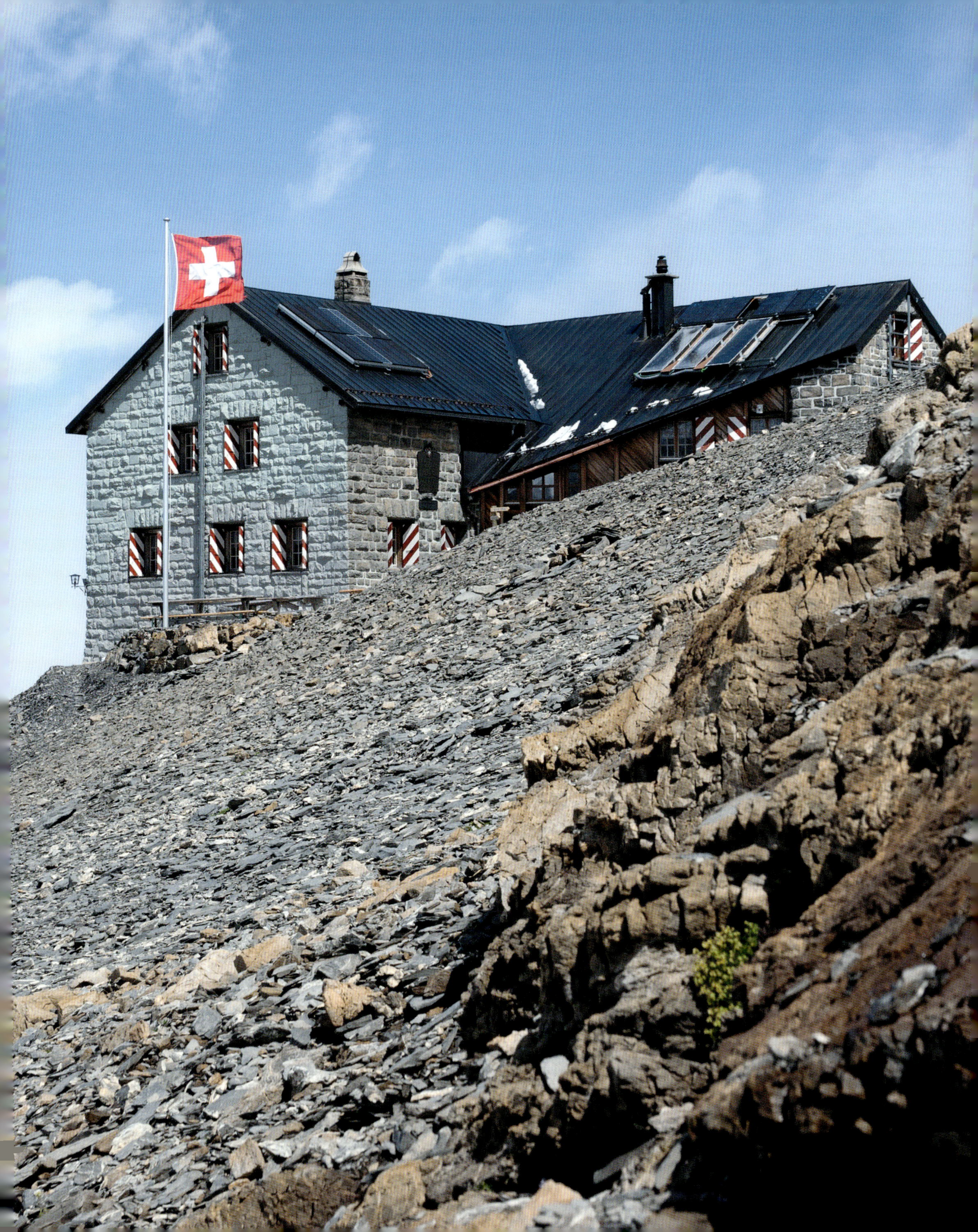

Das Beste aus den Hüttenküchen *Blümlisalphütte*

Bild oben: Der Oeschinensee ist sogar bei schlechtem Wetter ein Glanzpunkt.

Bild unten: Noch ein paar Meter, und Claudia kann sich eine verdiente Pause gönnen.

Bild links: Der Blüemlisalpgletscher mit eindrücklichen Eisformationen.

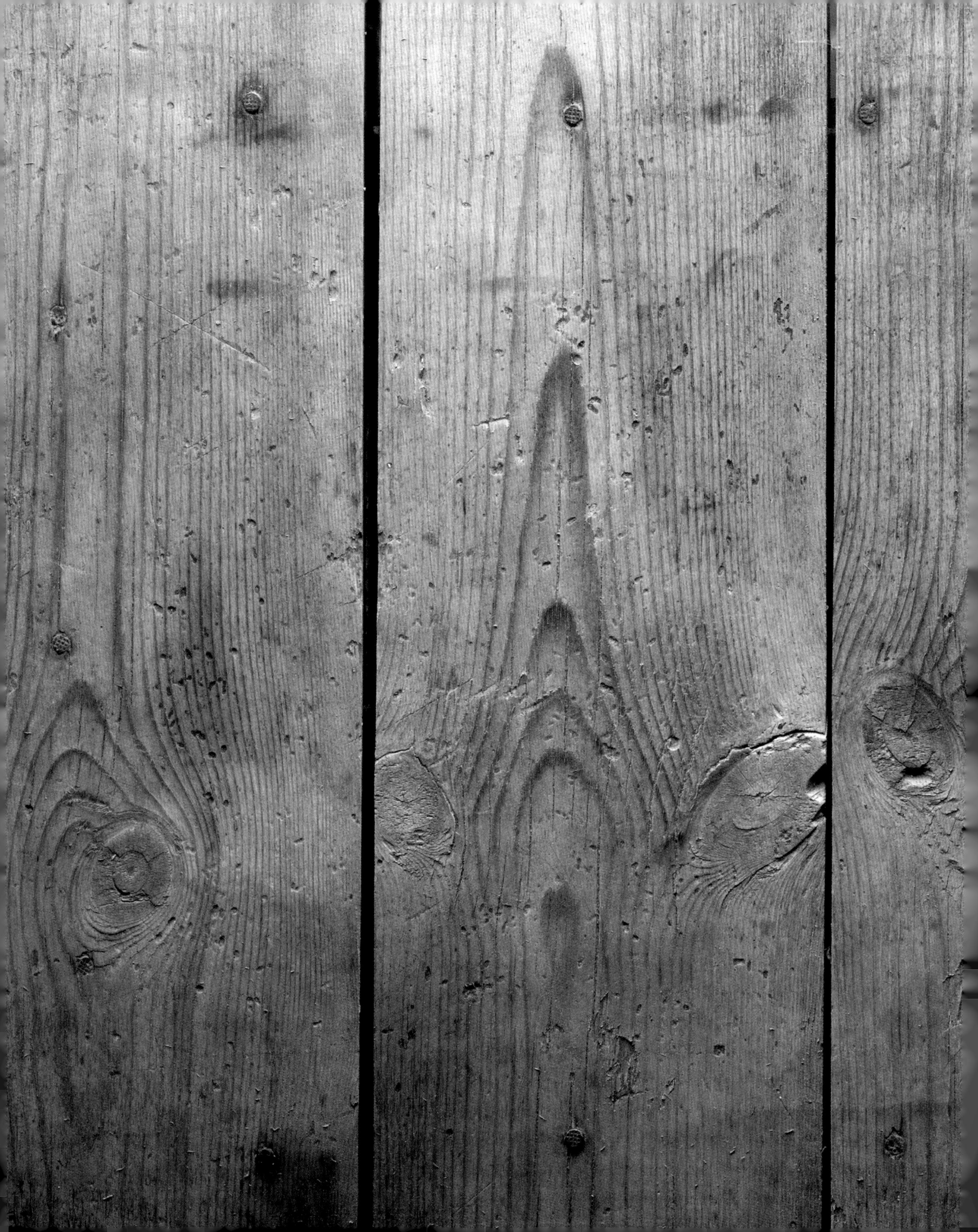

Salbithütte

Tomaten-Käse-Fondue

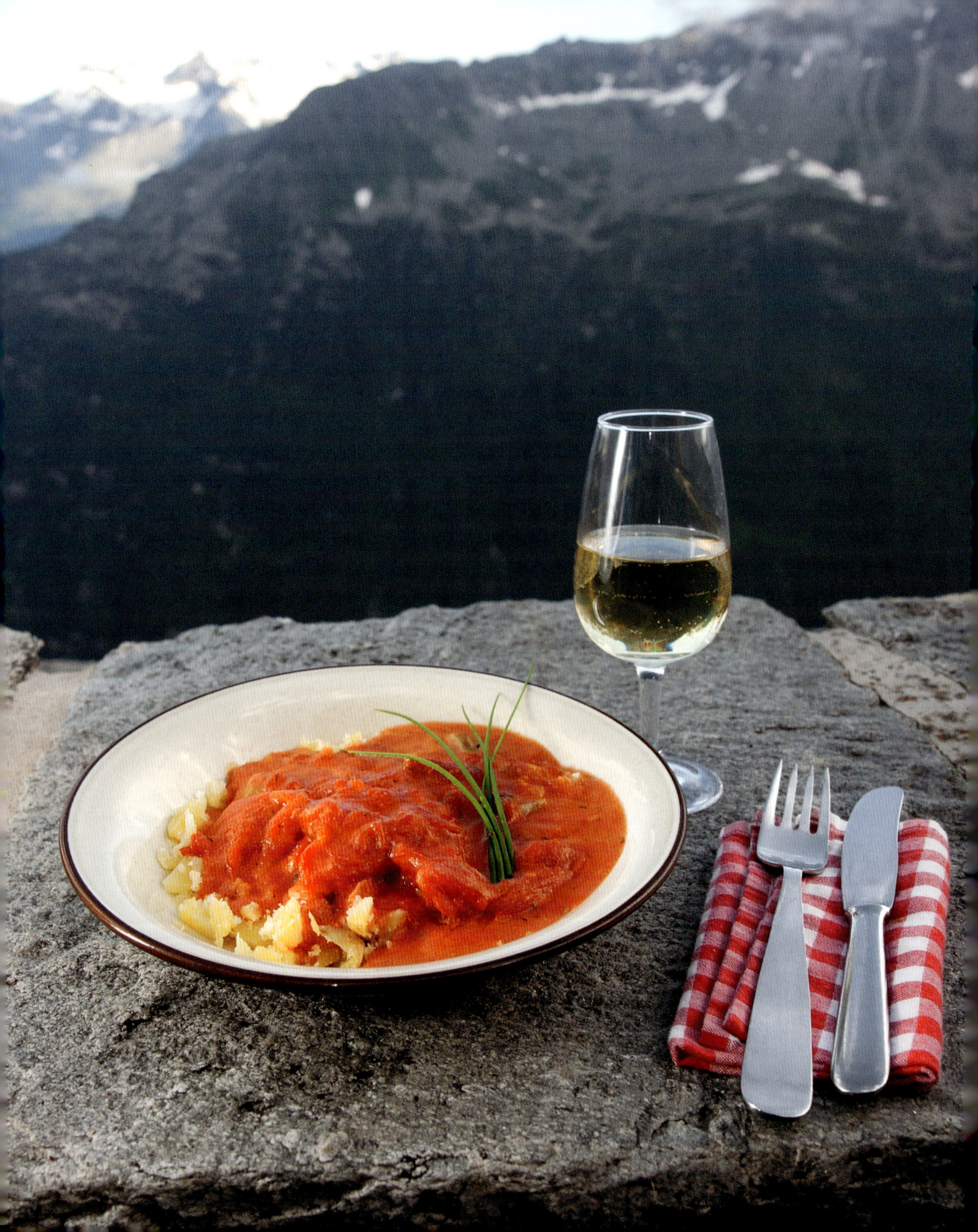

Das Beste aus den Hüttenküchen *Salbithütte*

Tomaten-Käse-Fondue

600 g	Fertig-Fondue
1 Büchse	Pelati (750 g)
ca. 16	Kartoffeln, mehligkochend
wenig	Weisswein
4–6	Knoblauchzehen
	italienische Kräuter
	Muskatnuss
	Salz und Pfeffer

Nach Belieben

2 EL	Kirsch

Garnitur

frischer Schnittlauch oder Basilikum

Pelati ca. 30 Minuten leicht köcheln. Mit wenig Pfeffer, Salz und italienischer Kräutermischung würzen. Je nach Konsistenz wenig Weisswein beigeben. 10 Minuten vor dem Vermischen mit der Fonduemasse frischen Basilikum beigeben. In separater Pfanne das Fondue aufwärmen und 4 bis 6 halbierte Knoblauchzehen mitköcheln. Wenn das Fondue sämig ist, Muskatnuss beigeben und die Tomatenmasse darunterziehen. Nach Belieben nachwürzen und mit Kirsch abschmecken. Parallel dazu gut gewaschene Kartoffeln weich kochen. Zum Anrichten: Kartoffeln mit Schale auf einem Suppenteller mit der Gabel zerkleinern. Käse-Tomaten-Masse direkt aus dem Topf darübergiessen, sodass die Kartoffeln mit einer dünnen Schicht bedeckt sind.

Das Beste aus den Hüttenküchen *Salbithütte*

Salbithütte

2105 m

Unterwegs zur Hütte

Ab Göschenen fährt man mit dem Rufbus (muss vorgängig reserviert werden), dem Auto oder dem Fahrrad bis Ulmi, wo die Wanderung hinauf zur Salbithütte beginnt. Während man anfänglich im Wald unterwegs ist, was gerade an heissen Sommertagen sehr angenehm ist, geniesst man weiter oben die Aussicht auf die umliegenden Gipfel. Anfang Sommer besteht die Möglichkeit, Birkhühner zu sehen, gegen den Herbst zu locken Heidelbeeren am Wegrand. Kurz vor der Hütte lohnt sich ein Abstecher zum Grubenseeli, wo man die Beine im Wasser abkühlen oder gleich ein paar Züge schwimmen kann. Begrüsst wird man bei der Ankunft in der Salbithütte mit feinem, selbstgemachtem Holunderblütensirup. Rund um die Hütte geht es sprachlich international zu und her. Kletterer verschiedenster Nationen finden sich hier ein, um ihre Kletterträume am Salbitschijen oder in einem der Klettergärten zu erfüllen. Wer sich selbst nicht an diesen Granitberg wagt, der kann die Kletterer mit dem Fernrohr beobachten, welches auf der Terrasse installiert ist. Und wer die im Jahr 2010 eröffnete Salbitbrücke, welche die Salbithütte mit der Voralphütte verbindet, bisher nicht selbst begangen hat, kann sich hier informieren.

Besonderes

Die Hütte eignet sich bestens für Familien. In der Umgebung befinden sich unter anderem zwei kleine Seen, der Globi-Felsen, ein Balancepfad, eine Rutschbahn sowie eine imposante Schaukel, welche man unbedingt ausprobieren sollte!

Das Hüttenwartspaar Hans und Beatrice mit seinen Kindern Aline und Jonas beim «Brätlen».

Wanderzeit/Schwierigkeitsgrad
2½ Std./T2

Ausgangsort
Postautohaltestelle Abzw. Salbit

Eigentümer
SAC-Sektion Lindenberg

Hüttenwarte
Beatrice Temperli und Hans Berger

Hüttentelefon
+41 (0)41 885 14 31

Website
www.salbit.ch

Bewartungszeit
Die Hütte ist ab Mitte Juni bis Mitte Oktober bewartet.

Übernachtungsmöglichkeit
In mehreren kleinen Zimmern stehen insgesamt 56 Schlafplätze mit Duvets und Kissen zur Verfügung.

Verpflegungsmöglichkeit
Suppen, Urner Chässchnitte mit Ei, Rösti, Salbitplättli sowie süsses Selbstgebackenes.

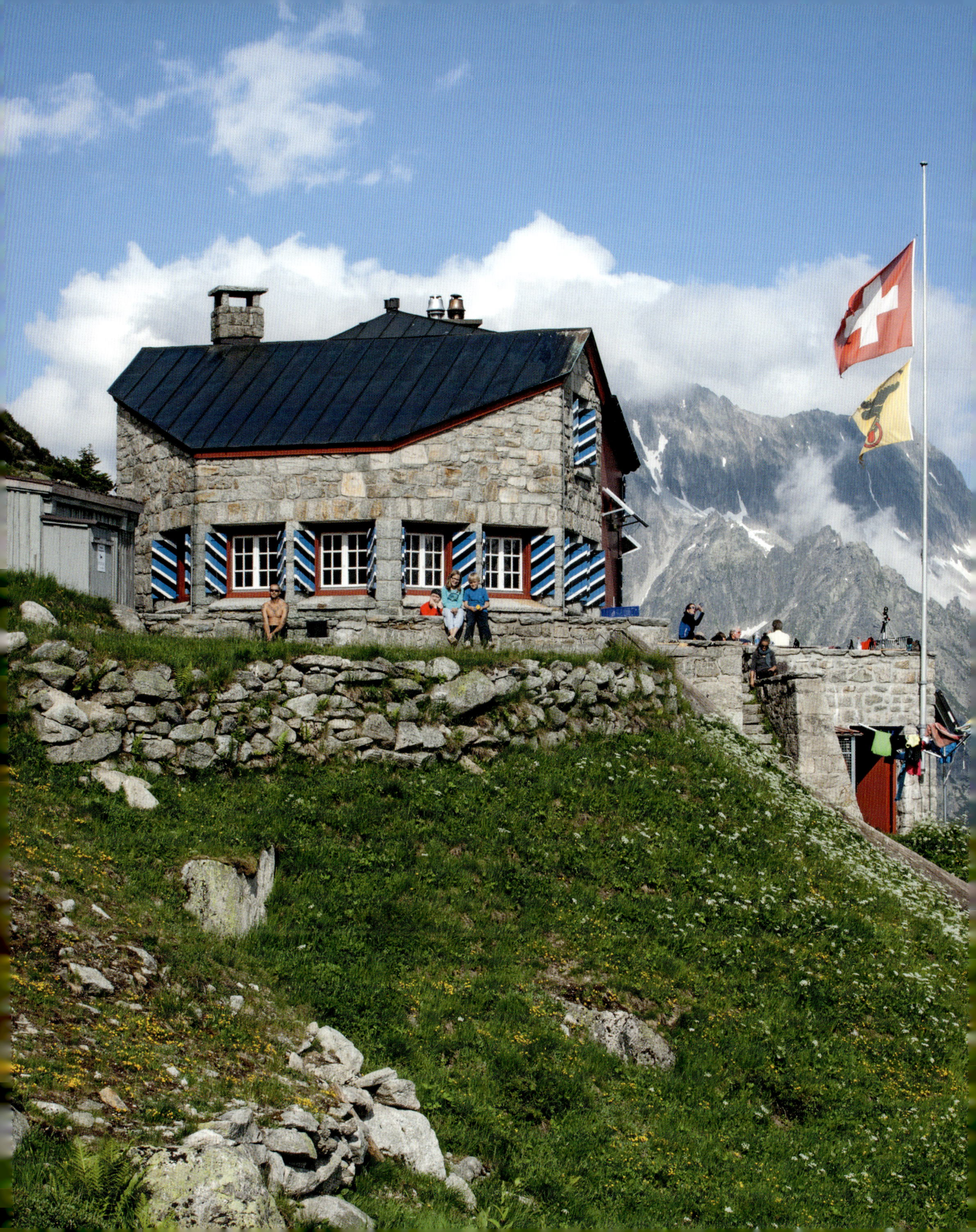

Das Beste aus den Hüttenküchen *Salbithütte*

Bild oben: Wenn man sich traut, ganz hoch zu schaukeln, dann erblickt man weit unten das Grubenseelein.

Bild unten: Durch Wald und Feld wandert man der Hütte entgegen.

Bild links: Die Granitspitzen des Salbit beim Sonnenuntergang.

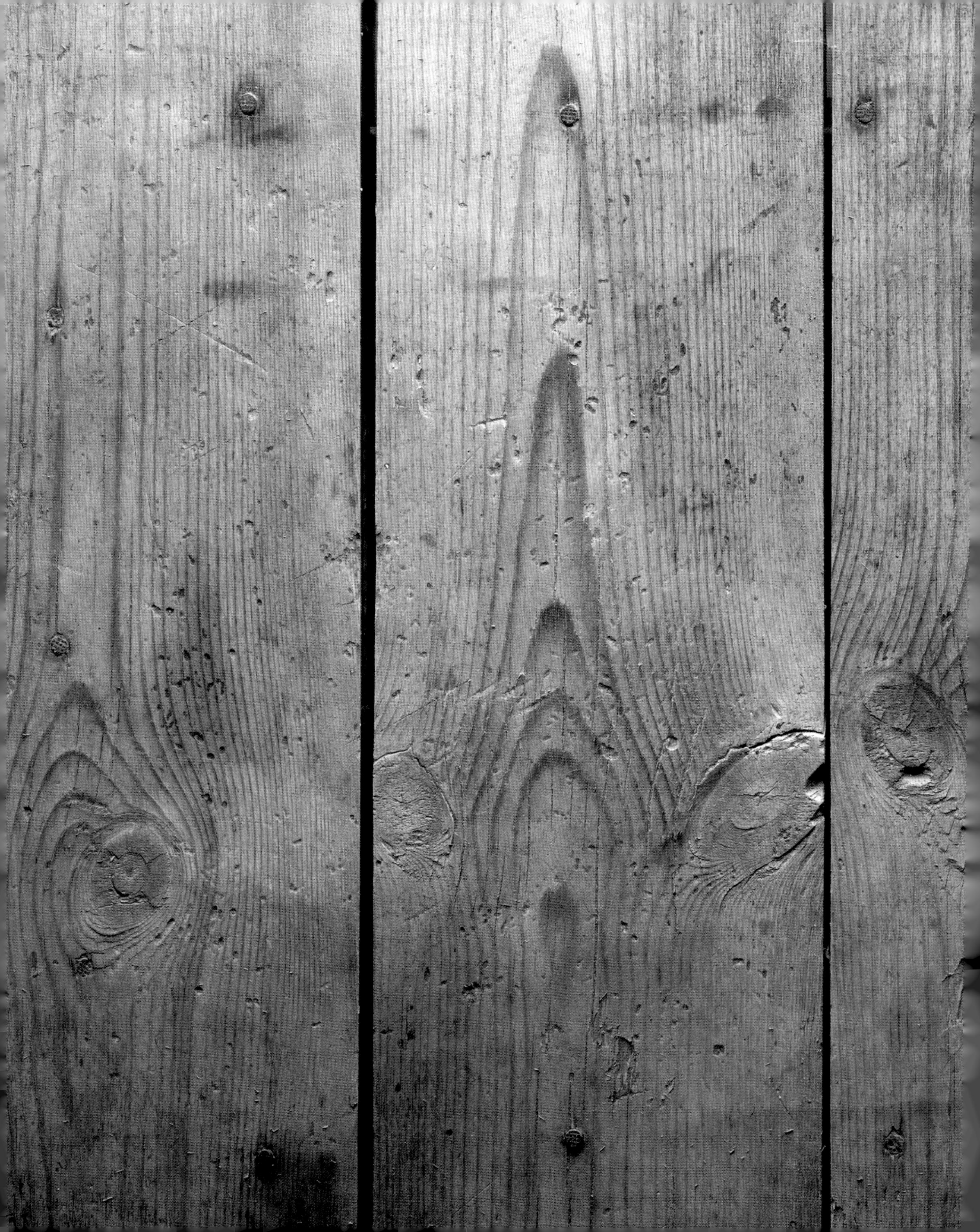

Fridolinshütte

Zigerhörnli mit Apfelmus

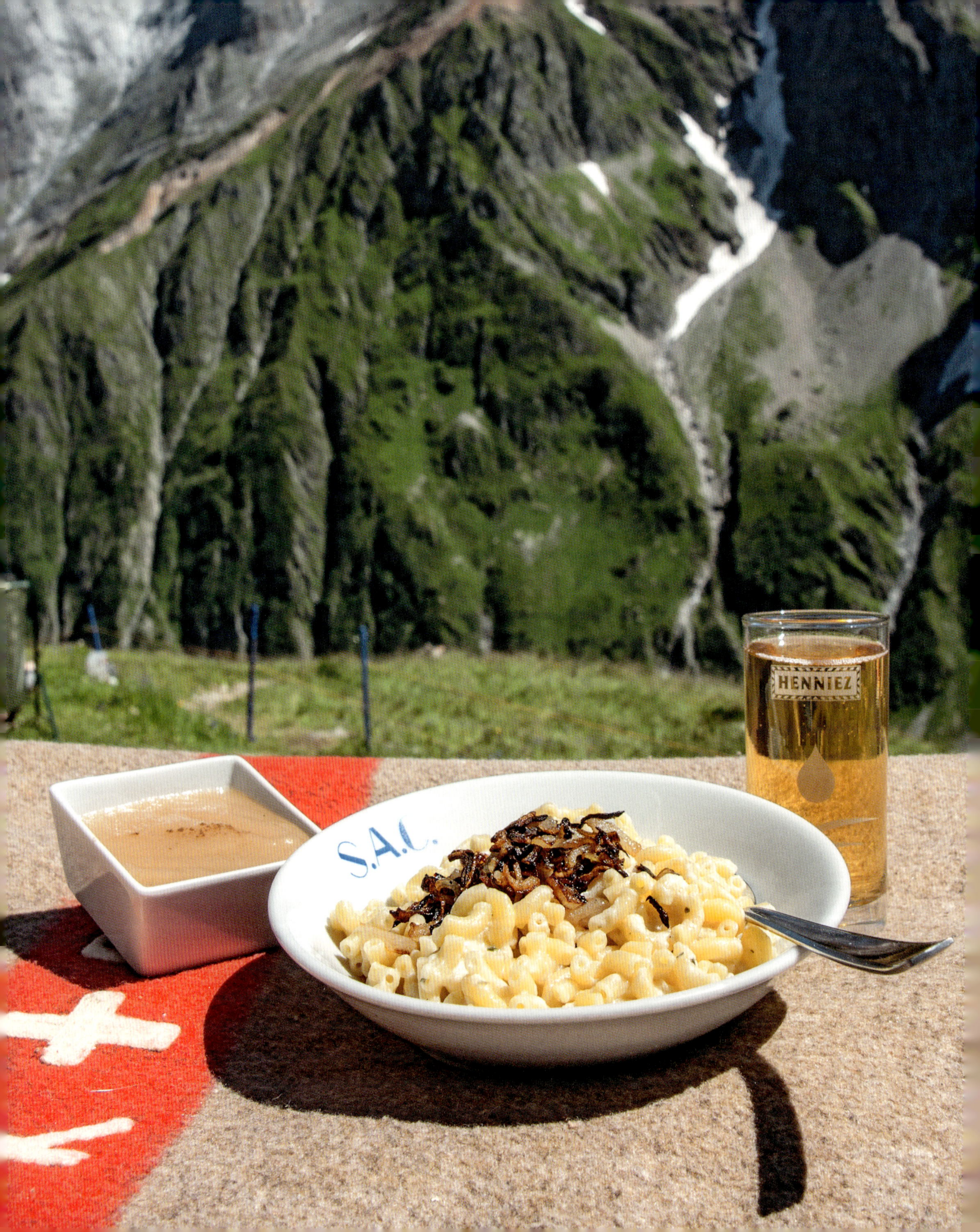
HENNIEZ
S.A.C.

Das Beste aus den Hüttenküchen *Fridolinshütte*

Zigerhörnli mit Apfelmus

6	Kartoffeln
500 g	Hörnli
3 dl	Rahm
3 dl	Bouillon
1	Glarner Schabzigerstöckli
	Reibkäse (Emmentaler, Greyerzer)
1 grosse	Zwiebel
1 EL	Butter
	Salz und Pfeffer
	Aromat
	Muskatnuss
	Maizena

Beilage

4 Portionen	Apfelmus

Kartoffeln schälen und in Würfel schneiden. Zusammen mit den Hörnli im Salzwasser kochen, abgiessen und mit kaltem Wasser abschrecken. Rahm, Bouillon und fein geraffelten Ziger aufkochen, würzen und evtl. mit etwas Maizena abbinden. Zwiebel in feine Ringe schneiden und mit 1 Esslöffel Butter auf kleiner Flamme braun braten. Kartoffeln und Hörnli mit der Zigersauce mischen, je nach Belieben Reibkäse darunterziehen und nochmals wärmen. (Zigerliebhaber können später noch mit mehr Ziger nachwürzen!) Die Zwiebelschwitze darübergeben und die Hörnli zusammen mit Apfelmus servieren.

Das Beste aus den Hüttenküchen *Fridolinshütte*

Fridolinshütte

2111 m

Unterwegs zur Hütte

Nach Linthal kommen ÖV-Benutzende mit der Bahn, für Autofahrer hat es taleinwärts bei Tierfehd Parkplätze. Die Wanderzeit zur Fridolinshütte lässt sich auf rund 2 Stunden verkürzen, wenn man sich mit dem Taxi bis Hintersand fahren lässt oder aber gleich selbst mit dem Mountainbike dorthin radelt. Die Strasse durch die Linthschlucht windet sich über Brücken in die Höhe, so auch über die einzigartige Pantenbrücke, bei der die neuere Brücke im Jahr 1901 auf die ältere aus dem Jahr 1853 aufgesetzt wurde. Im Hintersand angekommen, endet der Fahrweg. Eindrücklich der Schuttkegel, welcher im Jahr 1996 durch einen riesigen Bergsturz aufgeschüttet wurde. Nun ist wandern angesagt, in einer wilden, rauen Landschaft. Die Hütte besuchen nicht nur Tagesgäste, sondern auch Bergsteiger, welche unter anderem den Tödi besteigen und zuvor in der Fridolinshütte übernachten. Rund um die Hütte ist viel los. Im Gehege gackern die Hühner, noch lauter gehts unten beim See zu und her, wo sich Wasserratten abkühlen und mit dem kleinen Ruderboot ein paar Runden drehen. Die Sonnenanbeter faulenzen in Liegestühlen und die Hungrigen sitzen auf der kleinen Terrasse oder rund ums Haus, geniessen Währschaftes zusammen mit einem Bier oder ein Stück Kuchen mit einem Milchkaffee.

Besonderes

Oberhalb der Fridolinshütte thront die kleine Grünhornhütte (siehe übernächste Seite). Die älteste Hütte des SAC wurde in ein hochalpines Baudenkmal verwandelt, Infotafeln im Innern erzählen von der Geschichte dieses Ortes. Geübte Berggänger sind ab Fridolinshütte in rund einer Stunde oben.

Gabi nimmt einen kühlen Schwumm im See und erholt sich kurz von ihrer Arbeit als Hüttenwartin.

Wanderzeit / Schwierigkeitsgrad
5½ Std. / T3

Ausgangsort
Linthal

Eigentümer
SAC-Sektion Tödi

Hüttenwartin
Gabi Aschwanden

Hüttentelefon
+41 (0)55 643 34 34

Website
www.fridolinshuette.ch

Bewartungszeit
Die Hütte ist von Anfang Juli bis Anfang September bewartet.

Übernachtungsmöglichkeit
Im Massenlager stehen insgesamt 55 Schlafplätze mit Duvets und Kissen zur Verfügung.

Verpflegungsmöglichkeit
Suppe, Zigerhörnli, Käseschnitten, Milchkaffee mit Magenträs sowie selbstgebackene Kuchen.

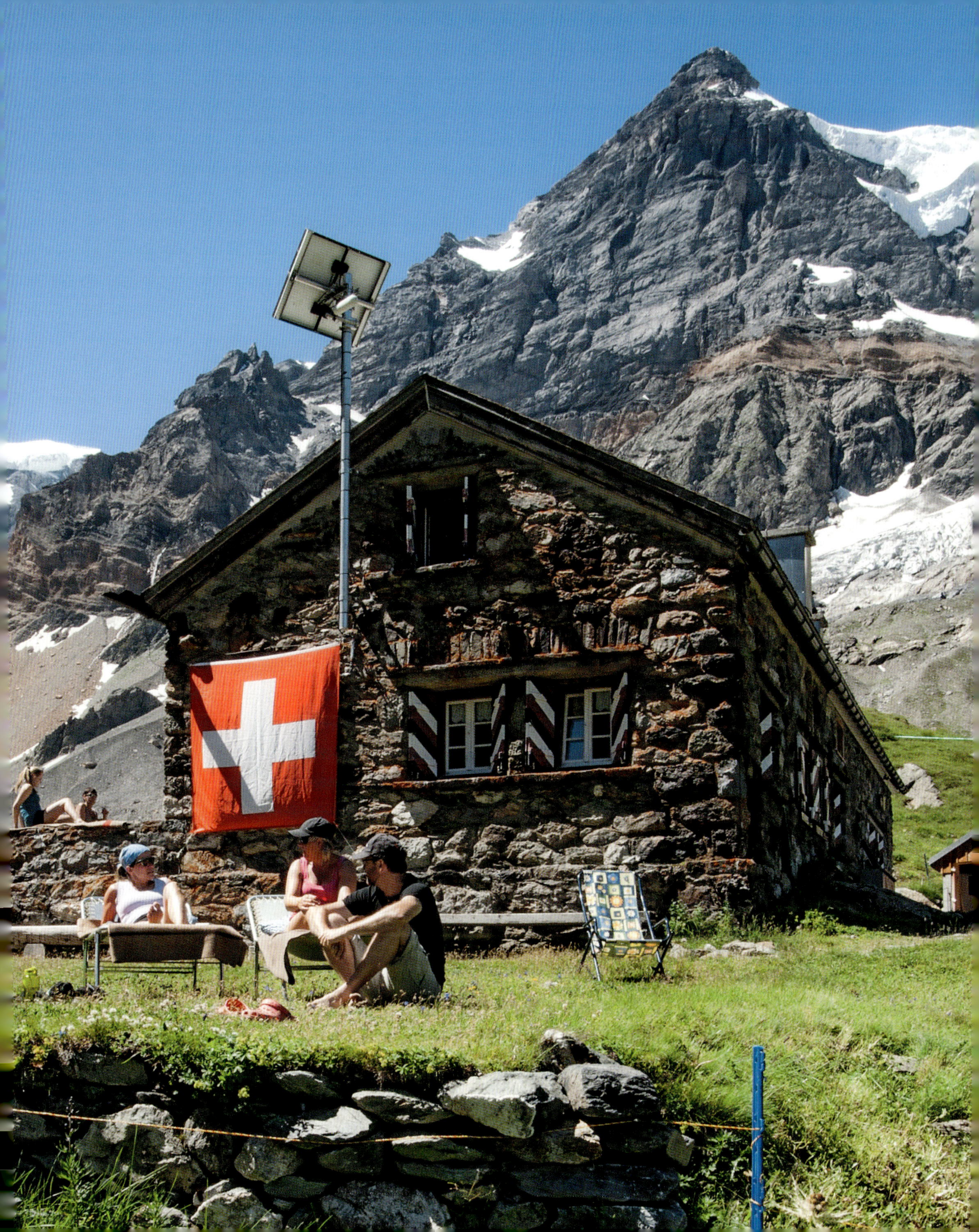

Das Beste aus den Hüttenküchen *Fridolinshütte*

Bild oben: «Schiff ahoi» – Die Fridolinghi wird geentert!

Bild unten: Bei heissen Temperaturen suchen nicht nur Berggänger ein schattiges Plätzchen.

Bild links: Auf 2448 m thront die kleine Grünhornhütte vor dem Bifertenfirn.

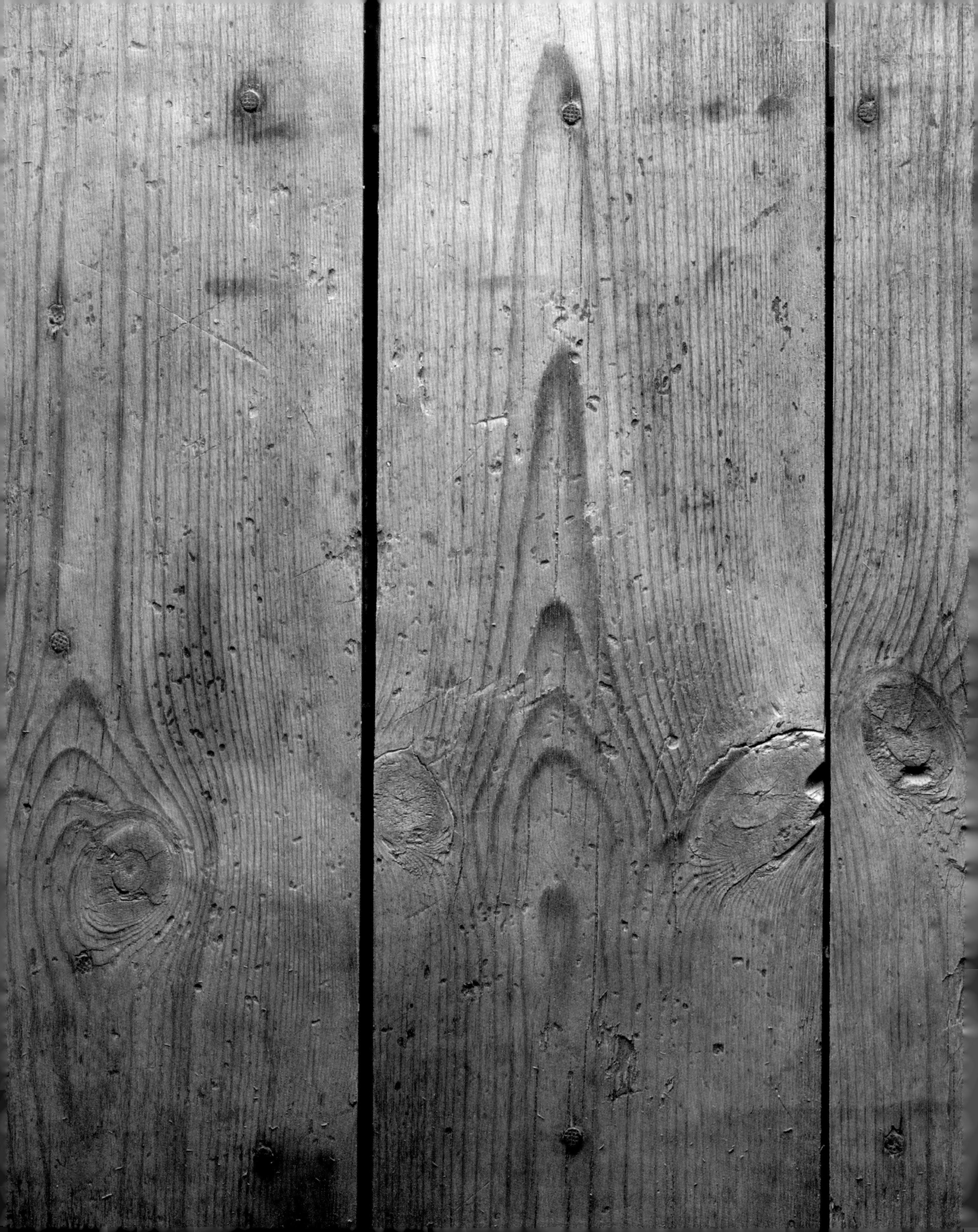

Trifthütte

Zucchetti-Lasagne

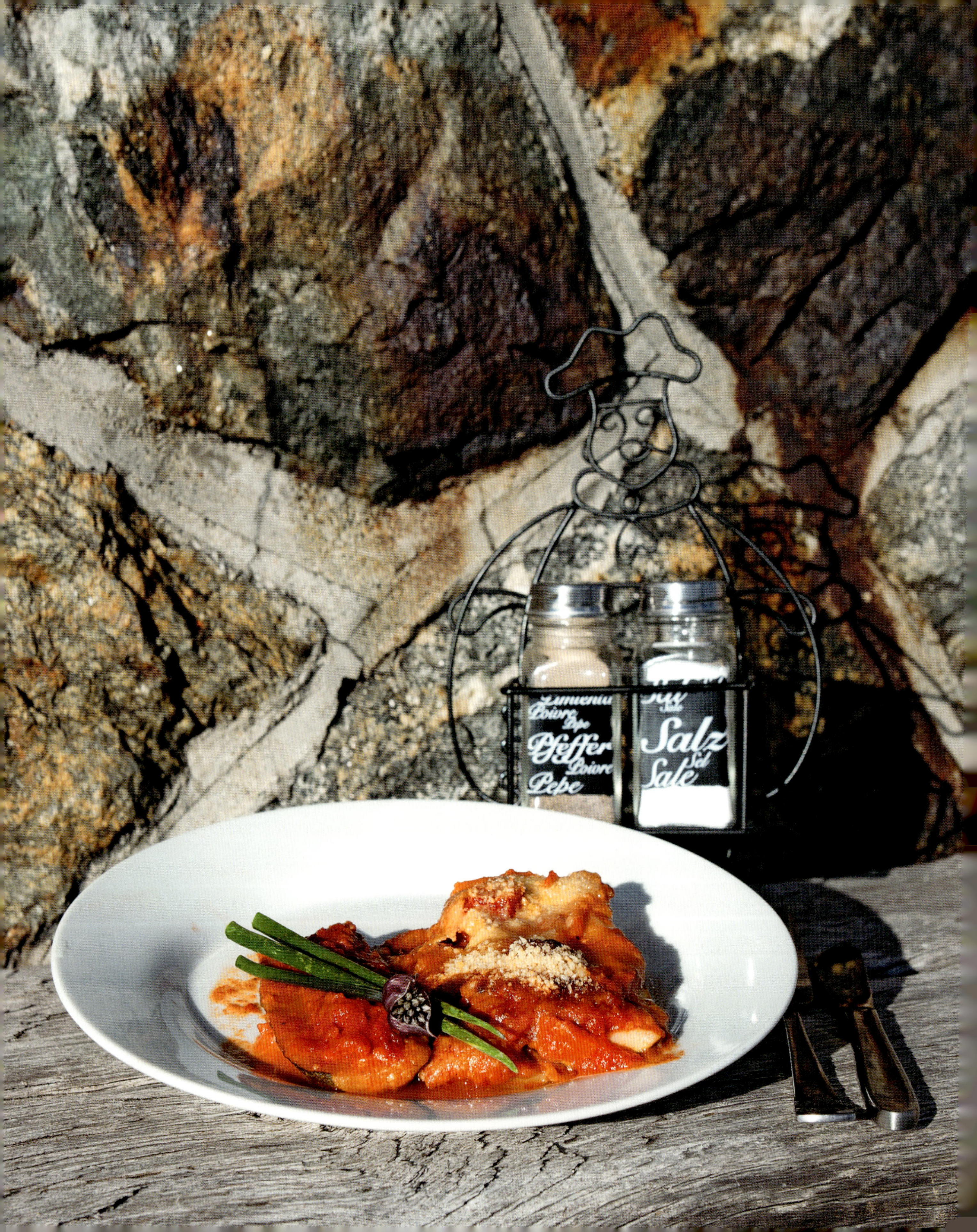
Pfeffer
Pepe
Salz
Sel
Sale

Das Beste aus den Hüttenküchen *Trifthütte*

Zucchetti-Lasagne

1	grosse Zucchetti
100 g	Reibkäse

Kichererbsenmousse

200 g	Kichererbsen
3 EL	Öl
	Salz und Pfeffer
	Chilipulver
	Herbes provençales
	Petersilie
nach Belieben	Tomaten, getrocknet

Tomatensauce

1	Zwiebel
2	Knoblauchzehen
1 EL	Öl
	Petersilie
	Oregano
500 g	Tomaten
1–2 EL	Tomatenpüree
	Salz und Pfeffer
	Paprikapulver

Käsesauce

30 g	Butter
2 EL	Mehl
4 dl	Milch
3 EL	Parmesan, gerieben
1 TL	Salz
wenig	Muskatnuss

Kichererbsenmousse

Die Kichererbsen am Vortag in kaltem Wasser einweichen. Am nächsten Tag aufkochen, 1 Stunde köcheln lassen, danach abgiessen und mit dem Öl pürieren. Mit Salz, Pfeffer, Chili, Herbes provençales und fein gehackter Petersilie würzen. Nach Belieben fein geschnittene Dörrtomaten beifügen.

Tomatensauce

Zwiebel und Knoblauch schälen, fein hacken und im Öl andünsten. Petersilie und Oregano ebenfalls fein hacken und beigeben. Die Tomaten waschen, klein schneiden und mit dem Tomatenpüree hinzufügen. Mit Salz, Pfeffer und Paprika abschmecken.

Käsesauce

Die Butter zerlassen, das Mehl dazugeben, gut umrühren und die Milch langsam hinzufügen, so dass sich keine Klümpchen bilden. Den Reibkäse einrühren. Mit Salz und Muskatnuss abschmecken.

Lasagne

Die Zucchetti waschen und längs in dünne Scheiben schneiden. Zucchettischeiben, Kichererbsenmousse, Tomatensauce und Käsesauce lagenweise in eine ausgebutterte Gratinform schichten. Mit Käsesauce abschliessen und mit Reibkäse bestreuen. Mit Alufolie zugedeckt im auf 220 °C vorgeheizten Ofen 20–30 Minuten gratinieren, danach die Folie entfernen und 15–20 Minuten fertigbacken.

Das Beste aus den Hüttenküchen *Trifthütte*

Trifthütte

2520 m

Unterwegs zur Hütte

Mit dem Postauto, Privatauto oder Fahrräd fährt man bis zur Haltestelle Nessental, Triftbahn, wo einen die kleine rote Gondel hinauf zur Bergstation Underi Trift bringt. Ab hier beginnt die Wanderung, zunächst bis zur Triftbrücke. Während die meisten Brückenbesucher nur hinüber- und zurücklaufen, beginnt für die Besucher der Trifthütte erst der «richtige Aufstieg», obwohl es zuerst über zwei Leitern wieder hinunter geht. Ein Bach, dessen Wasser durch das Drosigletscherli gespiesen wird, muss überquert werden, bevor es am gegenüberliegenden Hang steil hinaufgeht. Ein Schild warnt vor dem schwierigen und exponierten Bergweg, Schwindelfreiheit sowie Trittsicherheit sind Voraussetzung. Nachdem etwas an Höhe gewonnen ist, geht es dem Hang entlang hinauf auf eine Hochebene. Als nächstes durchquert der Weg den Talkessel von Zwischen Tierberg, um sich anschliessend zu einem schmalen Pfad zu verengen. Ausgesetzte und zum Teil rutschige Passagen sind mit Seilen und Ketten gesichert. Der Triftgletscher kommt näher, mit seinen Spalten und dem Gletschertor unten am See. Die Trifthütte kann erst spät ausgemacht werden, bevor noch ein letzter, teilweise steiler Aufstieg über Gletscherschliffplatten folgt. Der Rückweg ist tags darauf einfacher als gedacht. An sonnigen Tagen sitzen die Hüttenbesucher rund ums Haus herum, sortieren ihr Klettermaterial, besprechen die nächste Wanderungen oder Hochtour, und löffeln eine der feinen, selbstgemachten Suppen.

Besonderes

Die Hüttenwarte interessieren sich sehr für Mineralien und geben gerne Auskunft. Zudem richten sie im Sommer 2015 einen Gesteinslehrpfad ein, um die Vielfältigkeit der Mineralien in dieser Gegend zu präsentieren.

Irene Beck, hier beim Holzhacken, führte bis Ende 2014 die Hütte. Neu sind Nicole Müller und Artur Naue für die Bewartung zuständig.

Wanderzeit / Schwierigkeitsgrad
5½ Std. / T4

Ausgangsort
Postautohaltestelle Nessental, Triftbahn / Underi Trift

Eigentümer
SAC-Sektion Bern

Hüttenwarte
Nicole Müller und Artur Naue

Hüttentelefon
+41 (0)33 975 12 28

Website
www.trifthuette.ch

Bewartungszeit
Mitte Juni bis Mitte Oktober

Übernachtungsmöglichkeit
Insgesamt 59 Schlafplätze mit Duvets und Kissen zur Verfügung.

Verpflegungsmöglichkeit
Suppe mit und ohne Wurst, Trift-Plättli, Käseschnitte, Rösti mit Speck und Ei, Bergler-Käse-Hörnli sowie selbstgebackene Süssigkeiten.

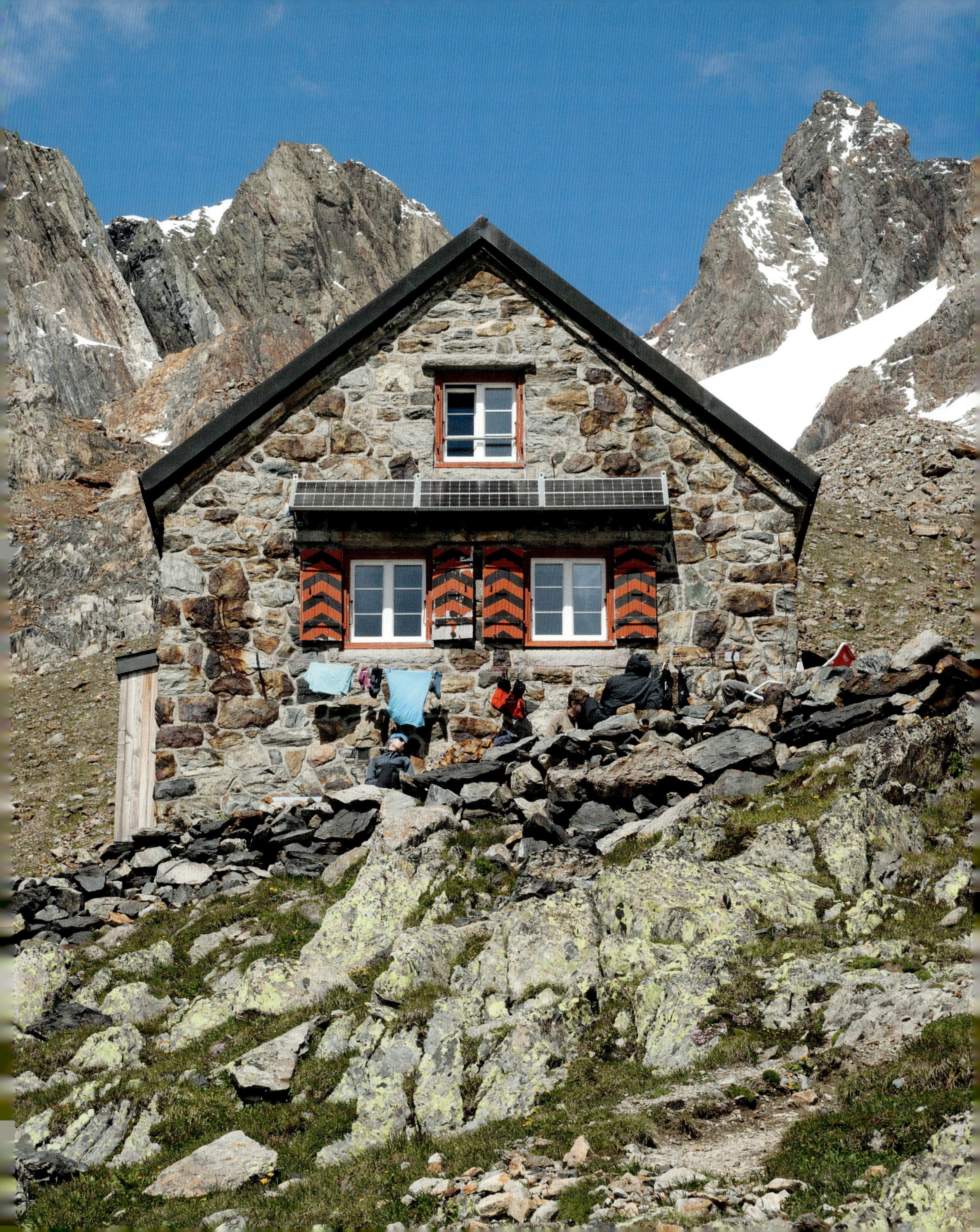

Das Beste aus den Hüttenküchen *Trifthütte*

Bild oben: Eine Rastpause auf dem Weg zur Hütte.

Bild unten: Von Zeit zu Zeit lässt sich der «Hüttenfuchs» blicken.

Bild links: Frühmorgens hat man die Hängebrücke für sich alleine.

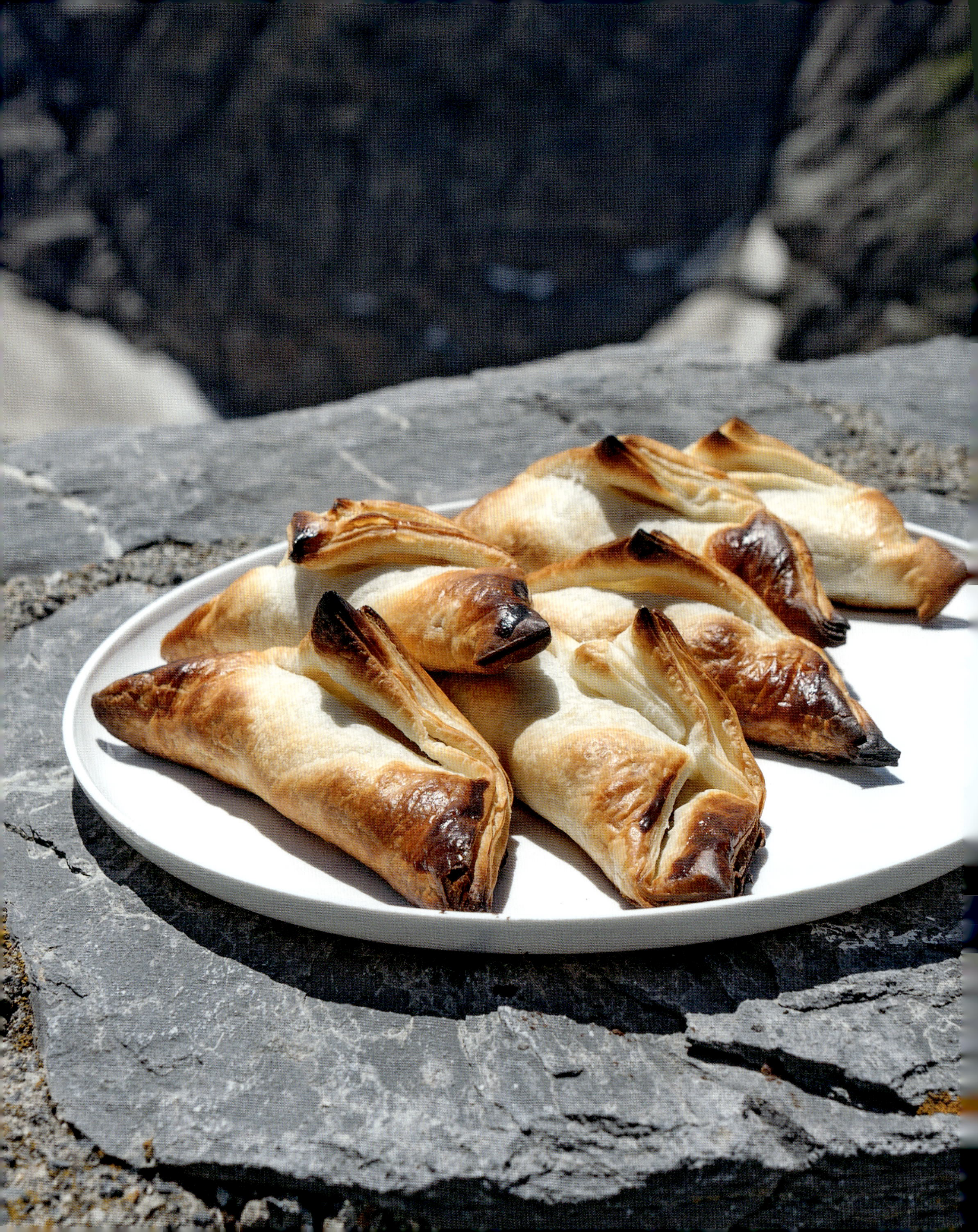

Desserts und andere Süssigkeiten

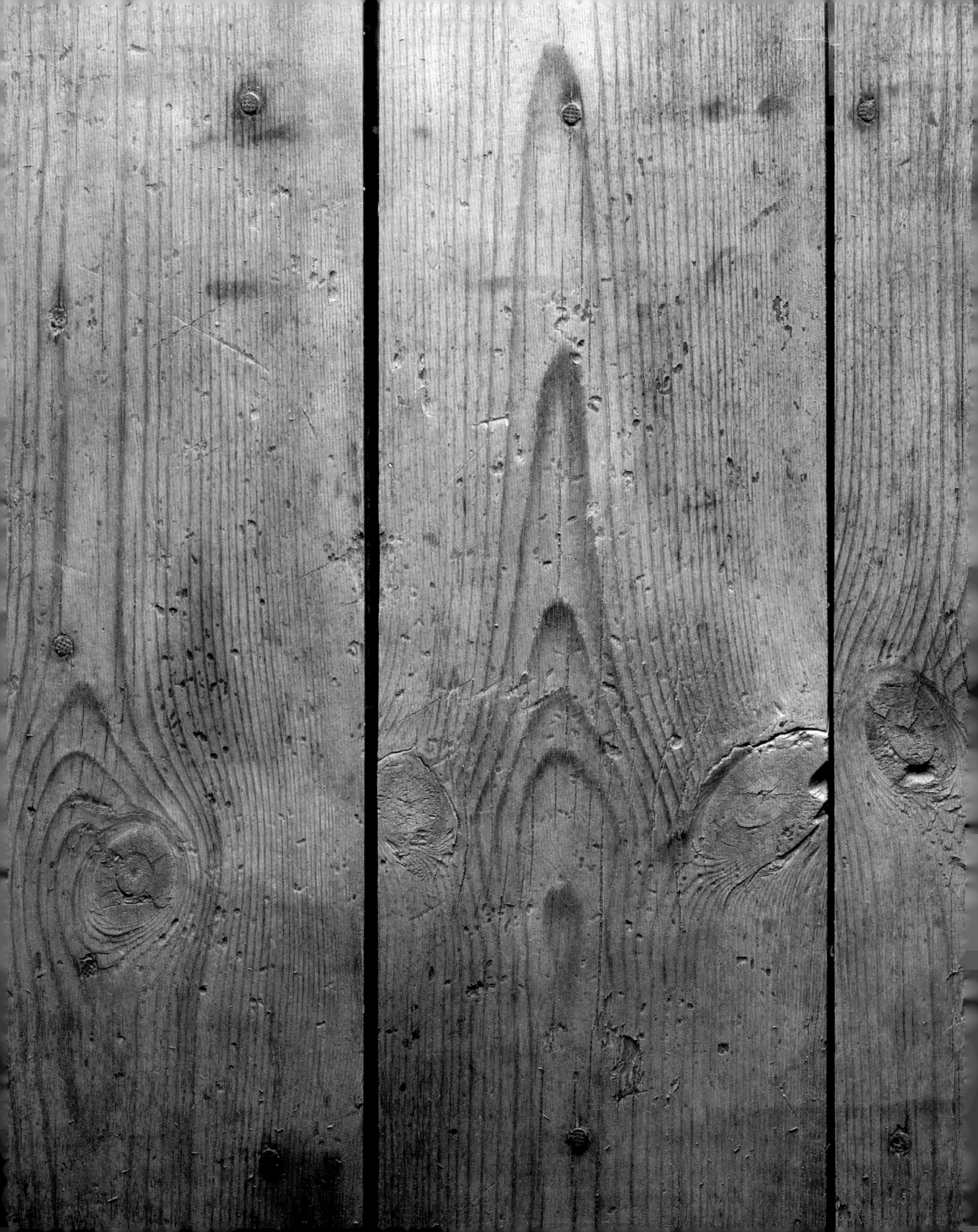

Rugghubelhütte
Apfel-Dattel-Cake

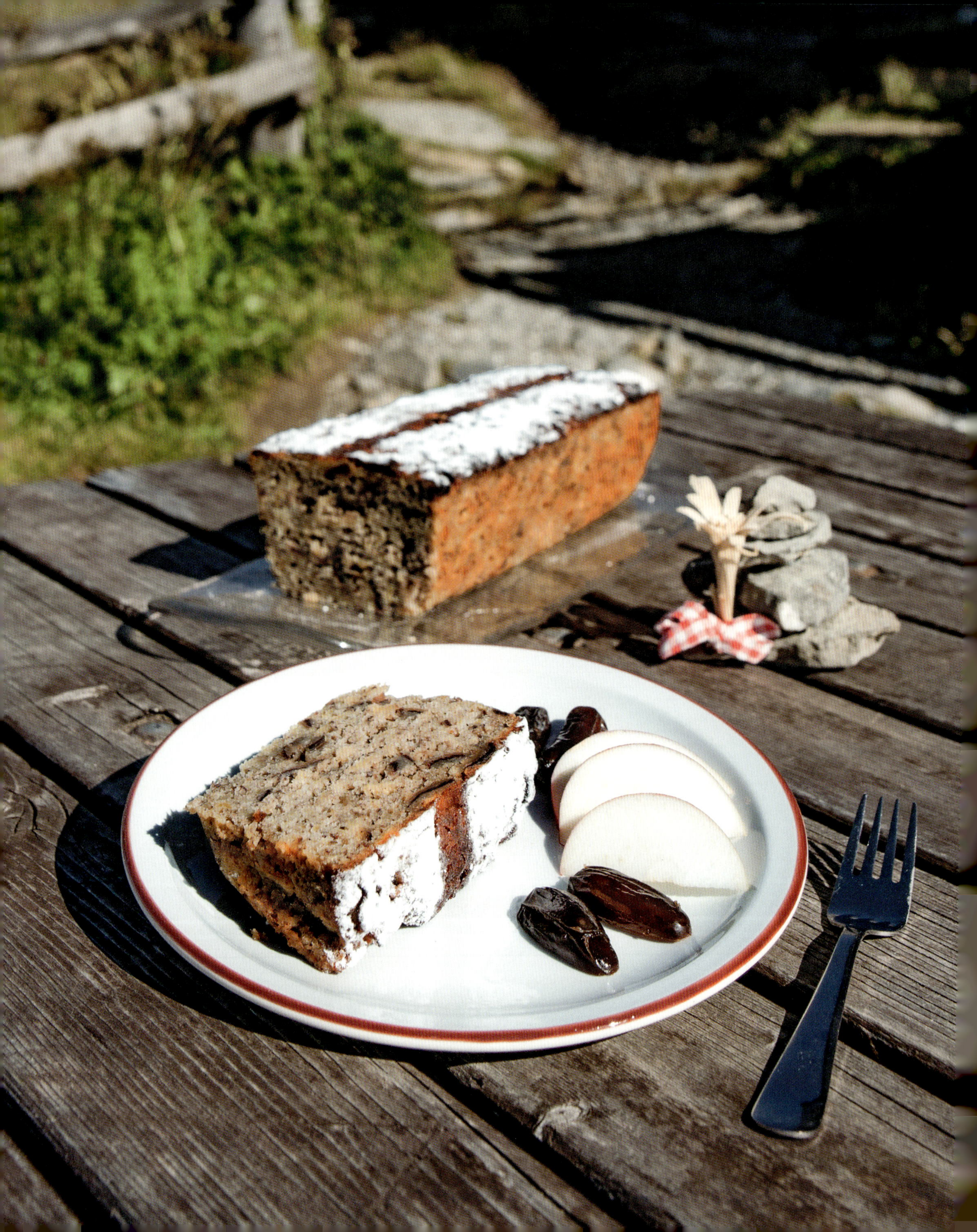

Das Beste aus den Hüttenküchen *Rugghubelhütte*

Apfel-Dattel-Cake

Cakeform, ca. 33 cm lang
Ergibt ca. 10 Stücke

200 g	Butter, weich
150 g	Zucker
1 Prise	Salz
4	Eier
450 g	Äpfel
250 g	Datteln, getrocknet
etwas	Zitronensaft
100 g	Haselnüsse, gemahlen
3 TL	Lebkuchen- oder Birnbrotgewürz
250 g	Mehl
2 TL	Backpulver

Garnitur

Nach Belieben Datteln, Apfelstücke, Schlagrahm und Puderzucker

Butter und Zucker schaumig rühren, Salz dazustreuen und Eier daruntermischen. Rühren, bis die Masse hell ist. Äpfel schälen, in kleine Stücke schneiden oder mit der Röstiraffel raffeln. Datteln in kleine Stücke schneiden. Alle Zutaten mit Ausnahme von Mehl und Backpulver zusammenmischen. Mehl und Backpulver am Schluss daruntermischen. Den Teig in eine mit Backpapier ausgelegte Cakeform füllen. Bei 180 °C ca. 60 Minuten backen. Vor dem Servieren mit Puderzucker bestreuen und die Teller nach Belieben mit Rahm, Datteln und Apfelschnitzen garnieren.

Das Beste aus den Hüttenküchen *Rugghubelhütte*

Rugghubelhütte
2290 m

Unterwegs zur Hütte

Nimmt man von Engelberg die Luftseilbahn bis Ristis, dann sind es 2 bis 2½ Stunden bis zur Rugghubelhütte. Zu Fuss geht es gemütlich aufwärts, entlang dem «Brunnipfad», einem Naturlehrpfad unter dem Motto «Ein Weg durch den Lebensraum im Gebirge». Hier sind über 100 Pflanzen mit kleinen Tafeln beschriftet, die Pflanzenstandorte können mittels GPS-File lokalisiert werden. Auch Geocaching ist möglich, sodass es bestimmt niemandem langweilig wird. Wer eine Pause einlegen möchte, der setzt sich am besten auf eine der Holzschaukeln entlang der Strecke. Beim Rigidalstafel zweigt der Weg rechts ab und man quert mehrere Gräben. Die Rugghubelhütte sieht man bereits von weitem, sie verschwindet aber noch einmal hinter einem Hügel, welcher erwandert werden muss. Von der Hütte aus sind weitere Wanderungen, aber auch Kletter- und Bergtouren möglich. Oder man setzt sich einfach auf die grosse Terrasse und geniesst das Panorama. Manchmal schauen vorwitzige und «gefrässige» Ziegen vorbei, oder man kann sich über die schwarze Katze amüsieren, die wegen eines Hundes, der in ihr Revier «eingedrungen» ist, einen Buckel macht und überzeugend faucht. Auch hinter der Hütte geht es tierisch zu und her: mit Murmeltieren, die ein weitverzweigtes Labyrinth gebaut haben.

Besonderes

Wer auf dem Weg zur Rugghubelhütte die Augen offenhält, kann den «Tuifel-Stei» entdecken. Dort versucht ein grimmiger Teufel seit Jahren ohne Erfolg den riesigen Felsen ins Tal zu stossen. Die Geschichte dazu ist in der Hütte nachzulesen.

Hüttenwart Chrigel mit seinem aufgestellten Frauenteam.

Wanderzeit/Schwierigkeitsgrad
4½ Std./T2

Ausgangsort
Engelberg

Eigentümer
SAC-Sektion Titlis

Hüttenwart
Chrigel Menon

Hüttentelefon
+41 (0)41 637 20 64

Website
www.rugghubel.ch

Bewartungszeit
Die Hütte ist von Anfang Juni bis Ende Oktober bewartet.

Übernachtungsmöglichkeit
Es stehen insgesamt 95 Schlafplätze mit Decken und Kissen zur Verfügung.

Verpflegungsmöglichkeit
Suppe, Rugghubelteller, Würste, Alpkäse, Rösti, Käseschnitte, Makkaroni und selbstgebackene Kuchen.

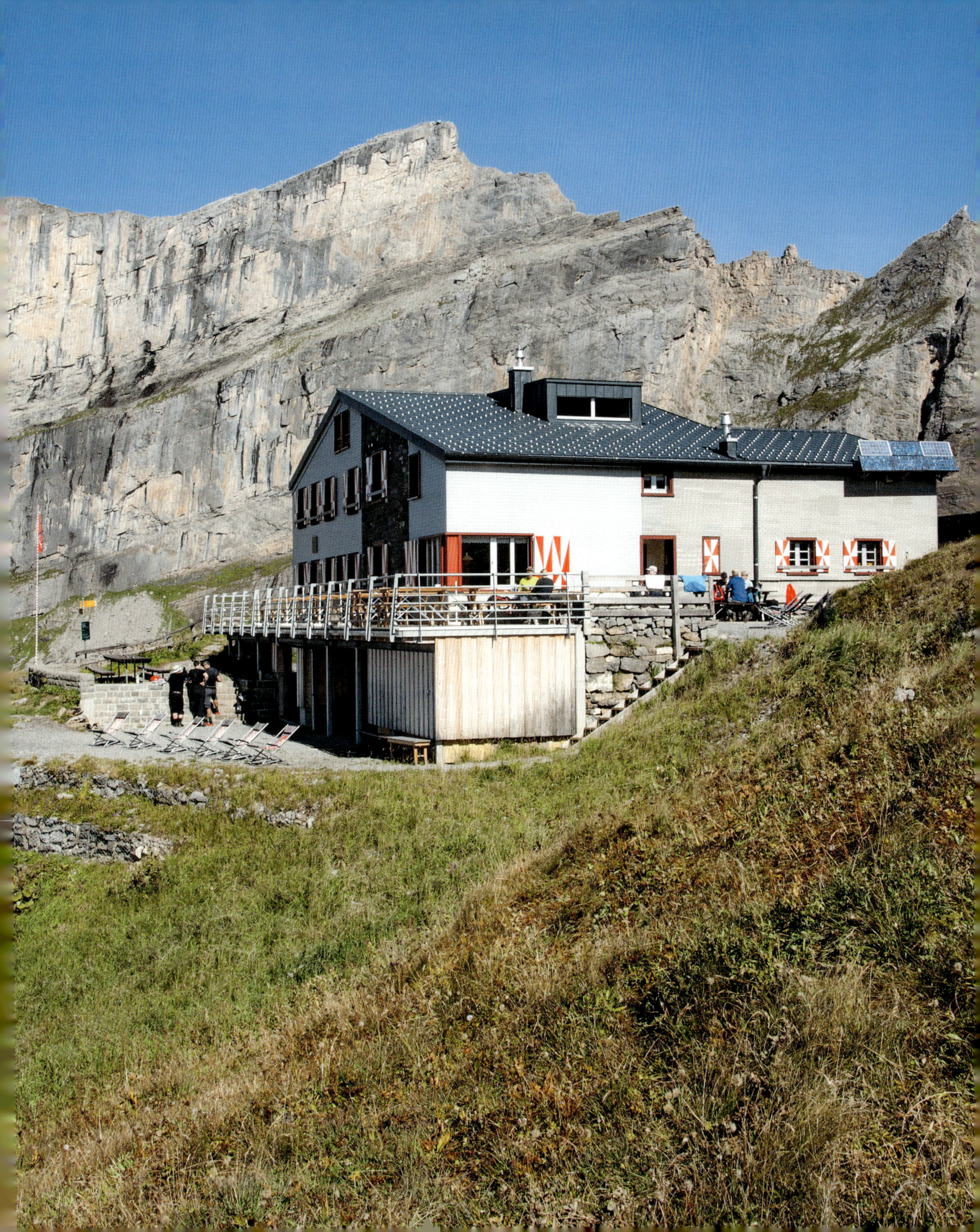

Das Beste aus den Hüttenküchen *Rugghubelhütte*

Bild oben: Grosse Holzschaukeln am Wegrand laden zu einer gemütlichen Pause ein.

Bild unten: Vorwitzige Bündner Strahlenziegen sind auch unterwegs.

Bild links: Am Horizont ist die Rugghubelhütte ganz klein auszumachen.

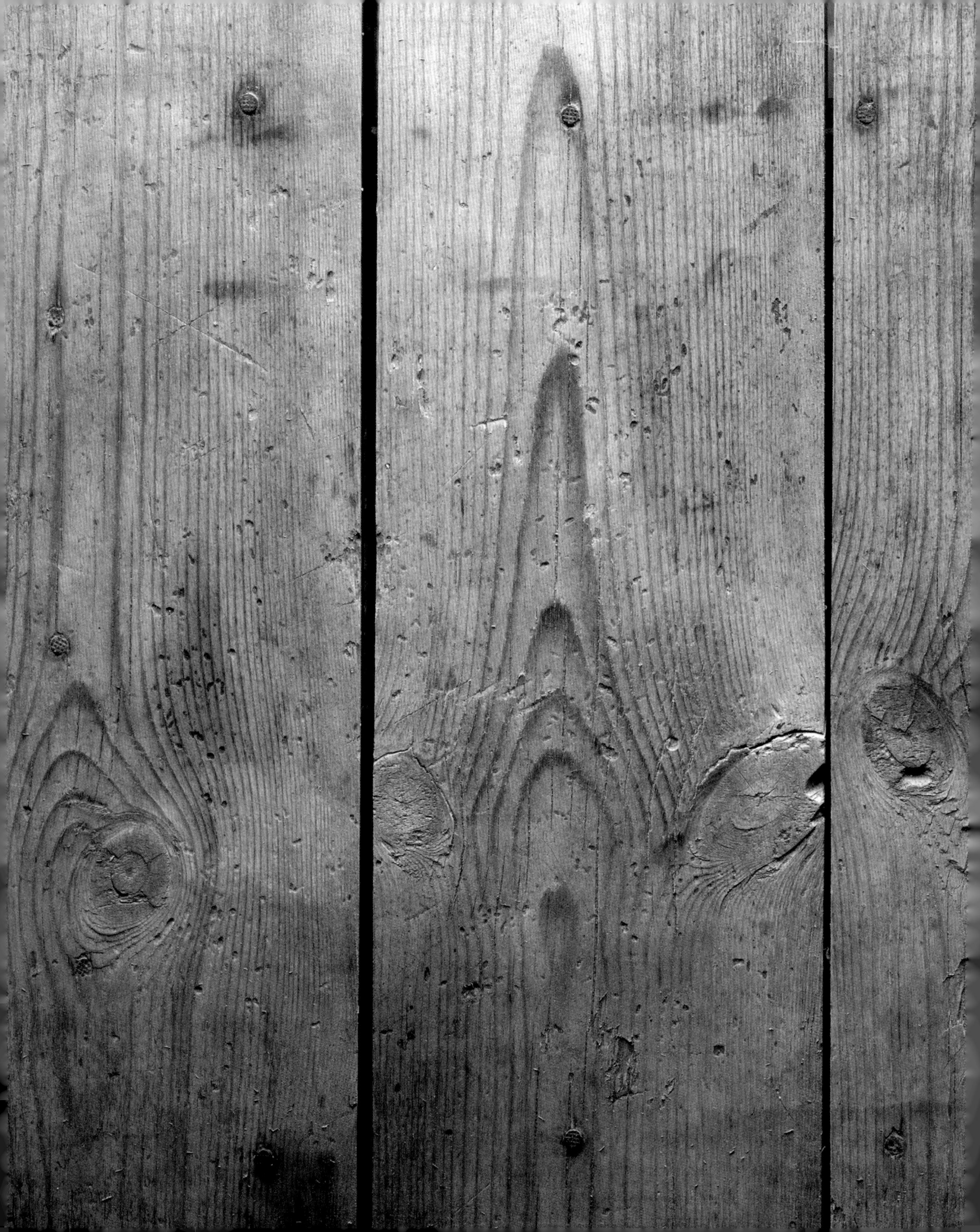

Etzlihütte

Etzlitaler Heidberri-Kuchen

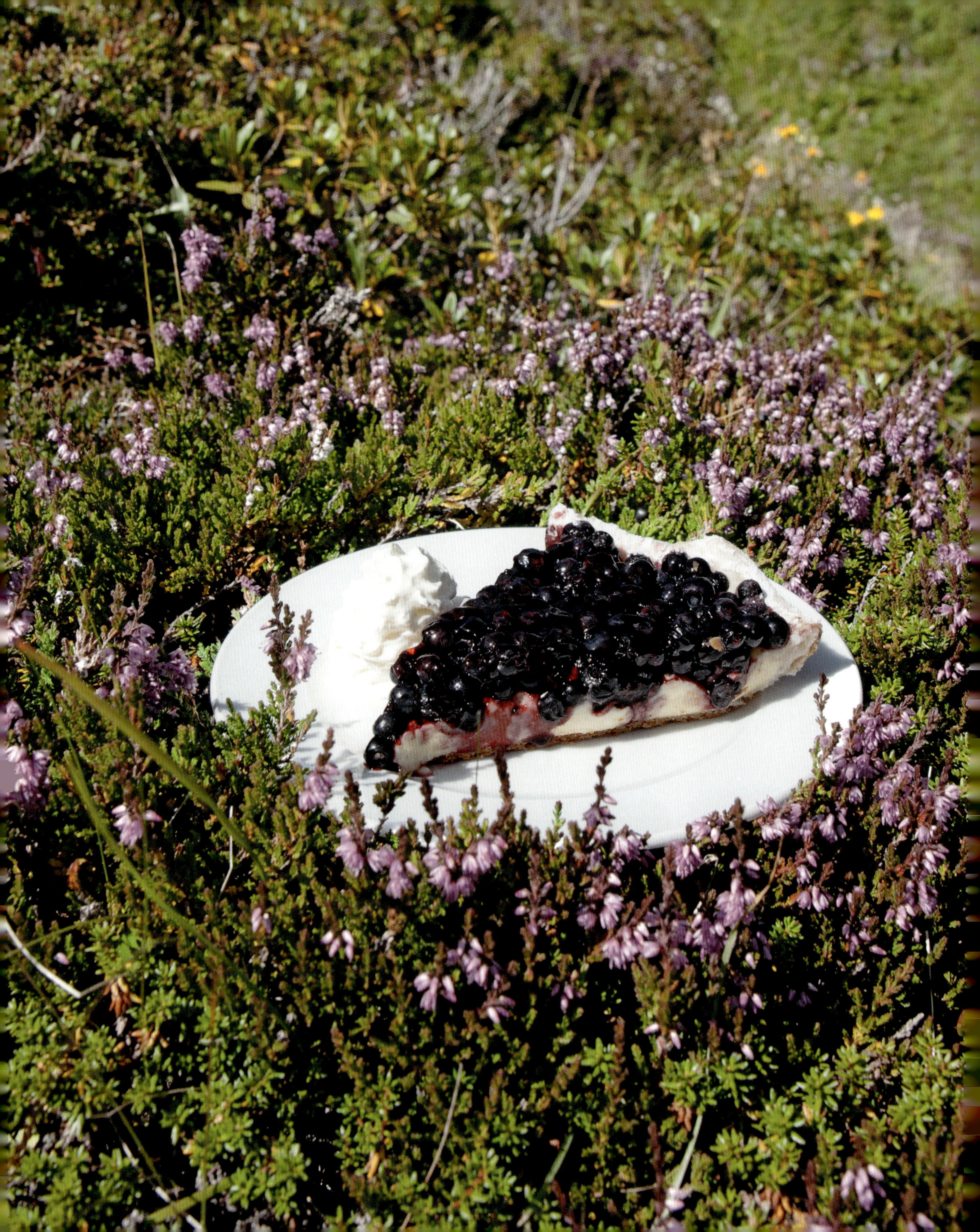

Das Beste aus den Hüttenküchen *Etzlihütte*

Etzlitaler Heid-berri-Kuchen

Rundes Wähenblech, 30 cm Durchmesser
Ergibt 6 bis 8 Kuchenstücke

ca. 230 g	Blätterteig
700 g	fertige Patisseriecreme
500 g	Heidelbeeren
etwas	Zucker
ca. 3 EL	Gel-Konzentrat (nach Belieben)

Garnitur

Schlagrahm nach Belieben

Ein rundes Wähenblech einfetten und mit dem Blätterteig belegen. Im auf 180 °C vorgeheizten Ofen ca. 25 bis 35 Minuten blindbacken. Den Teig auskühlen lassen. Mit der Patisseriecreme füllen und die gezuckerten Heidelbeeren darauf verteilen. Mit Gel-Konzentrat nappieren und mit frischem, steif geschlagenem Rahm garnieren.

Das Beste aus den Hüttenküchen *Etzlihütte*

Etzlihütte

2052 m

Unterwegs zur Hütte

Ein Bus fährt ab Erstfeld bis Bristen Kohlplatz, für Privatautos stehen bei der Talstation der Golzernbahn Parkplätze zur Verfügung. Die halbe Wanderzeit benötigt, wer mit dem Alpentaxi oder dem Fahrrad bis Hinter Etzliboden fährt. Dort lädt eine Alpkäserei zum Besuch ein. Wer lieber Steine als Käse im Rucksack trägt, der kann bei einem Holzkasten verschiedene Mineralien zu günstigen Preisen kaufen. In Serpentinen geht es auf der rechten Seite des Etzlibaches stetig aufwärts. Informationstafeln am Wegrand geben Auskunft zum Beispiel über Grasfrösche, welche hier leben. Die Etzlihütte ist lange nicht sichtbar, da sie auf einem Hochplateau liegt, welches erst erklommen werden muss. Oben angekommen, setzt man sich am besten auf die Terrasse und lässt sich mit einem Getränk und einem Stück selbstgebackenem Kuchen verwöhnen. Für Sportliche gibt es in der Umgebung Klettergärten, für Wellness-Liebhaber/innen wird auf Voranmeldung der hölzerne Badebottich aufgeheizt. Dank eines gut ausgestatteten Seminarraumes können in der Hütte auch Schulungen und Kurse durchgeführt werden. Informationen zu öffentlichen Veranstaltungen finden sich auf der Website.

Besonderes

«Jeder Rappen zählt» ist hier das Motto. Bei jeder Übernachtung erhält man einen Etzlirappen, und wer bei der vierten Übernachtung seine gesammelten Rappen mitbringt, erhält eine kulinarische Überraschung. Zudem wird für drei Etzlirappen ein Franken an die gleichnamige Spendenaktion von SRF 3 überwiesen.

Auf der Terrasse geniessen das Hüttenwartspaar Doris und René mit Helfer Patrick (links) die Sonne.

Wanderzeit/Schwierigkeitsgrad
4 Std./T1

Ausgangsort
Bushaltestelle Bristen Kohlplatz

Eigentümer
SAC-Sektion Thurgau

Hüttenwarte
Doris und René Bättig-von Känel

Hüttentelefon
+41 (0)41 820 22 88

Website
www.etzlihuette.ch

Bewartungszeit
Die Hütte ist von Mitte Juni bis Mitte Oktober bewartet.

Übernachtungsmöglichkeit
In sechs Zimmern stehen insgesamt 75 Schlafplätze mit Duvets und Kissen zur Verfügung.

Verpflegungsmöglichkeit
Suppe, Zvieriplättli, Wurst- und Käsesalat, Speckrösti, Makkaroni, Birchermüesli, Selbstgebackenes.

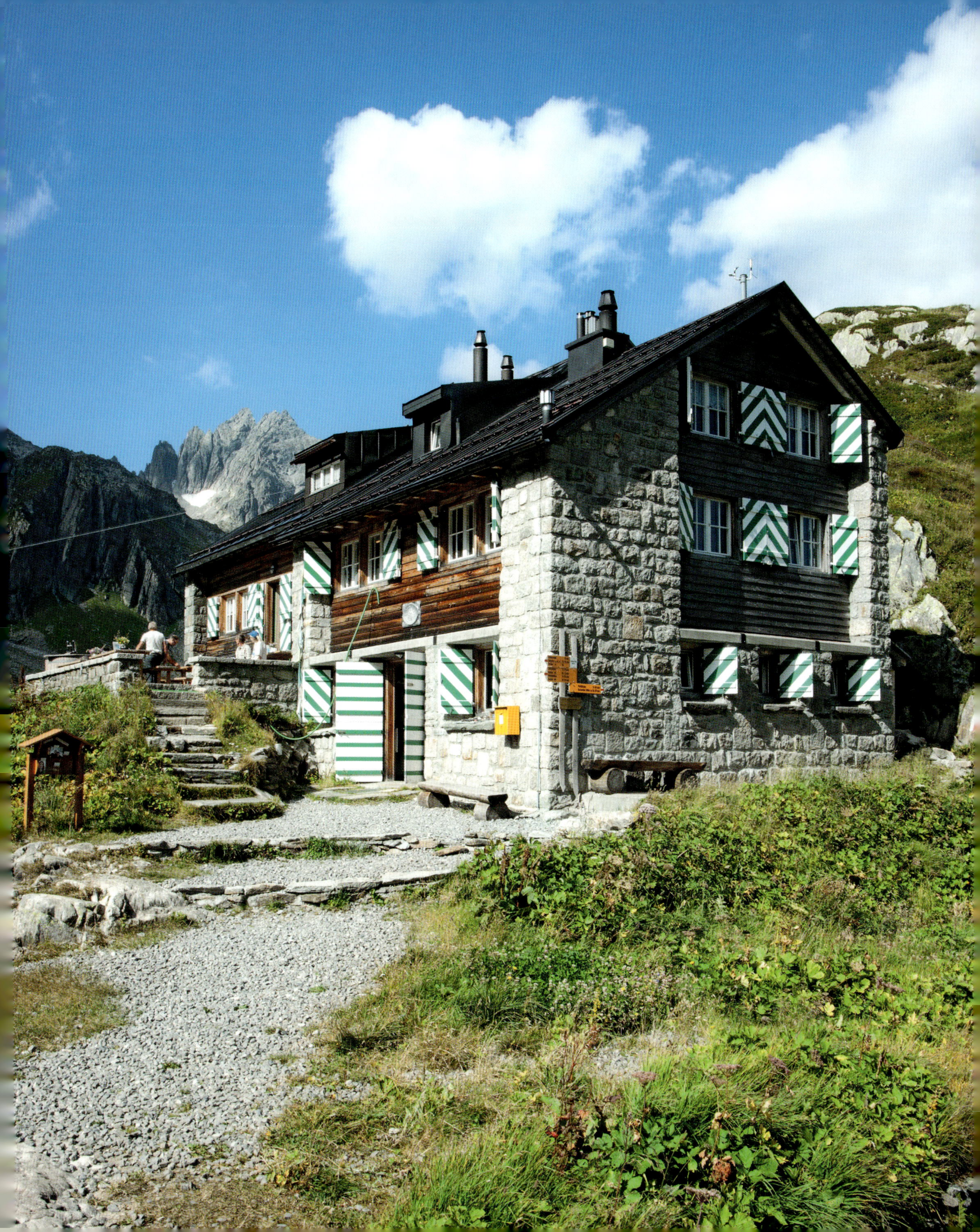

Das Beste aus den Hüttenküchen *Etzlihütte*

Bild oben: Wellness am Berg ist hier möglich – und bereitet viel Spass!

Bild unten: Kristalle in allen Farben und Formen gibts unterwegs und bei der Etzlihütte zu kaufen.

Bild links: Viele Felsen sind mit verschiedenen Flechten bewachsen, unter anderem mit der gelben Landkartenflechte.

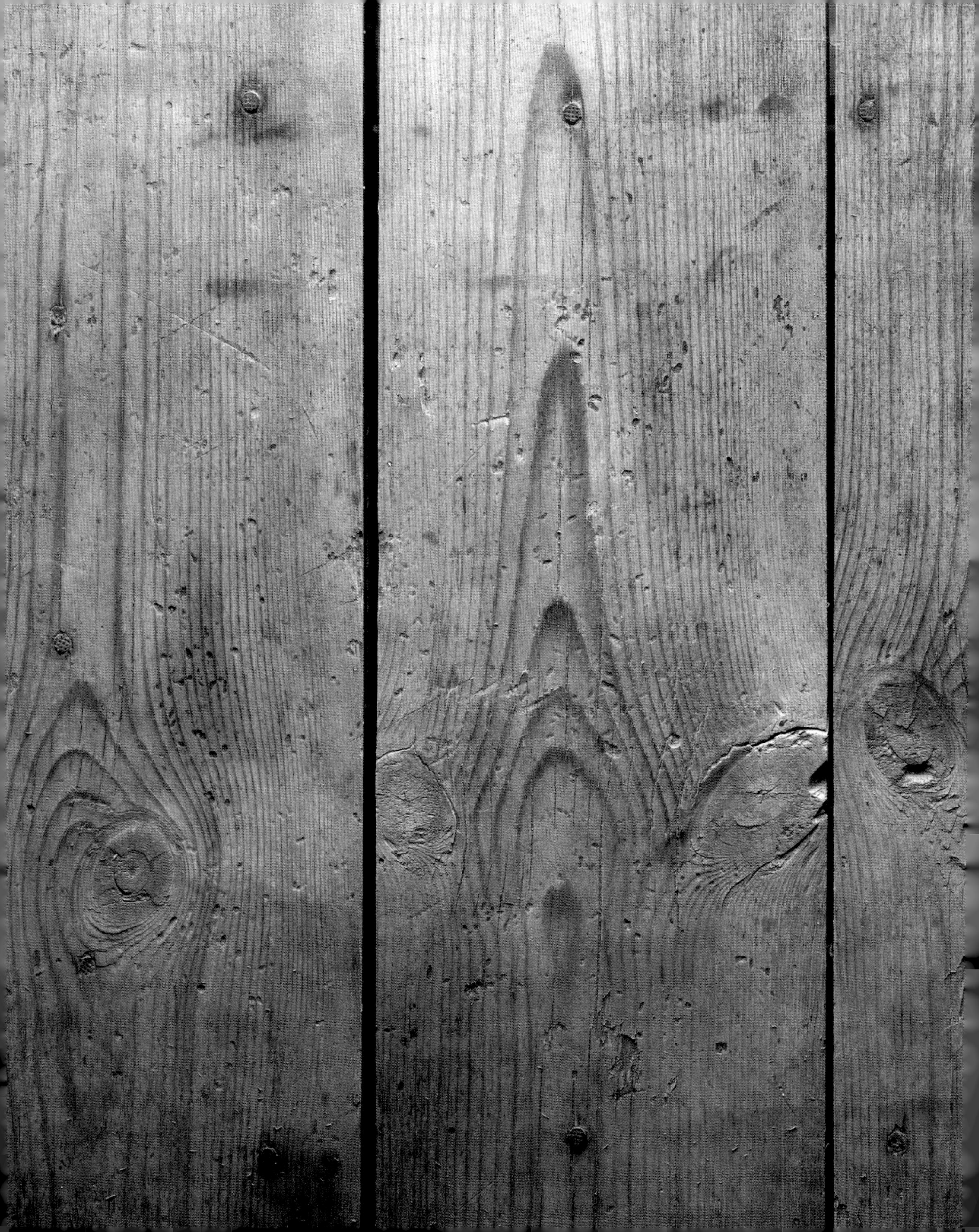

Windegghütte

Haslikuchen

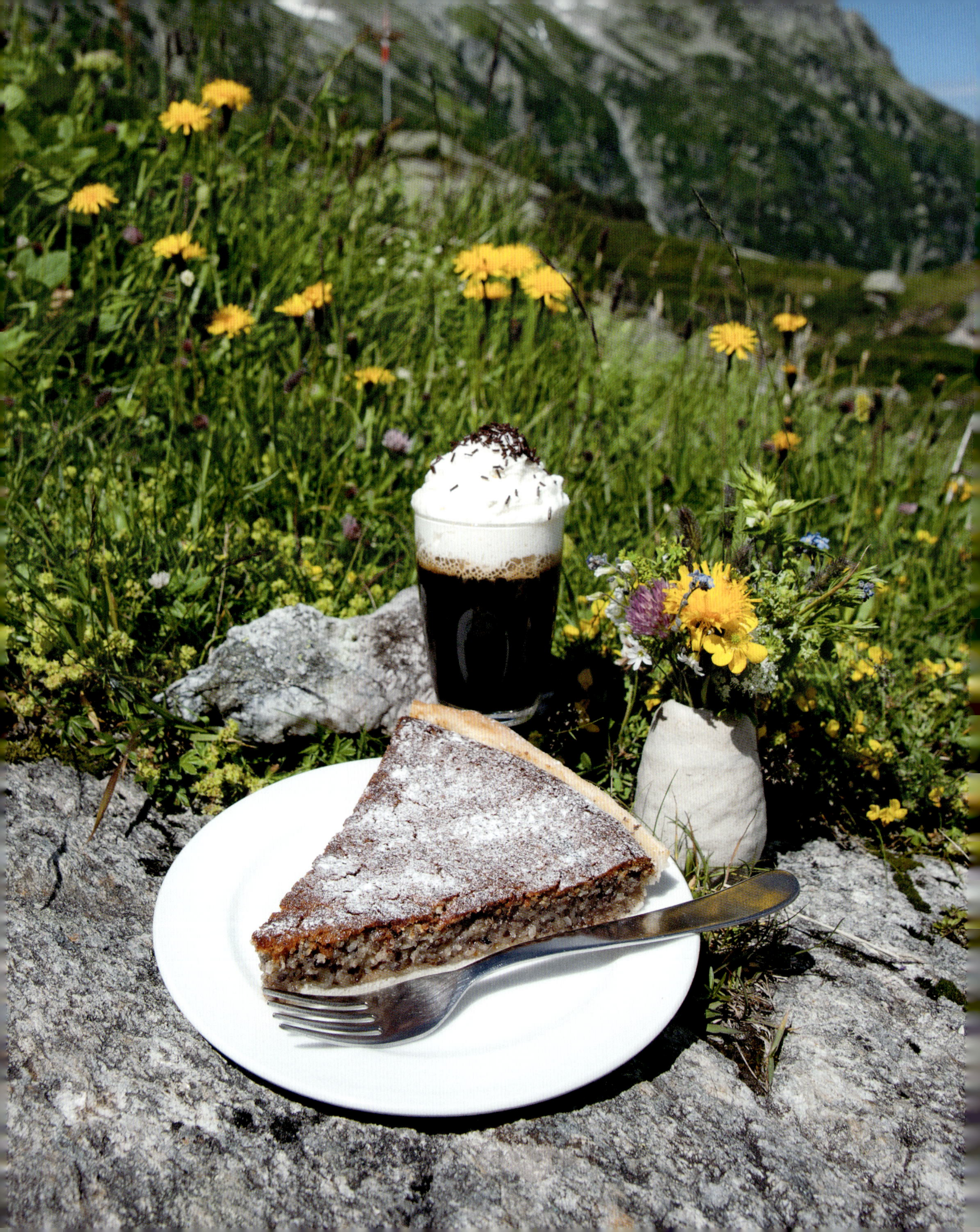

Das Beste aus den Hüttenküchen *Windegghütte*

Haslikuchen

Für ein Kuchenblech von 28 cm Durchmesser

1	Kuchenteig, rund ausgewallt
etwas	Aprikosenkonfitüre
2	Eier
450 g	Haselnüsse, gemahlen
1 Spritzer	Zitronensaft
250 g	Zucker
4 dl	Rahm
2 dl	Milch

Dekoration
Puderzucker

Den Kuchenteig in das Kuchenblech legen. Nach Belieben Konfitüre auf den Boden streichen. Aus den restlichen Zutaten einen Guss zubereiten und auf den Teig giessen. Den Kuchen während ca. 45 Minuten bei mittlerer Hitze im Holzofen backen und vor dem Servieren mit Puderzucker bestreuen.

Das Beste aus den Hüttenküchen *Windegghütte*

Windegghütte
1886 m

Unterwegs zur Hütte

Ausgangspunkt ist Innertkirchen im Haslital. Der längere Hüttenweg – ungefähr 3 Stunden – beginnt am Sustenpass bei der Postautohaltestelle Fuhren. Wer mit der Triftbahn den Aufstieg um die Hälfte verkürzen möchte, fährt mit dem Postauto, dem Auto oder dem Fahrrad bis zur Haltestelle Nessental, Triftbahn. Die kleine rote Gondel bringt einen durch die Schlucht des Triftwassers hinauf zur Bergstation Underi Trift. Rechterhand des Baches führt der Weg an grasenden Schafen vorbei aufwärts, anfangs auf offenen Matten, dann durch dichtes Erlengebüsch. Beim Bosslis Stein gibt es drei Möglichkeiten, zur Windegghütte zu gelangen. Der Familienweg führt am direktesten zur Hütte, wobei in kurzer Zeit einige Höhenmeter zu überwinden sind. Glücklicherweise verläuft der Weg hier auch bei sonnigem Wetter für einen Moment im Schatten. So ist die anstrengende Steigung um einiges leichter zu bewältigen. Und dann ist auch bereits die Windegghütte zu sehen. Ein kleines Moor mit Seelein und den typischen Pflanzen fasziniert Gross und Klein. Ein Klettergarten für Anfänger wie Fortgeschrittene befindet sich in der Nähe. Viele Tagesgäste machen hier einen Mittags- oder Zvierihalt. Besonders in der Hauptsaison und an Wochenenden ist die Triftbrücke ein regelrechter Besuchermagnet, sodass zum Teil grosser Trubel herrscht. Dennoch darf nicht vergessen werden, dass in diesem alpinen Gelände Vorsicht geboten ist. Die Windegghütte ist Ausgangspunkt für anspruchsvolle Alpin- und Bergtouren, sei es aufs Mähren- oder Steinhüshorn, oder über den Furtwangsattel hinunter nach Guttannen.

Besonderes

170 m ist die Trifthängeseilbrücke lang und führt 100 Meter über die eindrückliche Triftschlucht.

Hüttenwartin Monika liebt es, die Tische mit Blumensträusse zu dekorieren.

Wanderzeit/Schwierigkeitsgrad
1½ Std./T2

Ausgangsort
Postautohaltestelle Nessental, Triftbahn/Underi Trift

Eigentümer
SAC-Sektion Bern

Hüttenwarte
Monika und Walter Lüthi

Hüttentelefon
+41 (0)33 975 11 10

Website
www.windegghuette.ch

Bewartungszeit
Mitte Juni bis Ende Oktober

Übernachtungsmöglichkeit
Insgesamt stehen 47 Schlafplätze mit Duvets und Kissen zur Verfügung.

Verpflegungsmöglichkeit
Suppen, Bratwurst mit Brot, Zvieriplättli, Kartoffelsalat, Chäsbrätel, Meringue mit Rahm sowie gelbstgebackene Süssigkeiten.

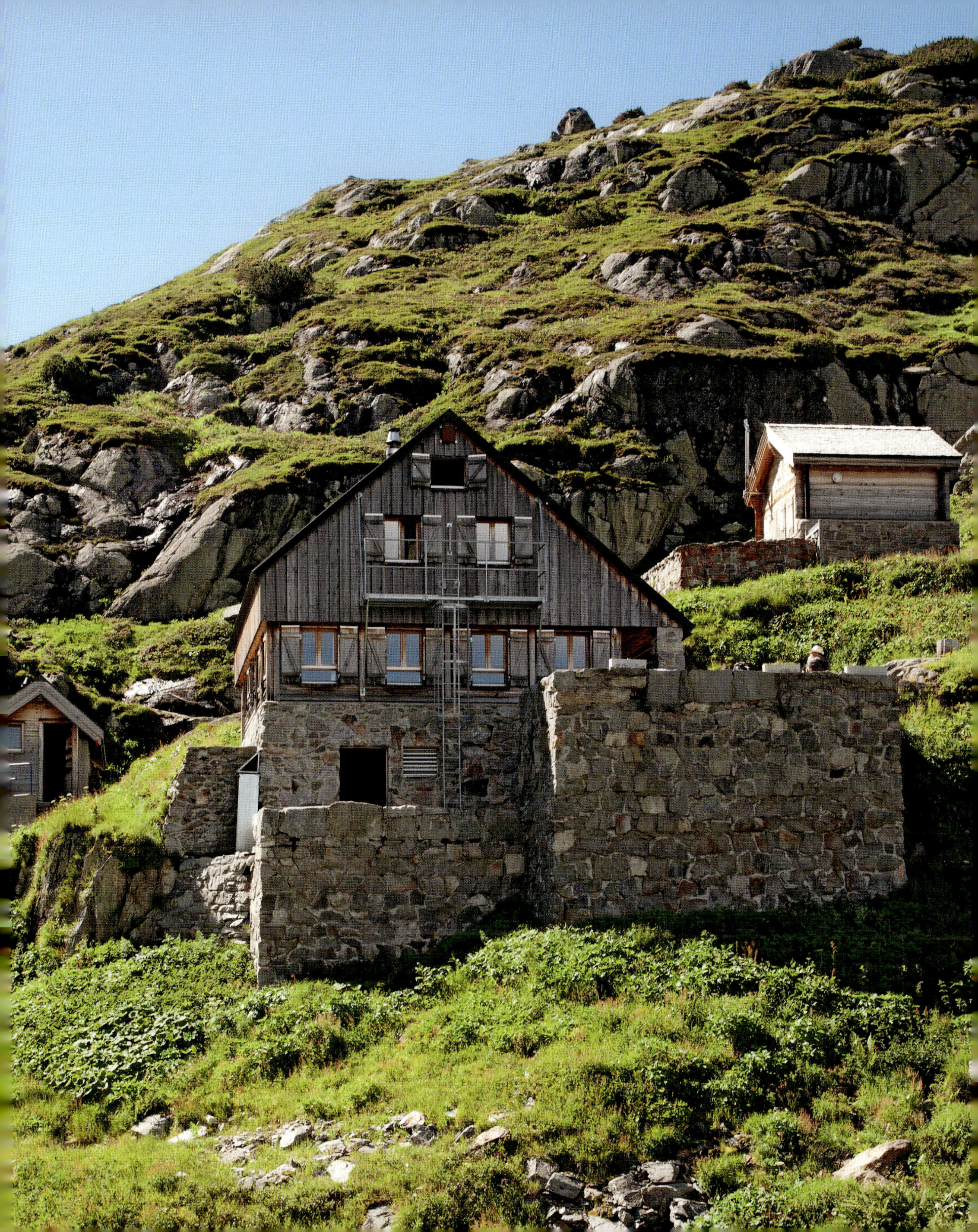

Das Beste aus den Hüttenküchen *Windegghütte*

Bild oben: Wer nicht schwindelfrei ist, für den ist die Brücke nicht einfach zu begehen.

Bild unten: Ein vorwitziges Schaf beobachtet die Wanderer.

Bild links: Tiefe Schluchten prägen die Landschaft.

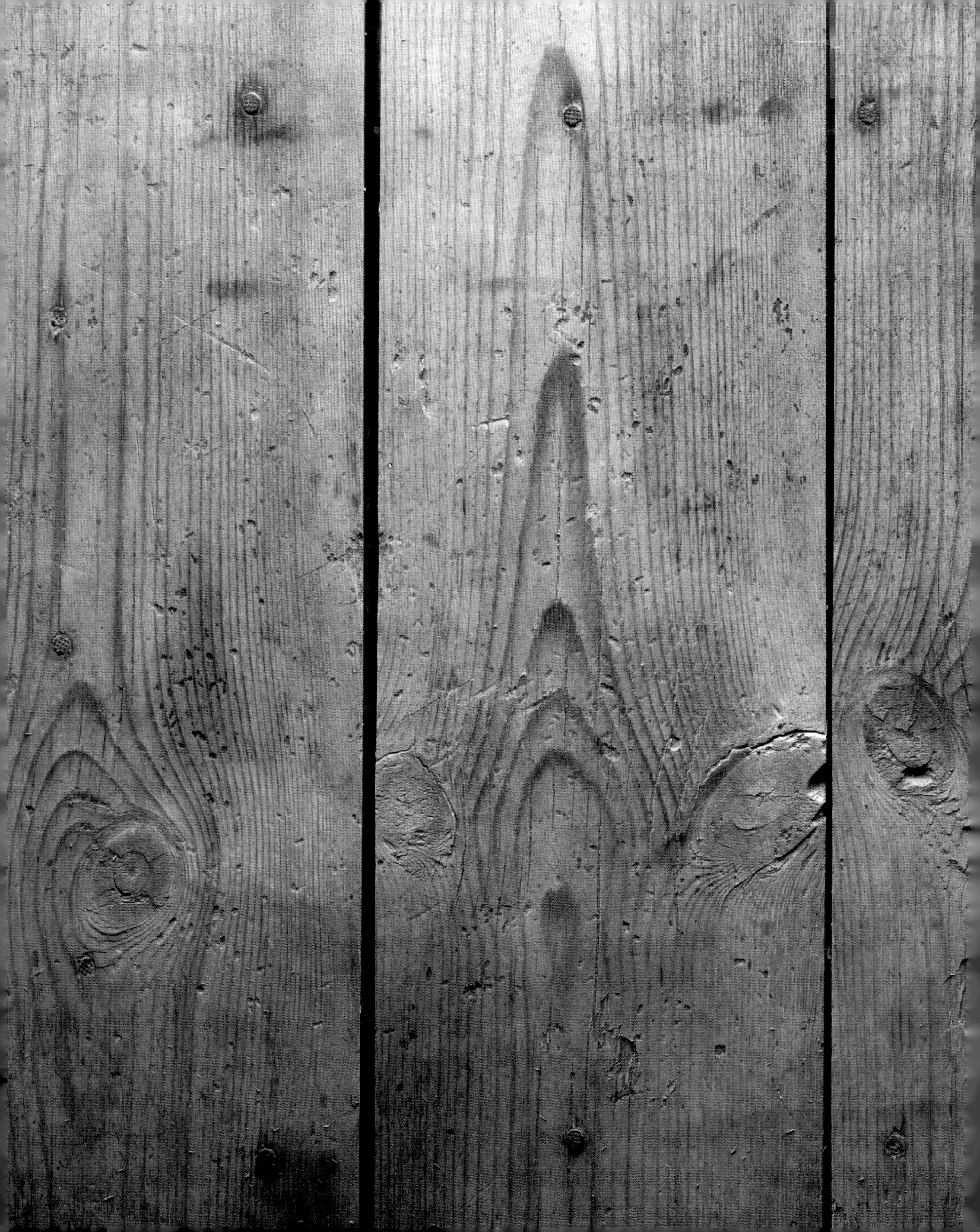

Gspaltenhornhütte

Heidelbeerkuchen

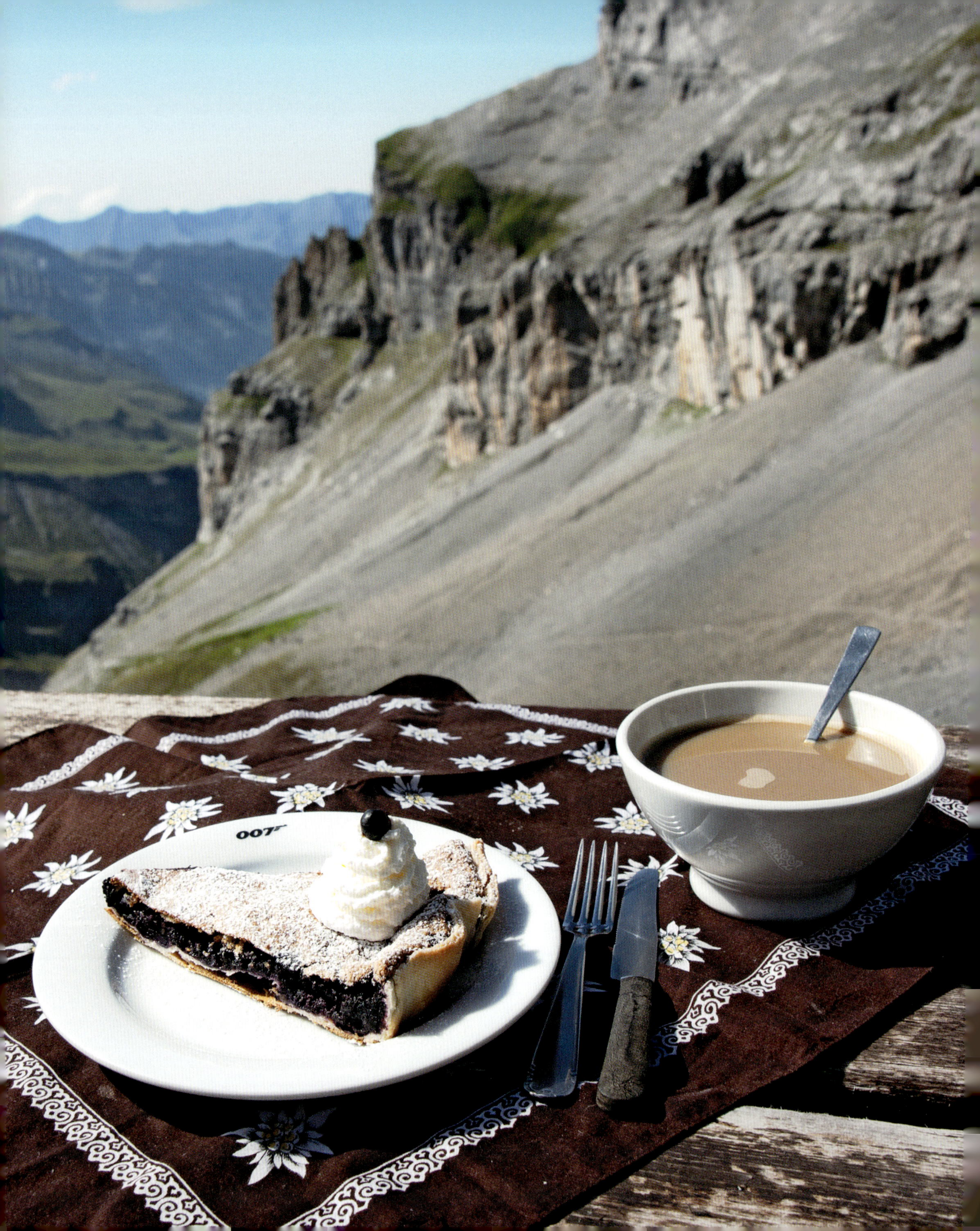
007

Das Beste aus den Hüttenküchen *Gspaltenhornhütte*

Heidelbeerkuchen

Für ein Blech von 32 cm Durchmesser, ergibt ca. 8 Kuchenstücke

Teig

50 g	Butter
150 g	Mehl
1 Prise	Salz
wenig	Wasser

Belag

400 g	Heidelbeeren
3	Eier
120 g	Zucker
60 g	Mandeln, gerieben
1 Prise	Salz

Garnitur

Puderzucker
Schlagrahm

Alle Zutaten für den Teig mischen, zu einem glatten Teig zusammenfügen und kühl stellen. 3 Eiweiss steif schlagen und 60 g Zucker darunterziehen. Den restlichen Zucker mit 3 Eigelb und den geriebenen Mandeln mischen. Den Eischnee und 1 Prise Salz darunterziehen. Die Beeren waschen und ebenfalls unterheben. Den Teig auswallen, auf ein Blech geben und die Heidelbeer-Masse darauf verteilen. Im auf 180 °C vorgeheizten Ofen ca. 45 Minuten backen (Gasofen Stufe 3–4). Auskühlen lassen und nach Belieben mit Puderzucker und Schlagrahm verzieren.

Tipp

Johannisbeeren eignen sich sehr gut als Alternative zu Heidelbeeren.

Das Beste aus den Hüttenküchen *Gspaltenhornhütte*

Gspaltenhornhütte
2458 m

Unterwegs zur Hütte

Die Griesalp kann mit Postauto, Taxi, Auto oder Fahrrad via Reichenbach im Kandertal erreicht werden. Sportliche Gäste können mit dem Mountainbike sogar bis zur Alp Gamchi fahren. Ab dem Hotelzentrum Griesalp ist der Weg zum Golderli gut ausgeschildert. Er führt weiter dem Strässchen entlang über Steinenberg bis zum Bürgli. Über einen breiten und nur leicht ansteigenden Weg geht es nun weiter, hoch über dem Gamchibach, hinein ins Gamchi. Bei einer Alphütte kann der erste Durst gelöscht und Käse gekauft werden, der vor Ort produziert wird. Der Weg wird nun schmaler und führt durch eine Felswand. Abwechslungsreich geht es hinauf auf die Moräne. Der Weg wird steiler, in unzähligen Kehren gewinnt man Meter um Meter an Höhe. Bereits erspäht man die Hütte, welche fast wie ein Adlerhorst am Felsen zu kleben scheint. Eine grosse Sonnenterrasse lädt zum Verweilen ein. Es wird gespiesen, gejasst, die Tour für den folgenden Tag besprochen oder einfach nur die Landschaft mit dem präsenten Gamchigletscher genossen. Der Hund der Hüttenwarte lässt sich gerne das Fell streicheln, während die Katze oft erst am Abend hervorkommt und es sich nicht entgehen lässt, den Sonnenuntergang zu geniessen. Ab hier gibt es verschiedene Wanderungen und Hochtouren, zum Beispiel hinauf auf das Gspaltenhorn, dem Namensgeber der Hütte. Diese Region ist Teil des ersten UNESCO-Weltnaturerbes der Alpen und besonders auch nach dem Hüttenumbau 2014 definitiv einen Besuch wert.

Besonderes

Das Strässchen hinauf auf die Griesalp ist die steilste Postautostrecke Europas. Die Chauffeure wissen viel zu erzählen und man kann bei ihnen ein informatives Büchlein erwerben.

Das Hüttenwartspaar Katja und Thomas mit Hund, Katze und Baby.

Wanderzeit/Schwierigkeitsgrad
3½ Std./T2

Ausgangsort
Griesalp

Eigentümer
SAC-Sektion Bern

Hüttenwarte
Katja und Thomas Heiniger

Hüttentelefon
+41 (0)33 676 16 29

Website
www.gspaltenhornhuette.ch

Bewartungszeit
Mitte Juni bis Mitte Oktober

Übernachtungsmöglichkeit
In mehreren Räumen stehen insgesamt 62 Schlafplätze mit Duvets und Kissen zur Verfügung.

Verpflegungsmöglichkeit
Suppe und Wurst, Hobel- und Bergkäse, Älplermagroni, Rösti, Fondue, Sandwiches sowie selbstgebackene Süssigkeiten.

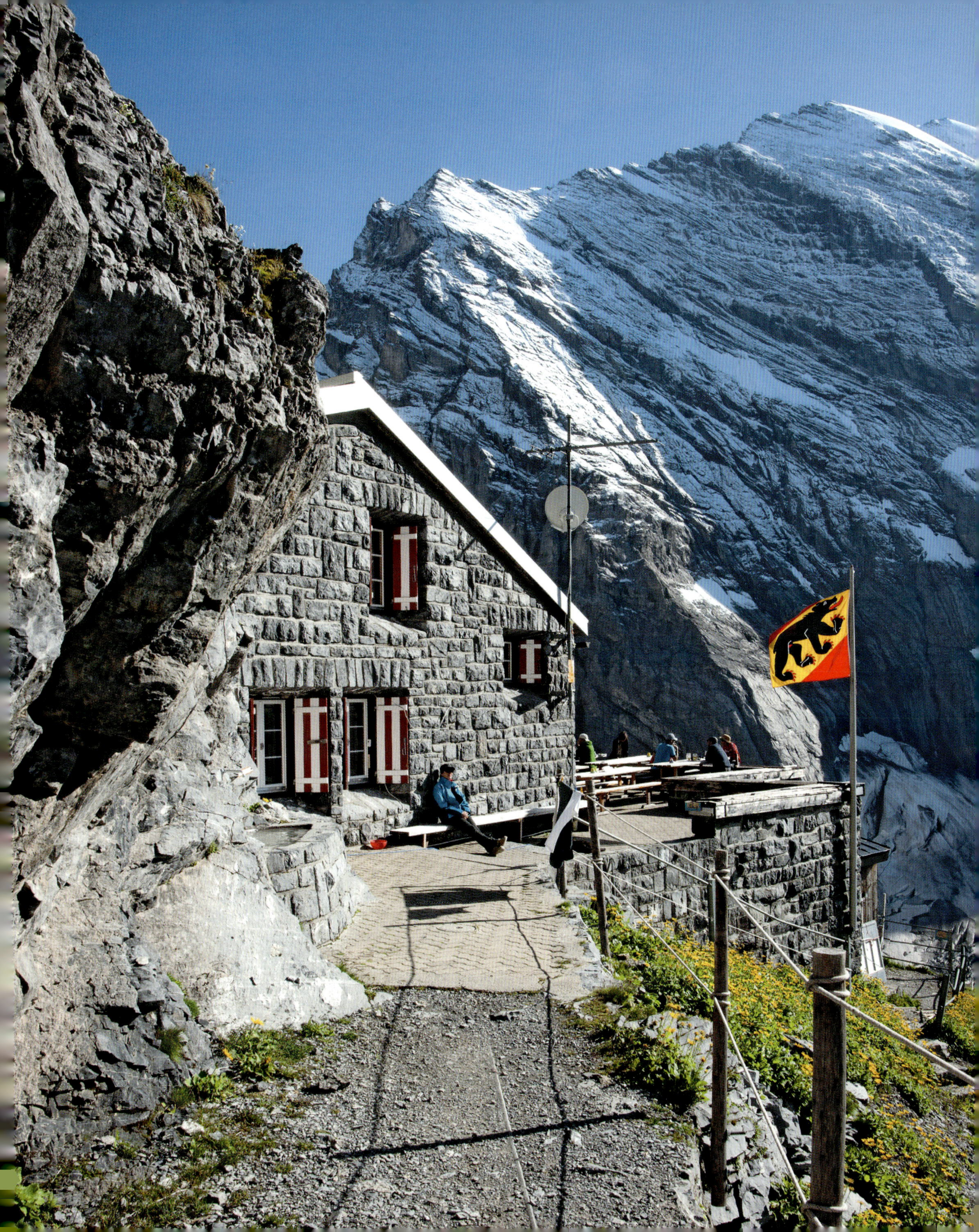

Das Beste aus den Hüttenküchen *Gspaltenhornhütte*

Bild oben: Die Terrasse lässt zum Verweilen ein.

Bild unten: Eismassen krachen mit viel Gestöber ins Tal hinunter.

Bild links: Ein wunderschöner Wandertag.

303

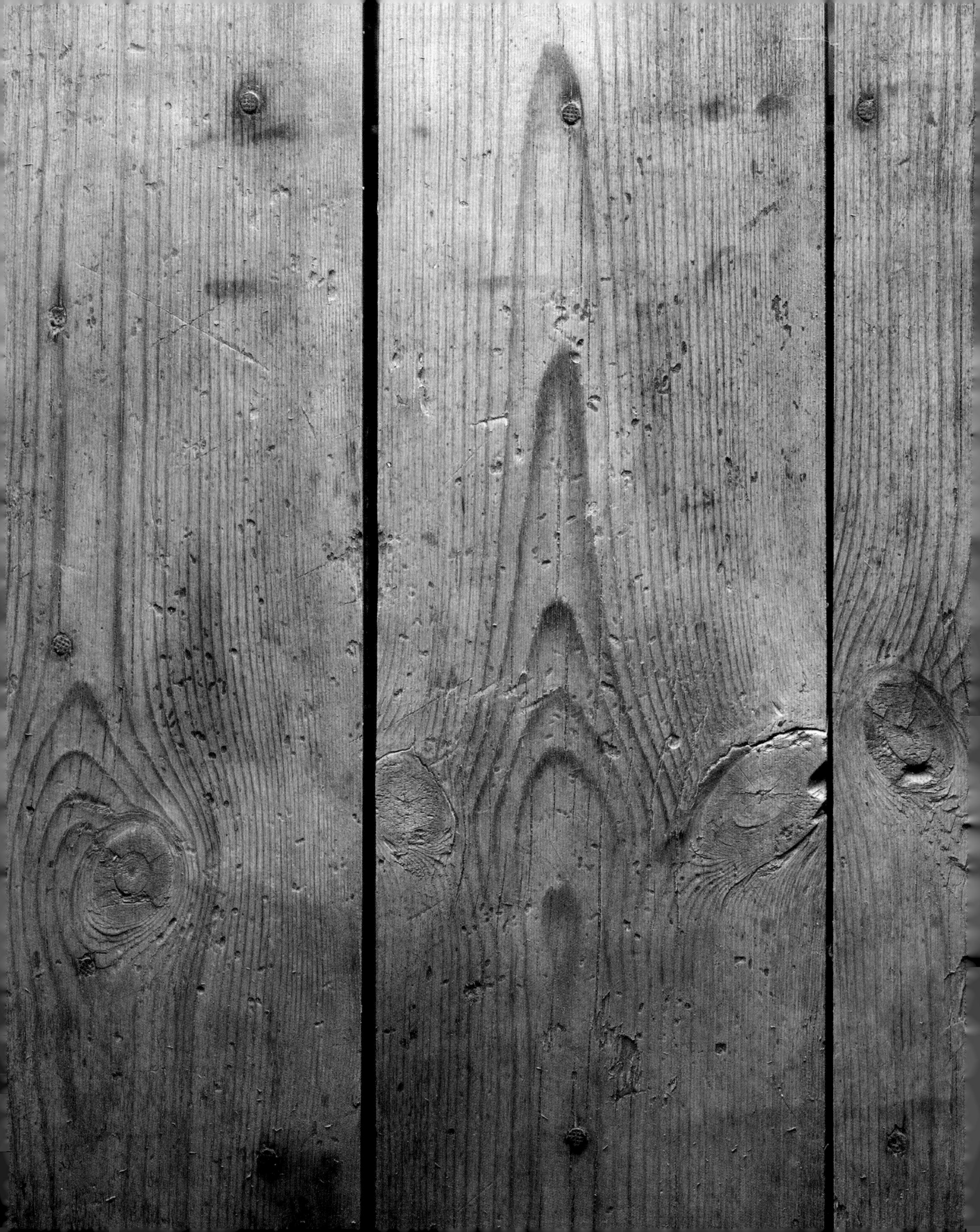

Albert-Heim-Hütte

Lebkuchenparfait mit Orangenfilets

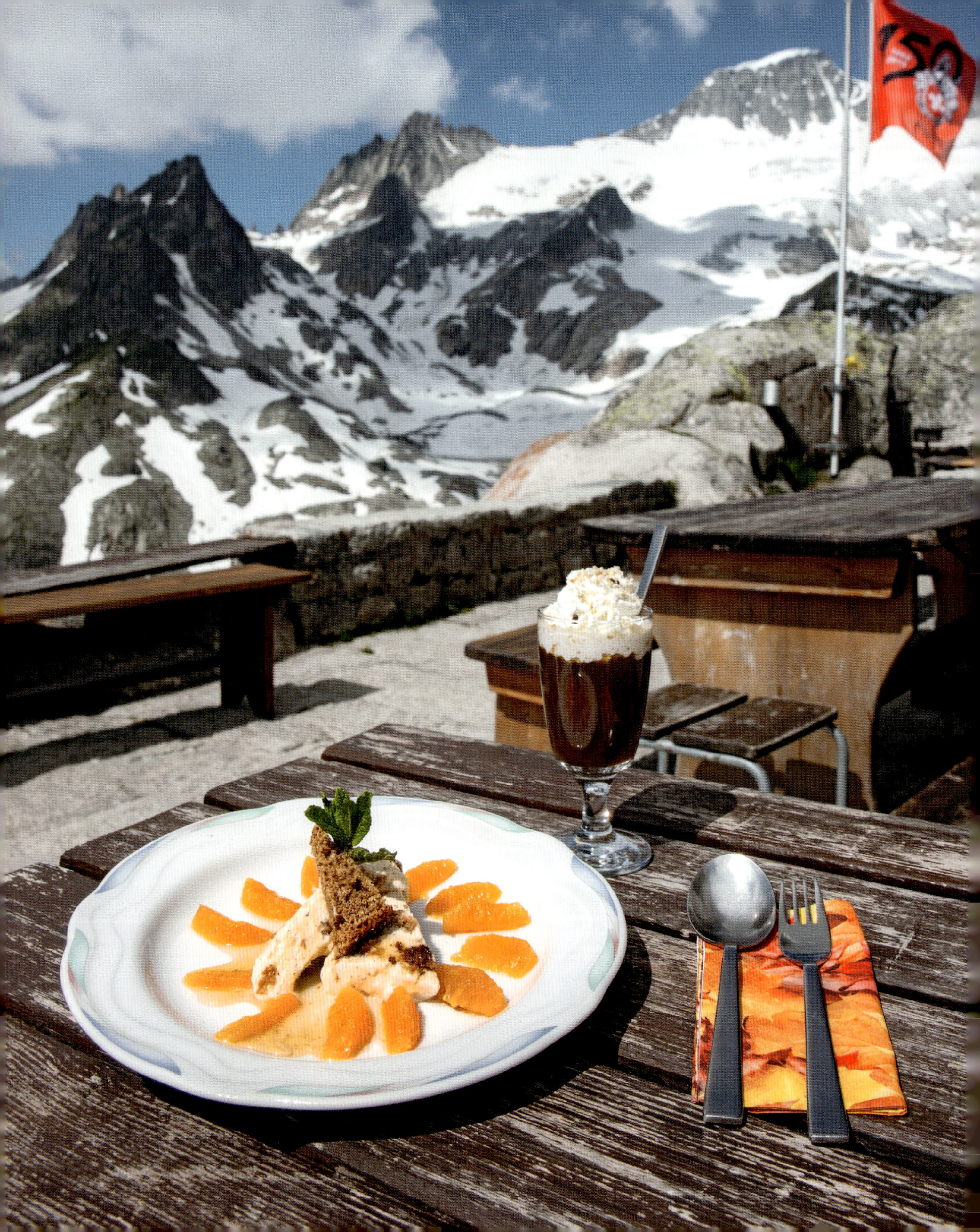

Das Beste aus den Hüttenküchen *Albert-Heim-Hütte*

Lebkuchenparfait mit Orangenfilets

Löwenzahnhonig

75 g	Löwenzahnblüten (ca. 60 Blütenköpfe)
2½ dl	Wasser
½	Zitrone
500 g	Feinkristallzucker

Lebkuchenparfait mit Orangenfilets

50 g	Lebkuchen
175 g	Vollrahm
1	Ei
50 g	Zucker
1 g	Lebkuchengewürz
5 cl	Vieille Prune
2	Orangen

Garnitur

einige Pfefferminzblätter

Löwenzahnhonig

Blüten in einen Kochtopf geben. Zitrone mit Spargelschäler schälen und Saft auspressen. Schale und Saft zu den Blüten geben, Wasser aufkochen und darübergiessen. Ca. 2 Stunden zugedeckt stehen lassen. Alles aufkochen und über Nacht zugedeckt ziehen lassen. Am nächsten Morgen absieben, Zucker dazugeben und zur gewünschten Konsistenz einkochen, bis der Honig eine Temperatur von 108 °C erreicht. In Gläser abfüllen und auskühlen lassen.

Lebkuchenparfait mit Orangenfilets

Die Hälfte des Lebkuchens in kleine Würfel schneiden, die andere Hälfte für die Garnitur in Dreiecke schneiden. Den Vollrahm steif schlagen und kühl stellen. Das Eigelb mit der Hälfte des Zuckers schaumig rühren. Das Eiweiss mit dem restlichen Zucker in einer separaten Schüssel, die vorher mit heissem Wasser sauber ausgespült wurde, steif schlagen. Schlagrahm mit dem Eigelb, dem Eiweiss, dem Lebkuchengewürz, den Lebkuchenwürfeln und dem Vieille Prune vorsichtig mischen, sodass die Masse nicht zusammenfällt. In die vorgekühlten Förmchen abfüllen und mindestens 3 Stunden einfrieren. Die Orangen filetieren. Das Lebkuchenparfait aus den Förmchen lösen, auf Tellern anrichten, mit dem Löwenzahnhonig beträufeln, mit den Orangenfilets, den Lebkuchendreiecken und den Pfefferminzblättern ausgarnieren.

Das Beste aus den Hüttenküchen *Albert-Heim-Hütte*

Albert-Heim-Hütte

2543 m

Unterwegs zur Hütte

Ausgangspunkt ist das Hotel Tiefenbach am Furkapass, welches mit dem Privat- oder Postauto sowie mit dem Fahrrad ab Realp erreichbar ist. Ein gut ausgebauter Weg führt in die Höhe, vorbei am Tiefenbach, welcher über Felsen hinunter ins Tal sprudelt. Eine Hochebene lädt unterwegs zur Pause ein. Die Hütte thront wie eine Burg trotzig auf einem Felsen und wird von vielen Tagestouristen besucht. Auf der Terrasse sitzt es sich gemütlich, die Fahnen flattern im Wind, und bei einem Stück selbstgebackenem Kuchen oder Zigerkrapfen und einem Gipfelbier lässt man den Alltag hinter sich. Der Besuch dieser Hütte eignet sich ideal als kurzer Ausflug, doch noch entspannter ist ein Aufenthalt mit Übernachtung. In der kleinen Gaststube mit urchigem Ambiente lässt es sich vorzüglich speisen, wobei die beiden Hüttenwarte grossen Wert auf die Verwendung von regionalen Zutaten legen. Für Weinliebhaber werden feine Weine in 7-dl-Flaschen angeboten, welche auch gerne «über die Gasse» verkauft werden. Und wer sich nach Speis und Trank noch nicht gleich hinlegen möchte, dem stehen Bergsteigerzeitschriften und -bücher mit vielen Informationen zur Verfügung. Die Albert-Heim-Hütte ist Ausgangspunkt für verschiedene Wander-, Kletter- und Hochtouren und verfügt über einen «hauseigenen» Klettergarten.

Besonderes

Jeden 1. Dienstag im Monat wird ein Jassturnier veranstaltet, an einigen Freitagen einen Fünf-Gang-Freitags-Schmaus gekocht, und wer das Tanzbein schwingen möchte, informiert sich auf der Website über die jährlich im Sommer stattfindende Strahlerchilbi mit musikalischer Begleitung und andere Veranstaltungen.

Marco (links) und Roman (beides ausgebildete Köche) freuen sich, ihre Gäste kulinarisch zu verwöhnen.

Wanderzeit/Schwierigkeitsgrad
1½ Std./T1

Ausgangsort
Postautohaltestelle Tiefenbach

Eigentümer
SAC-Sektion Uto

Hüttenwarte
Roman Felber und Marco Traxel

Hüttentelefon
+41 (0)41 887 17 45

Website
www.albertheimhuette.ch

Bewartungszeit
Die Hütte ist von Anfang Juni bis Mitte Oktober bewartet.

Übernachtungsmöglichkeit
In mehreren Zimmern stehen insgesamt 80 Schlafplätze zur Verfügung, die meisten mit Duvets ausgestattet.

Verpflegungsmöglichkeit
Tagessuppen, währschafte Gerichte, «Familienhit» (Topf Älplermagronen mit Tee) und viel Selbstgebackenes.

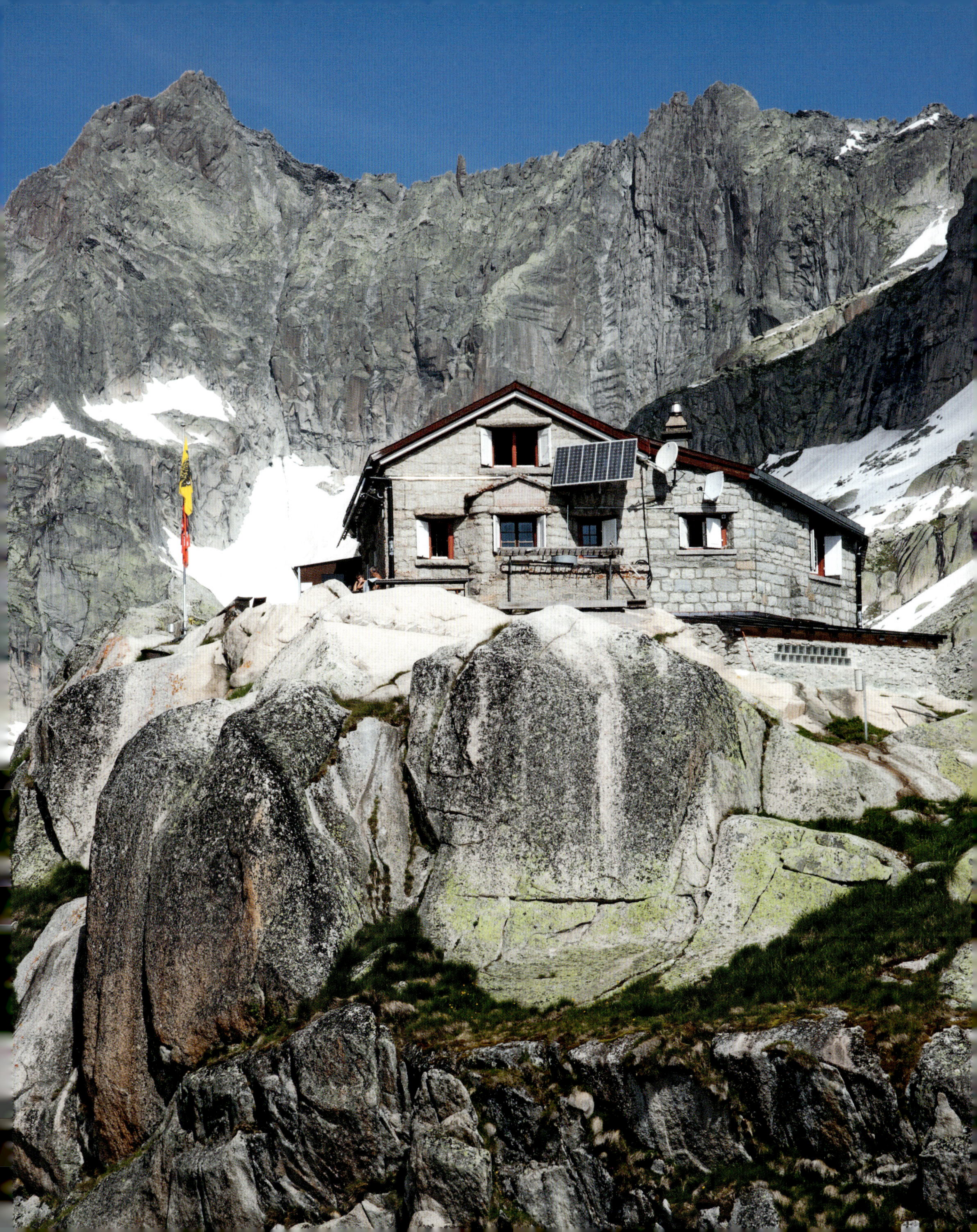

Das Beste aus den Hüttenküchen *Albert-Heim-Hütte*

Bild oben: Neben dem Hotel Tiefenbach am Furkapass blühen Lupinen in verschiedenen Farben.

Bild unten: Der Tiefenbach rauscht über Stock und Stein ins Tal hinunter.

Bild links: Auf halbem Weg zur Hütte laden grosse Felsen zu einer Pause ein.

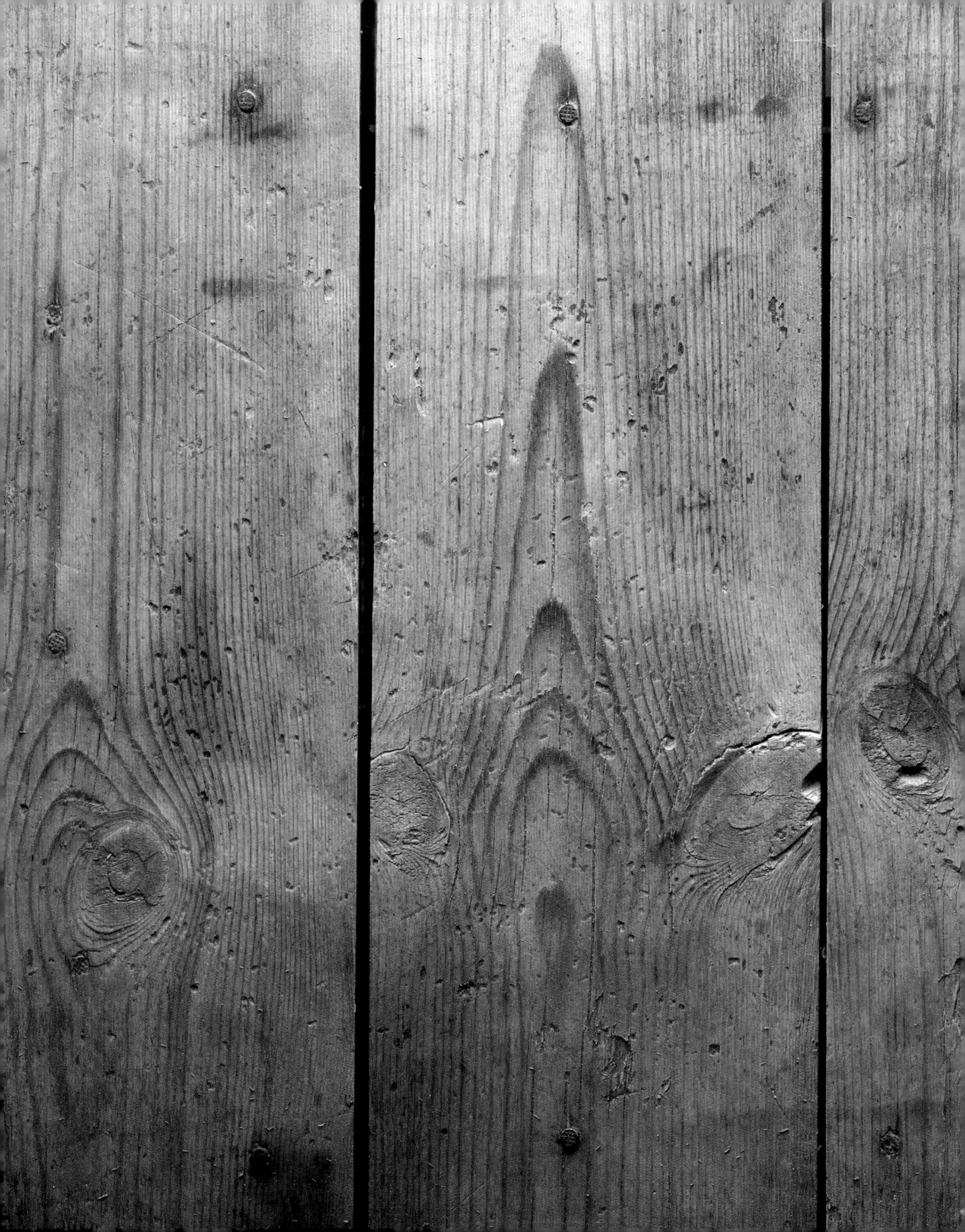

Bächlitalhütte

Linzertorte à la Bächlital

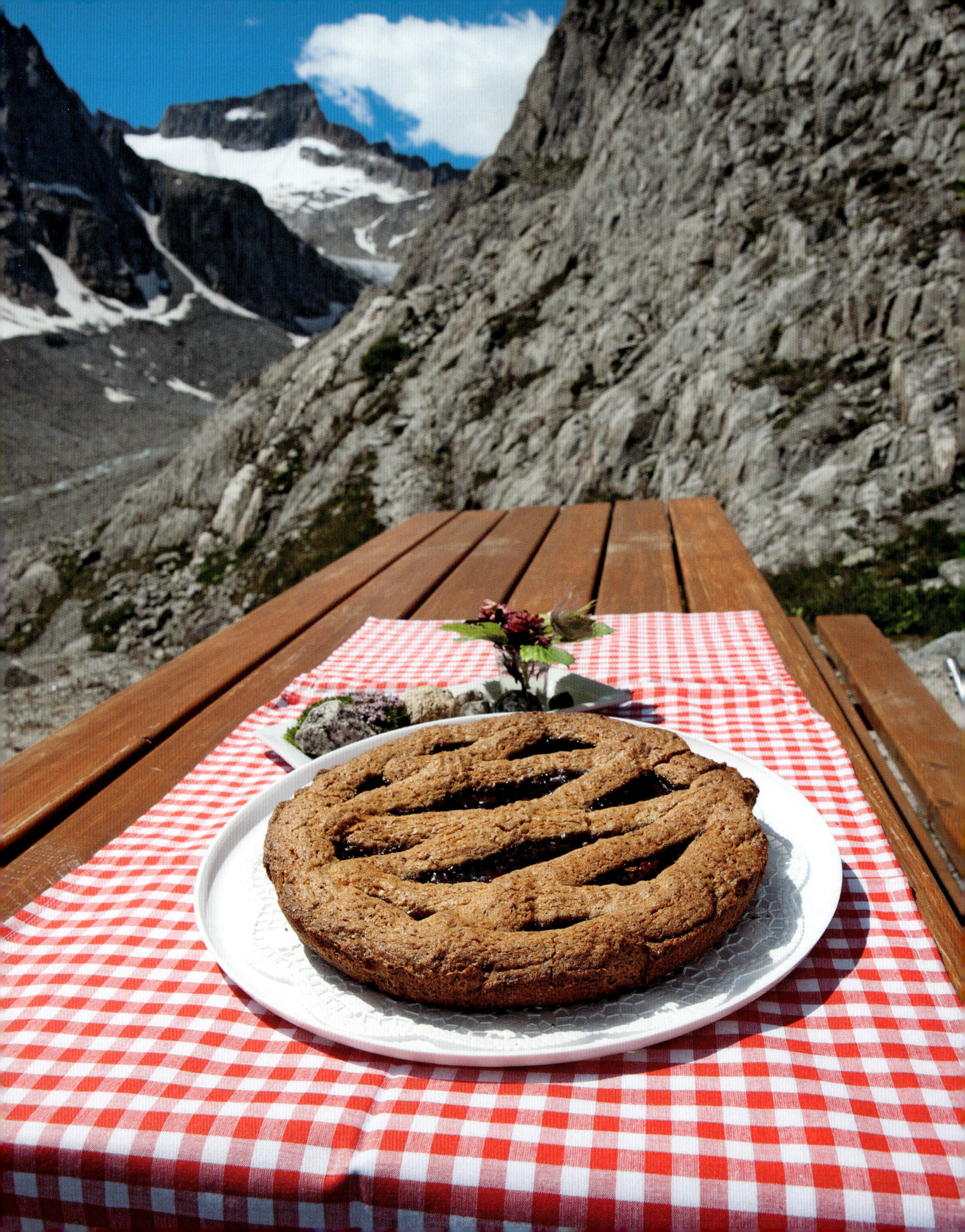

Das Beste aus den Hüttenküchen *Bächlitalhütte*

Linzertorte à la Bächlital

Für ein rundes Kuchenblech von 28 cm Durchmesser

250 g	weiche Butter
250 g	Zucker
3	Eier
1 gestr. TL	Zimt
1 Msp.	Koriander
1 Msp.	Kardamom
250 g	Haselnüsse, gerieben
250 g	Mehl
1 TL	Backpulver
450 g	Himbeerkonfitüre

Butter, Zucker und Eier schaumig rühren. Zimt, Koriander und Kardamom dazugeben, weiterrühren. Haselnüsse, Mehl und Backpulver in einer separaten Schüssel mischen, danach unter die Buttermasse rühren. $1/3$ des Teigs in einen Spritzsack füllen. Ein rundes Kuchenblech mit Backpapier auslegen und den Teig darauf ausstreichen, dabei einen ca. 2 cm hohen Rand ziehen. Die Himbeerkonfitüre leicht erwärmen und gleichmässig auf dem Teigboden verteilen. Mit dem Teig aus dem Spritzsack ein Gitter auf die Konfitüre spritzen. Im auf 180 °C vorgeheizten Ofen auf der zweituntersten Rille ca. 35 Minuten backen.

Tipp

Aus allfälligen Teigresten Guetzli spritzen und kurz mitbacken!

Das Beste aus den Hüttenküchen *Bächlitalhütte*

Bächlitalhütte

2328 m

Unterwegs zur Hütte

Die Bächlitalhütte befindet sich im Grimselgebiet. Das Auto oder bei sportlicheren Wanderern das Fahrrad wird bei der Staumauer Räterichsboden parkiert, wo sich auch die Postautohaltestelle Räterichsboden befindet. Über die Staumauer geht es zum Treppenweg, wo zahlreiche gut ausgebauten Stufen mithelfen, rasch an Höhe zu gewinnen. Auf der Ebene vom Bächlisboden ist eine erste Teilstrecke bewältigt und ein guter Ort, um sich einen Moment auszuruhen und die Landschaft zu geniessen. Die Schwemmlandschaft ist von nationaler Bedeutung, und das Wasser des Bächlibachs hat Platz zum mäandern. Kinder lieben es, hier mit dem Wasser herumzuspritzen, während sich Blumenfreunde an den vielen weissen Alpen-Margeriten erfreuen, welche büschelweise wachsen. Hoch über dem anderen Ende der Ebene ist bereits die Bächlitalhütte zu sehen. Das animiert Kinder und Erwachsene, die letzten Höhenmeter in Angriff zu nehmen. Die Schweizerfahne bewegt sich im Wind, die kleinen bunten Gebetsfahnen aus Asien flattern um die Wette. Rund um die Hütte ist immer etwas los, gerade auch für Familien gibt es viel zu entdecken. Nebst Klettergärten und diversen Einseillängenrouten gibt es einen kleinen See in Hüttennähe. Auch die reiche Tierwelt mit Gämsen, Murmeltieren und Schneehühnern sowie unzählige Pflanzen gilt es zu erspähen. Nebst Sportkletterern finden sich auch Berggänger für Hochtouren hier oben ein. Es locken der Bächlistock oder der Grosse Diamantstock, wobei Letzterer das populärste Gipfelziel im Gebiet ist.

Besonderes

Unbedingt zu erwähnen sind die köstlichen Kuchen, gebacken von der Hüttenwartin Erna und ihrem hervorragenden Team.

Die umtriebige Hüttenwartin Erna geniesst die Sonne während einer kurzen Pause.

Wanderzeit/Schwierigkeitsgrad
2 Std./T2

Ausgangsort
Postautohaltestelle Räterichsboden

Eigentümer
SAC-Sektion Am Albis

Hüttenwartin
Erna Schuler

Hüttentelefon
+41 (0)33 973 11 14

Website
www.baechlitalhuette.ch

Bewartungszeit
Mitte Juni bis Mitte Oktober

Übernachtungsmöglichkeit
In acht Zimmern stehen insgesamt 75 Schlafplätze mit Decken und Kissen zur Verfügung.

Verpflegungsmöglichkeit
Suppe, Älplerspaghetti, Rösti, Käseschnitten sowie frisch gebackene Früchtekuchen und andere Köstlichkeiten.

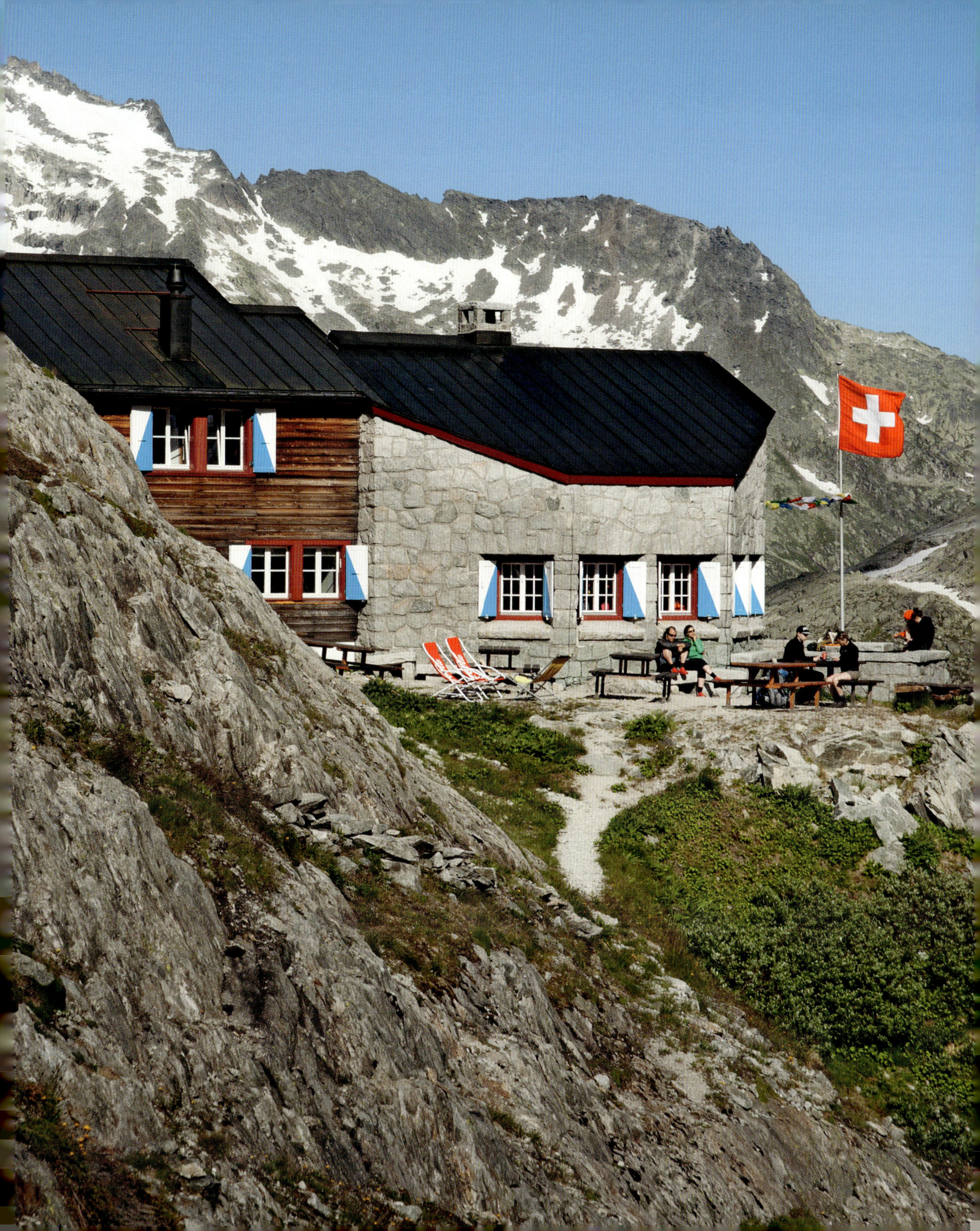

Das Beste aus den Hüttenküchen *Bächlitalhütte*

Bild oben: Nebst Profis klettern hier auch Familien.

Bild unten: Büschelweise wachsen Alpen-Margeriten.

Bild links: Gemeimnisvoll wirkt die Morgenstimmung auf der Schwemmebene vom Bächlisboden.

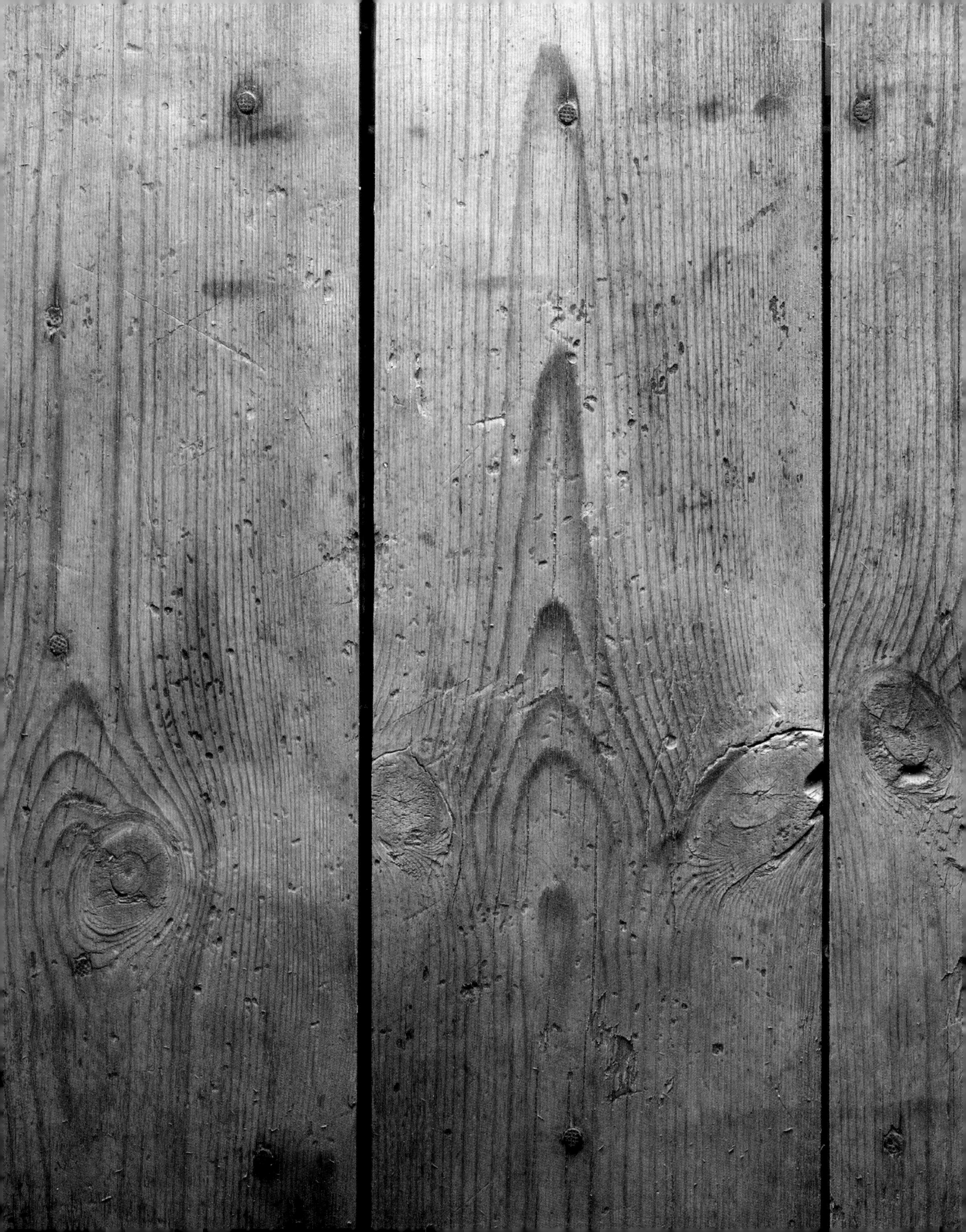

Martinsmadhütte

Magenträs- oder Gewürzglace

Sektion Randen SAC
Martinsmadhütte
100-Jahr-Jubiläum 2007

Das Beste aus den Hüttenküchen *Martinsmadhütte*

Magenträs- oder Gewürzglace

2	Eier
3 EL	Magenträs (Gewürzzucker)
2 EL	Zucker
2½ dl	Rahm

Garnitur
Schlagrahm
Willisauer Ringli

Eier mit Magenträs und Zucker in der Küchenmaschine schaumig schlagen. Rahm steif schlagen, unter die Eimasse ziehen, in kleine Formen abfüllen und tiefkühlen. Auf Dessertteller stürzen und mit Schlagrahm – bestreut mit etwas Magenträs – und einem Willisauerringli anrichten.

Das Beste aus den Hüttenküchen *Martinsmadhütte*

Martinsmadhütte

2002 m

Unterwegs zur Hütte

Wer sportlich und schwindelfrei ist, beginnt seine Wanderung in Elm via Lauiboden durch die Tschingelschlucht hinauf zur Alp Nideren, welche auch den Namen Tschinglenalp trägt. Wer die Wanderzeit um die Hälfte verringern möchte, fährt mit der kleinen Gondelbahn hinauf. Eine Ansammlung von kleinen, alten Holzhäusern, welche von Bauern während der Heuernte genutzt werden, bietet unterwegs ein schönes Fotosujet (siehe übernächste Seite). Der Weg führt über grüne Weiden via Matt und Rindermätteli Richtung Hütte. Starkstromleitungen sind auf Wanderungen normalerweise ein ungewohntes Bild, die Landschaft ist trotzdem eindrücklich mit Stein und Fels, Wasser und Schnee. Ein schmaler Pfad – an manchen Stellen mit Holzbrettern und Drahtseilen versehen – windet sich nach oben auf ein Plateau, wo die gemütliche Martinsmadhütte zwischen Zwölfihörnern und Laaxer Stöckli eingebettet liegt. Die Hütte wurde 1907 eröffnet. Als Besonderheit hat es einen Brunnen im Innern des Hauses. Auf der kleinen Terrasse lässt es sich herrlich ausruhen, bevor weitere Wanderungen, Hochtouren oder der Besuch von Klettergärten auf die Gäste warten.

Besonderes

Die Martinsmadhütte befindet sich im Gebiet der Tektonikarena Sardona, welche im Jahr 2008 als UNESCO-Welterbe aufgenommen wurde. Weltweit einzigartig ist hier ersichtlich, wie die Alpen und Täler entstanden sind. Nicht nur für Geologen sind Verrucano-Gestein, Kalk- und Flyschsteine interessant, um nur die auffälligsten zu erwähnen.

Hüttenwartin Barbara geniesst die Sonne und betreut die Hütte bis Ende Sommer 2015.

Wanderzeit/Schwierigkeitsgrad
3 Std./T3

Ausgangsort
Elm

Eigentümer
SAC-Sektion Randen

Hüttenwartin
Barbara Rhyner

Hüttentelefon
+41 (0)55 642 12 12

Website
www.sac-randen.ch

Bewartungszeit
Die Hütte ist im Juli und August durchgehend bewartet.

Übernachtungsmöglichkeit
In der Hütte stehen insgesamt 48 Schlafplätze zur Verfügung.

Verpflegungsmöglichkeit
Suppe, Zigerbrütli, Elmer Alpkäse, Vesperplättli, Wildwurst, Birchermüesli, hausgemachte Kuchen und Glace.

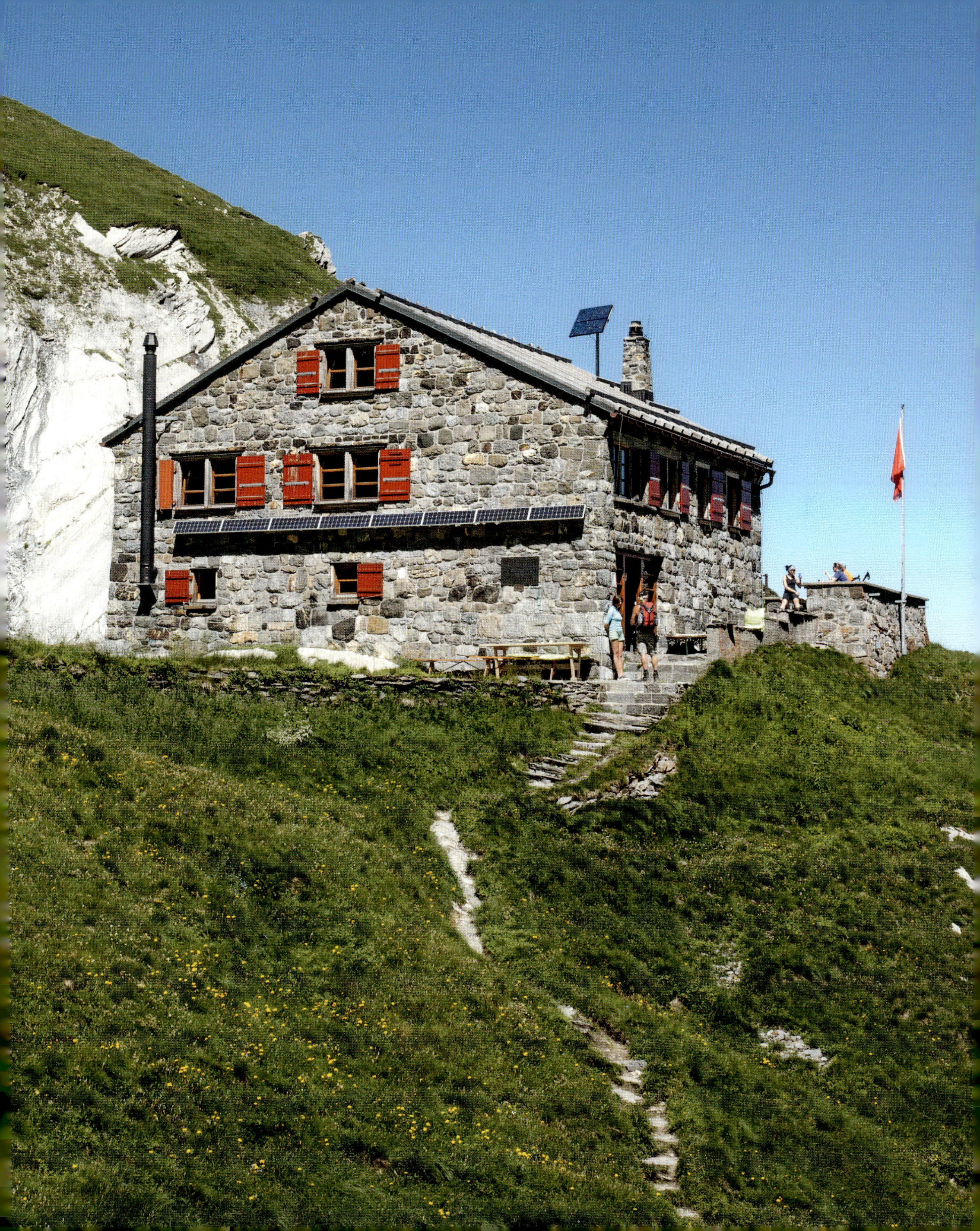

Das Beste aus den Hüttenküchen *Martinsmadhütte*

Bild oben: Ab der Martinsmadhütte sind verschiedene Wanderungen möglich.

Bild unten: Alte Details sind bis heute erhalten geblieben.

Bild links: Beim Aufstieg passiert man diese kleine Siedlung, wo heute noch Heu gelagert wird.

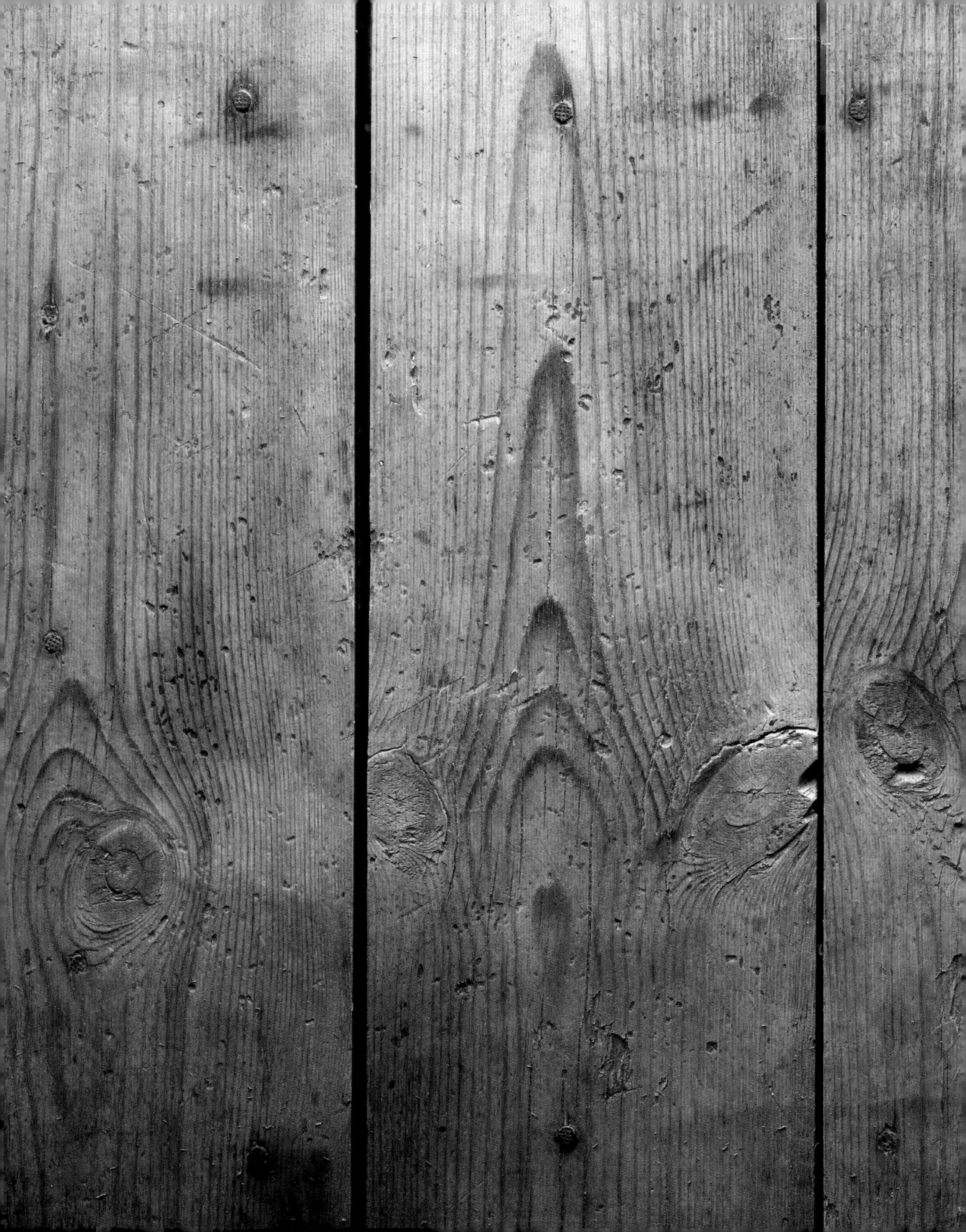

Treschhütte
Nidelzältli Fellital

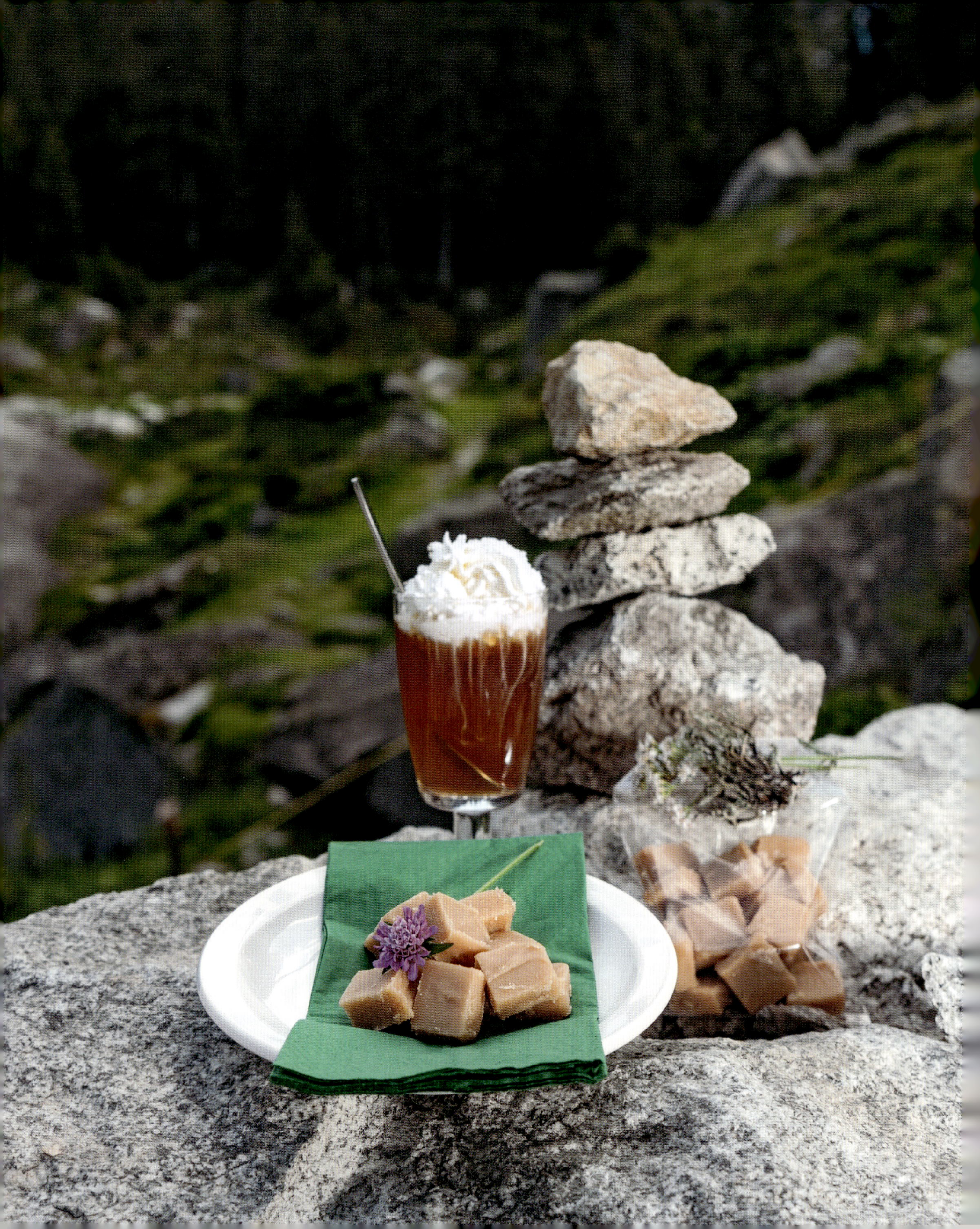

… Das Beste aus den Hüttenküchen *Treschhütte*

Nidelzältli Fellital

Ergibt ca. 4 gefüllte Säckli

5 dl	Vollrahm
1 dl	Milch
500 g	Zucker
etwas	Vanillezucker
2–3 EL	kaltes Wasser

Variante 1

etwas	Kakaopulver

Variante 2

1 EL	Hüttenschnaps

Rahm, Milch, Zucker und Vanillezucker in eine Pfanne geben. Unter ständigem Rühren kochen, bis die Masse hellbraun ist (Kochzeit 25 bis 35 Minuten). Das kalte Wasser hinzugeben und die Masse glatt rühren. Danach sofort auf ein abgespültes Blech giessen und ca. 1 cm dick ausstreichen. Fest werden lassen. Mit einem abgespülten Messer 1 cm grosse Würfel schneiden und einige Tage trocknen lassen.

Variante 1

Zusätzlich zum Vanillezucker kann wenig Kakaopulver beigemischt werden.

Variante 2

Anstatt 2–3 Esslöffel kaltes Wasser kann man 1 Esslöffel Hüttenschnaps und 1–2 Esslöffel kaltes Wasser zugeben und glatt rühren.

Das Beste aus den Hüttenküchen *Treschhütte*

Treschhütte

1475 m

Unterwegs zur Hütte

Um zum Ausgangsort zu gelangen, fährt man mit dem Zug bis Erstfeld und nimmt den Bus bis zur Haltestelle «Fellital». Etwas weiter hinten befindet sich auch ein Autoparkplatz. Mit dem Alpentaxi oder dem Fahrrad kann man direkt bis zur Alp Felliberg hinauffahren, was die anschliessende Wanderzeit um etwa eine Dreiviertelstunde verkürzt. Wer im Sommer von unten her losläuft, muss sich vor Skifahrern nicht fürchten, auch wenn ein Schild «Skifahrer Absturzgefahr» vor diesen warnt! Unterwegs im Wald kommt man bei einer kleinen Kapelle vorbei, wo eine steile Abkürzung direkt den Hang hinaufführt. Am Ende der Strasse wird das wild-romantische Urner Fellital enger, und man wandert dem Fellibach entlang. Wald und offene Wiesen wechseln sich ab. Zwei Brücken sind zu überqueren, wobei die erste der drei nicht überquert werden darf, will man nicht vom Weg abkommen. Mit viel Glück kann man vielleicht sogar einen Hirsch beobachten, gerade weil hier eidgenössisches Jagdbanngebiet ist. Nahe der 2013 umgebauten Hütte läuft man wiederum im Wald, rechterhand des wild-schäumenden Baches. Auf der Terrasse der Treschhütte kann man sich ausruhen, «Sommervögel» (Schmetterlinge) beobachten oder die Füsse im Bach abkühlen. Da die Treschhütte die tiefstgelegene SAC-Hütte ist, wachsen hier Salat und frische Kräuter.

Besonderes

Die Hütte liegt in einem Naturparadies, welches für Kinder ideal ist. Im Frühling hat es Kröten und Frösche, man kann Insekten und Vögel beobachten, Steine und Blumen suchen, auf Felsblöcke klettern oder «Versteckis» spielen.

Hüttenwartin Franziska mit ihrer Familie.

Wanderzeit/Schwierigkeitsgrad
2½ Std./T2

Ausgangsort
Bushaltestelle Gurtnellen, Fellital

Eigentümer
SAC-Sektion Am Albis

Hüttenwartin
Franziska Kunz-Waser

Hüttentelefon
+41 (0)41 887 14 07

Website
www.treschhuette.ch

Bewartungszeit
Die Hütte ist von Pfingsten bis Ende Oktober bewartet.

Übernachtungsmöglichkeit
In mehreren Zimmern stehen insgesamt 32 Schlafplätze mit Duvets und Kissen zur Verfügung.

Verpflegungsmöglichkeit
Suppe, Zabig-Plättli, Knoblauchwurst, Rösti, Tagesteller nach Angebot und selbstgebackener Kuchen.

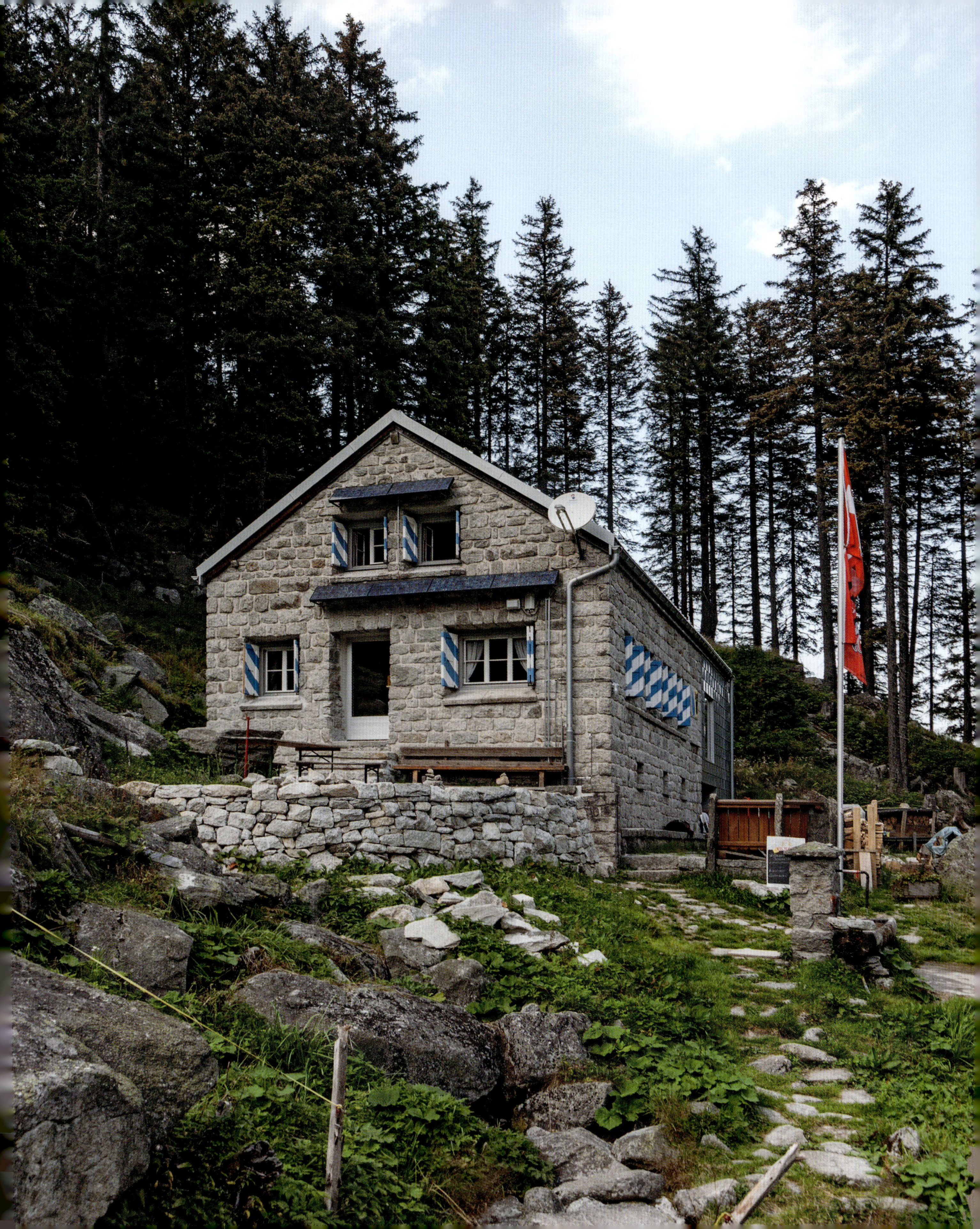

Das Beste aus den Hüttenküchen *Treschhütte*

Bild oben: Die Flügel des Apollofalters sind fast durchsichtig.

Bild unten: Hier wächst der Salat im Gärtli vor der Hütte.

Bild links: Eindrücklich die mit roten Flechten überwachsenen Felsbrocken am Bachufer.

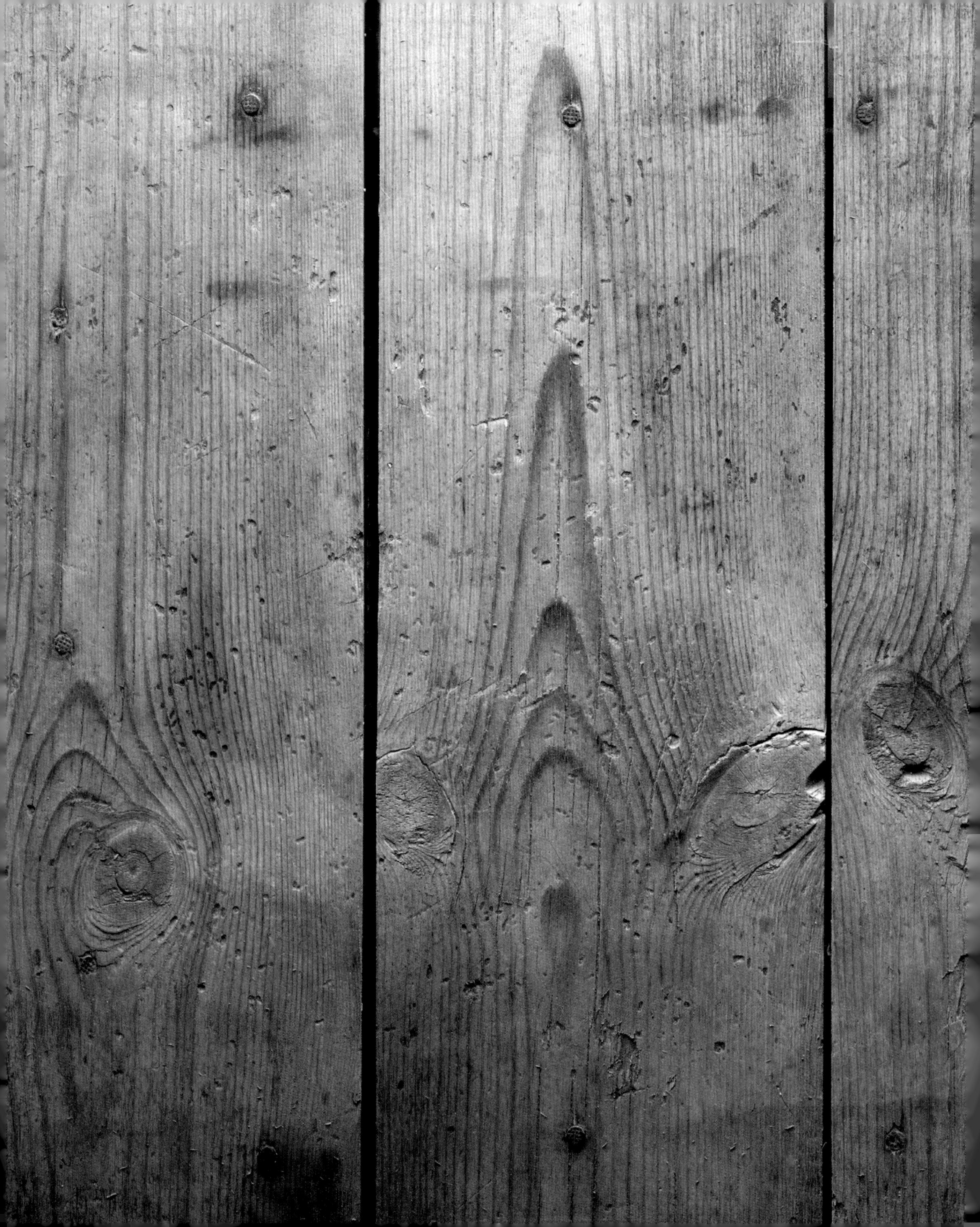

Cabane des Diablerets

Tarte à la raisinée

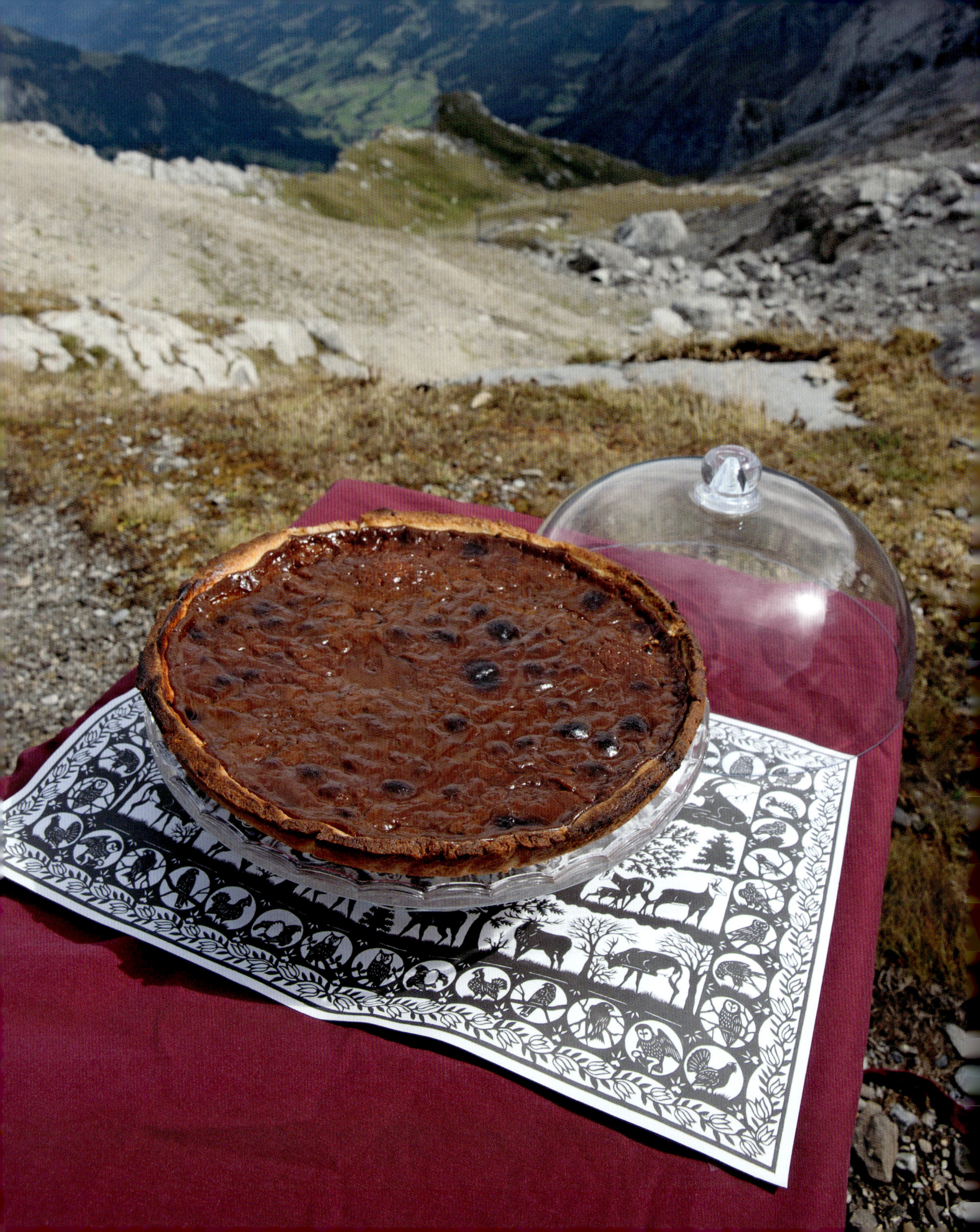

Das Beste aus den Hüttenküchen *Cabane des Diablerets*

Tarte à la raisinée

Alle Zutaten für den Teig zusammenfügen, auswallen und ein Blech damit belegen. Mit einer Gabel regelmässig einstechen. Die Butter zerlassen, das Mehl mit einer Prise Salz dazugeben, gut umrühren, die Milch und das Ei vermischen und langsam hinzufügen, so dass sich keine Klümpchen bilden. Etwas Zucker sowie den Kochwein dazugeben. Unter ständigem Rühren köcheln, bis die Masse eine karamellartige Farbe annimmt. Auf den Teig giessen und im auf 200 °C vorgeheizten Ofen 25–30 Minuten backen.

Teig

300 g	Mehl
125 g	Zucker
175 g	Butter

Belag

30 g	Butter
2 EL	Mehl
1 Prise	Salz
3½ dl	Milch
1	Ei
	Zucker
3 EL	Kochwein

Das Beste aus den Hüttenküchen *Cabane des Diablerets*

Cabane des Diablerets
2486 m

Unterwegs zur Hütte

Via Gstaad gelangt man mit dem Auto, dem Postauto oder dem Fahrrad nach Reusch, dem Ausgangspunkt dieser Wanderung. Interessant ist zu erleben, wie sich die Landschaft verändert, je höher man steigt. Die Vegetation wird immer spärlicher, und es zeigt sich eine eindrückliche Berglandschaft. Imposant die Felsen, wo Naturkräfte über Jahrtausende den Stein gefaltet haben. Und doch sind auf diesem kargen Terrain auch Tiere zu sehen. Nebst Murmeltieren lassen sich mit viel Glück auch Steinböcke erspähen. Wer es ganz gemütlich nehmen möchte, der erreicht die Hütte ab Col du Pillon innert wenigen Minuten mit der Luftseilbahn. Die Hütte liegt nämlich nur einen «Katzensprung» von der Mittelstation entfernt und ist bei Tagestouristen sehr beliebt. Dank dem einfachen Zugang eignet sie sich auch ideal für Kurse oder Vereinsausflüge. Die gemütliche Terrasse lädt zum Verweilen ein, mit einem Kaffee und einem Stück feinen Kuchen, gebacken von der Hüttenwartin Sandrine. Die Aussicht hier oben auf die Waadtländer und Berner Alpen ist eindrücklich – Hügel um Hügel reihen sich aneinander, ab und zu ist ein Seelein in die Landschaft eingebettet. Und sollte es draussen doch bereits etwas kühl geworden sein, so ist es im Inneren umso gemütlicher, zum Beispiel bei einem hervorragenden Fondue. Die Hütte ist Ausgangspunkt zum höchsten Gipfel der Waadtländer Alpen – Les Diablerets. Kletterfreudige finden verschiedene Routen und Klettersteige vor. Und mit viel Glück findet man sogar ein Edelweiss.

Besonderes

Zeitzeugen an den Wänden des Aufenthaltsraumes erinnern an frühere Zeiten: Schneeschuhe, Steigeisen, Eislaufschuhe, Rucksack, Pickel und Seil.

Hüttenwartin Sandrine hat ihre Hütte im Griff und bäckt überaus gerne Kuchen.

Wanderzeit/Schwierigkeitsgrad
4 Std./T2

Ausgangsort
Postautohaltestelle Reusch

Eigentümer
SAC-Sektion Chaussy

Hüttenwartin
Sandrine Zweili

Hüttentelefon
+41 (0)24 492 21 02

Website
www.cabane-diablerets.ch

Bewartungszeit
Mitte Juni bis Mitte September

Übernachtungsmöglichkeit
Insgesamt stehen 32 Schlafplätze mit Duvets und Kissen zur Verfügung.

Verpflegungsmöglichkeit
Suppe, Salatteller grün oder gemischt, Teller mit Rohschinken, Trockenfleisch und Alpkäse, Tortellini, Rösti, Fondue sowie selbstgebackene Süssigkeiten.

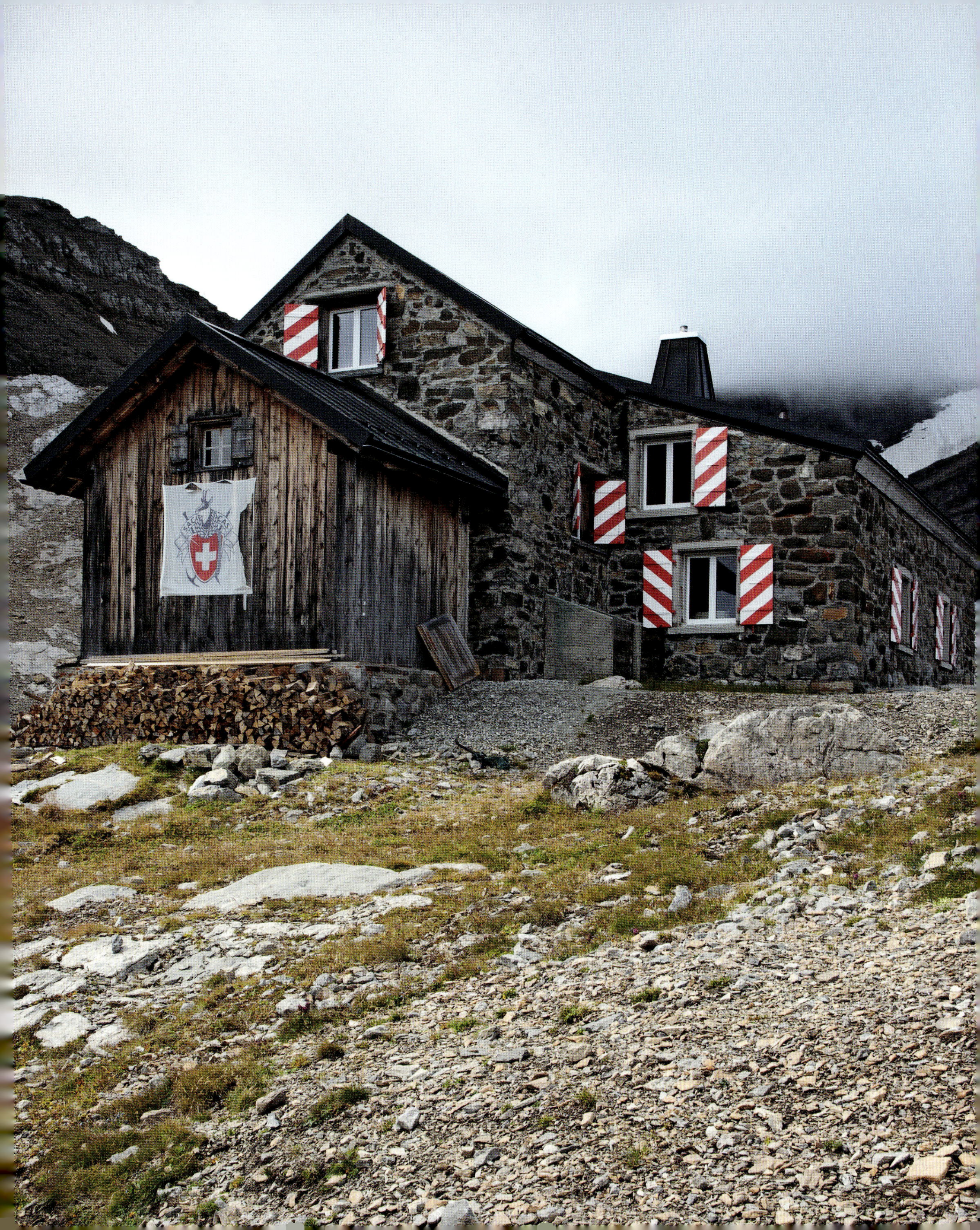

Das Beste aus den Hüttenküchen *Cabane des Diablerets*

Bild oben: Der Hund von Wanderern wartet darauf, dass das Stöckchen wieder geworfen wird.

Bild unten: In Windeseile bringen die beiden Gondeln Gäste hinauf zu Glacier 3000.

Bild links: Eindrückliche Faltungen finden sich im Gestein.

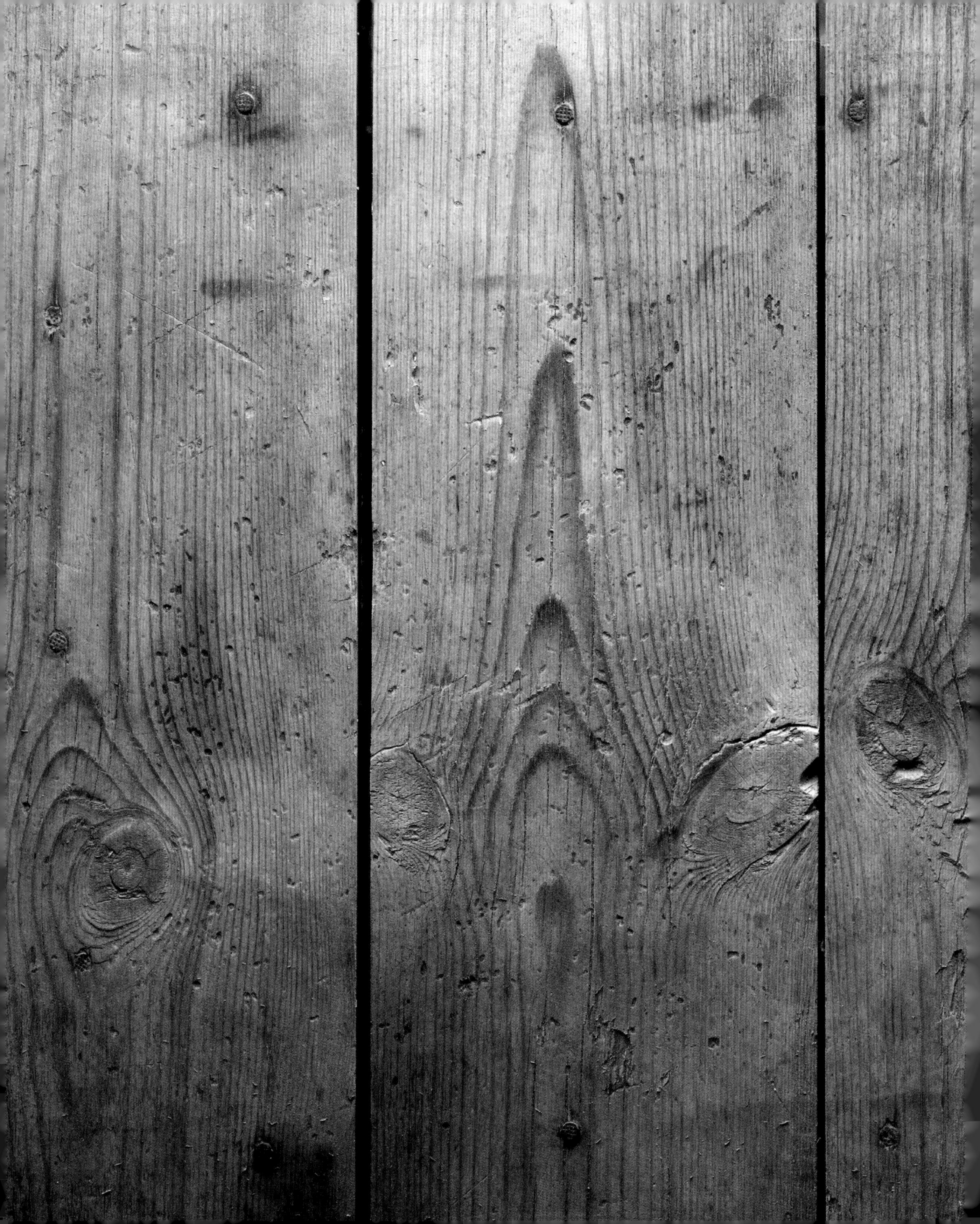

Glärnischhütte

Schoggi-schnitte

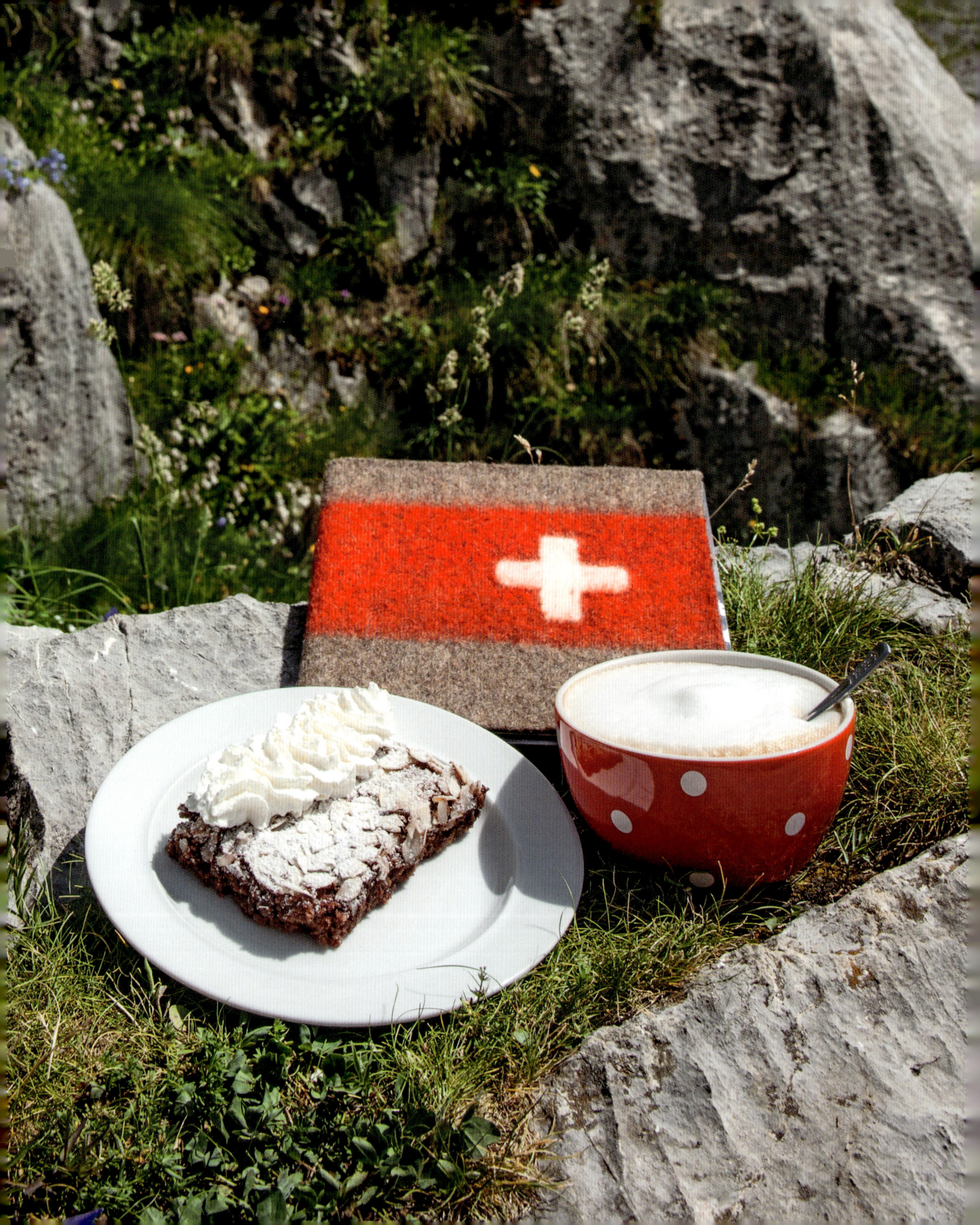

Das Beste aus den Hüttenküchen *Glärnischhütte*

Schoggischnitte

Ergibt 16 Stück

240 g	Butter
240 g	schwarze Schokolade
320 g	Zucker
160 g	Mandeln, gerieben
80 g	Mehl
2 Päckchen	Vanillezucker
etwas	Zitronensaft
8	Eier
1 Prise	Salz
	Mandelscheiben

Garnitur
Puderzucker
Schlagrahm

Butter, zerbröselte Schokolade und den Zucker in einer Pfanne schmelzen (bei nicht zu grosser Hitze). Geriebene Mandeln, Mehl, Vanillezucker und Zitronensaft beigeben. Die Eier trennen. Eigelb unter die Masse rühren. Eiweiss mit einer Prise Salz steif schlagen, vorsichtig unter die Masse ziehen. Backblech mit Backpapier auslegen, die Masse auf dem Blech verteilen. Zum Schluss die Mandelscheiben auf der Masse verteilen. Bei 180 °C ca. 20 Minuten im vorgeheizten Ofen backen. Etwas auskühlen lassen, mit Puderzucker bestäuben und mit Schlagrahm garnieren.

Das Beste aus den Hüttenküchen *Glärnischhütte*

Glärnischhütte

1990 m

Unterwegs zur Hütte

Der Bus fährt einen bis Klöntal Plätz, wo auch Parkplätze für Privatautos vorhanden sind. Wer die Wanderzeit um 1 Stunde verkürzen möchte, nimmt das Taxi bis Chäseren oder fährt mit dem Fahrrad bis Wärben, das noch ein Stück weiter talaufwärts liegt. Ab hier kommen die geschnürten Wanderschuhe zum Einsatz. Oft sind auch Kletterer Richtung Glärnischhütte unterwegs, beladen mit Seil und anderem Klettermaterial. Wer stattdessen die Fotokamera dabei hat, sollte Ausschau halten nach der grossen Feuerlilie, welche hier im hohen Gras wächst und blüht. Aber bitte nicht pflücken, sondern nur mit den Augen geniessen. Sie ist in der ganzen Schweiz geschützt. Süsse, selbstgebackene Köstlichkeiten erwarten einen bei der Bar draussen vor der Glärnischhütte, wo man sich unter bunte Sonnenschirme in den Schatten setzen kann. Die Hütte liegt an der Südflanke des Glärnischmassivs, und man fürchtet fast, dass das Gebäude bei starkem Wind abzustürzen droht, so exponiert wirkt dessen Lage. In der Umgebung hat es Felsen zum Klettern, einen Boulderparcours sowie Klettergärten. Es werden hier J&S-Kurse durchgeführt und im Sommer ein Open-air-Kino veranstaltet. Und wer sich Zeit lässt, kann Murmeltiere, Gämsen und Schneehühner beobachten.

Besonderes

Das Vrenelisgärtli ist eines der bekanntesten Gipfelziele, welche von der Glärnischhütte aus von Kletterern angepeilt werden. Viele Bewohner Zürichs kennen dieses markante Schneefeld, welches von der Quaibrücke oder dem Uetliberg aus sichtbar ist. Leider lässt auch hier die Klimaerwärmung den Schnee und das Eis schmelzen.

Das Hüttenwartspaar René und Martina mit seinen Kindern Mirja und Cyrill.

Wanderzeit/Schwierigkeitsgrad
3½ Std./T3

Ausgangsort
Bushaltestelle Klöntal Plätz

Eigentümer
SAC-Sektion Tödi

Hüttenwarte
René und Martina Marty-Huser

Hüttentelefon
+41 (0)55 640 64 00

Website
www.glhuette.ch

Bewartungszeit
Die Hütte ist von Anfang Juli bis Mitte September bewartet.

Übernachtungsmöglichkeit
In mehreren Zimmern stehen insgesamt 110 Schlafplätze mit Duvets und Kissen zur Verfügung.

Verpflegungsmöglichkeit
Suppen, Salsiz, Cervelat, Bratwurst, Rösti mit oder ohne Spiegelei, Käseschnitte sowie süsses Selbstgebackenes.

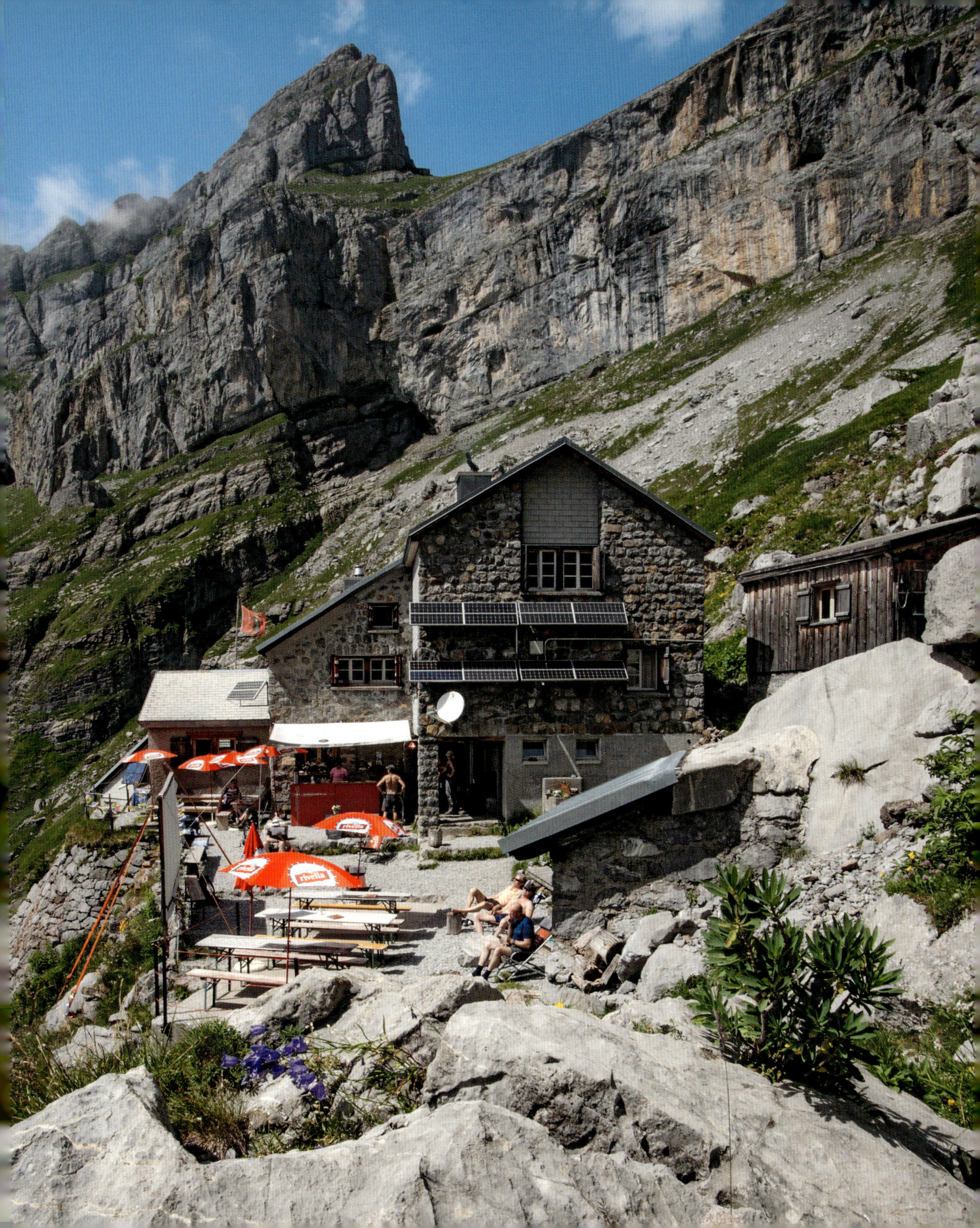
rivella

Das Beste aus den Hüttenküchen *Glärnischhütte*

Bild oben: Zur Glärnischhütte geht es am Schluss steil hinauf. Dafür erwartet einen ein schönes Panorama.

Bild unten: Die seltene Feuerlilie blüht am Wegrand und beeindruckt mit ihrer Grösse und Leuchtkraft.

Bild links: Von der Glattalp herkommend ist die Glärnischhütte ganz winzig im Hintergrund zu sehen.

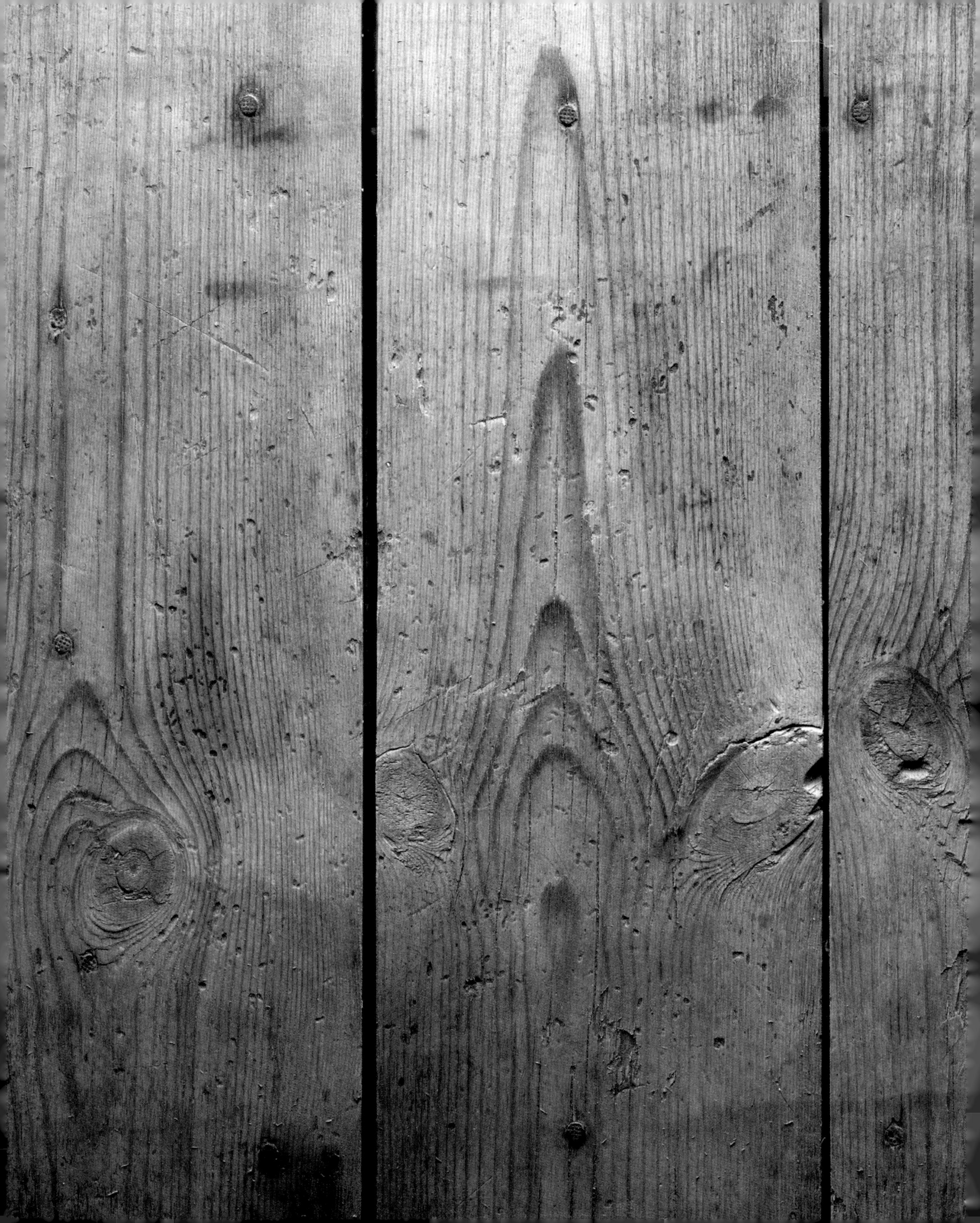

Leutschachhütte
Schokoladen-Cupcakes

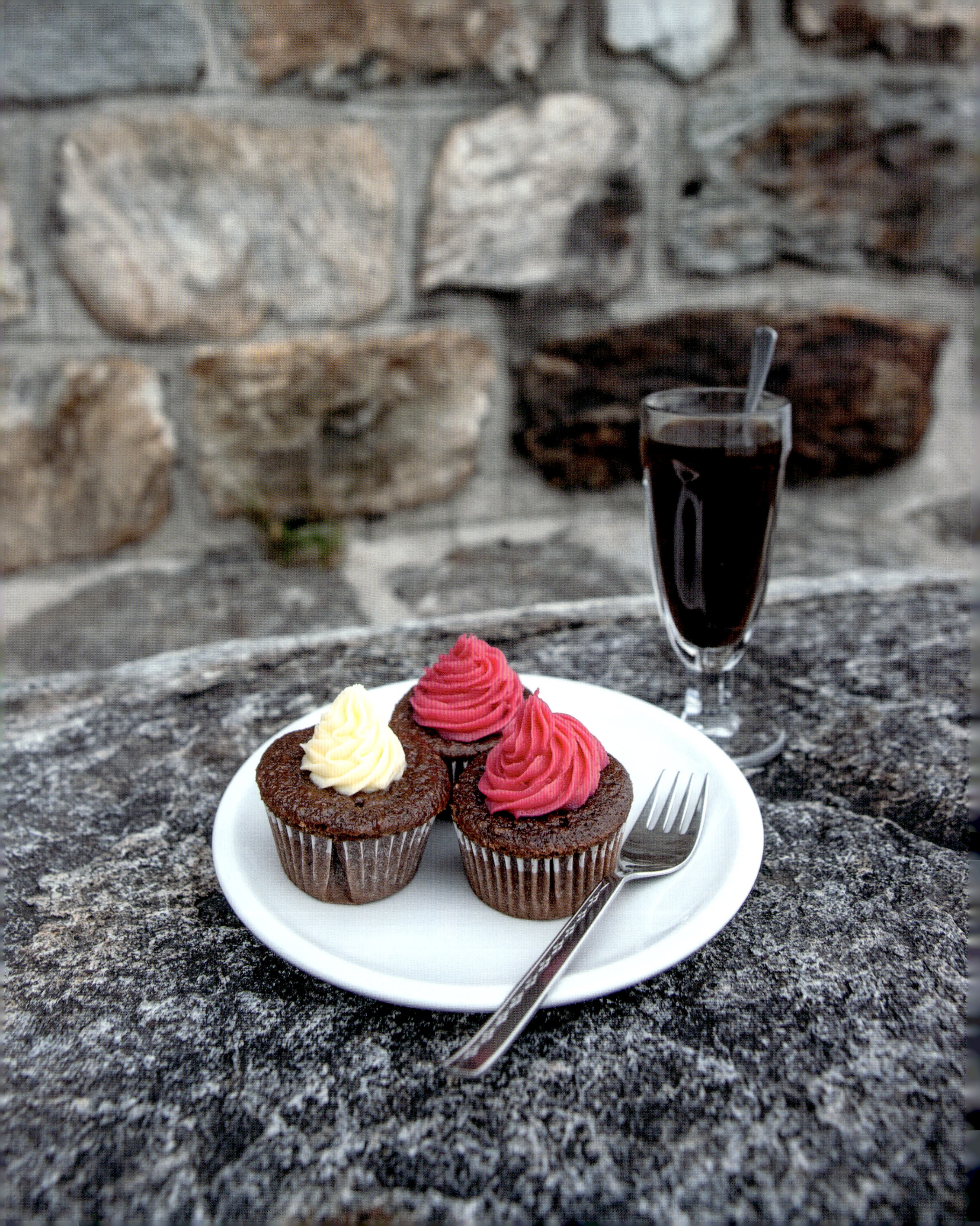

Das Beste aus den Hüttenküchen *Leutschachhütte*

Schokoladen-Cupcakes

Ergibt ca. 24 Stück

Schokoladen-Cupcakes

200 g	Butter
150 g	Zucker
300 g	Mandeln, gemahlen
1 Päckchen	Backpulver
1 Päckchen	Vanillezucker
5	Eier
200 g	Schokolade, geschmolzen

Buttercreme

120 g	Butter
200 g	Puderzucker
5 cl	Milch
wenig	Vanillezucker

Schokoladen-Cupcakes

Butter und Zucker in einer Schüssel schaumig rühren. Die restlichen Zutaten hinzufügen und mit dem Mixer gut mischen. Im vorgeheizten Backofen bei 180 °C ca. 20 Minuten backen (Nadelprobe machen).

Buttercreme

Alle Zutaten mischen und kühl stellen. Mit dem Dressiersack auf die fertigen, ausgekühlten Schokoküchlein verteilen. Wenn gewünscht, kann der Creme vorgängig etwas Lebensmittelfarbe hinzugefügt werden.

Das Beste aus den Hüttenküchen *Leutschachhütte*

Leutschachhütte

2208 m

Unterwegs zur Hütte

Ab Erstfeld fährt man mit Bus, Auto oder Fahrrad nach Amsteg oder Intschi, wo je eine Seilbahn die Berggänger in wenigen Minuten zum Arnisee bringt. Man kann selbstverständlich auch laufen oder mit dem Mountainbike hinauffahren. So verkürzt sich die Wanderzeit um die Hälfte. Erholungsuchende finden am See ein kleines Paradies vor. Enten putzen ihr Gefieder am Ufer, Bienen fliegen von Blüte zu Blüte, und wer Käse liebt, macht am besten einen Halt bei der Käsehütte, wo auch Sirup und handgenähte Znünisäckli angeboten werden. Gemütlich geht es aufwärts. Handbemalte und -beschriftete Tafeln des Naturlehrpfades informieren über Blumen und Tiere. Etwa darüber, dass eine junge Gämse vom ersten Tag an jedes Tempo mit dem Rudel mithalten kann. Nachdem eine Hochebene mit Alphütte durchschritten ist, verjüngt sich der Weg zu einem schmalen Bergpfad, welcher am rechten Hang zum Nidersee hinaufführt. Ab hier ist es nicht mehr weit bis zur Leutschachhütte, wo man vom Hüttenwartpaar begrüsst wird, oder aber von einer der Katzen, welche hier mit dem Fangen von Mäusen ihren Beitrag zum Hüttenbetrieb leisten! An warmen Tagen geniesst man das Panorama mit bekannten Urner Bergen wie Gross und Chli Windgällen auf der Terrasse. Wenn es kalt, windig oder regnerisch ist, bietet der Aufenthaltsraum genügend Platz.

Besonderes

Einmalig ist der Nidersee, unterhalb der Hütte gelegen – einer der schönsten Bergseen der Region (siehe übernächste Seite). Je fortgeschrittener das Jahr, desto intensiver färbt sich das Wasser türkisblau.

Nina und Gabriel freuen sich als Hüttenwarte über Gäste.

Wanderzeit/Schwierigkeitsgrad
5 Std./T2

Ausgangsort
Intschi

Eigentümer
SAC-Sektion Gotthard

Hüttenwarte
Nina Dittli und Gabriel Grepper

Hüttentelefon
+41 (0)41 883 15 17

Website
www.leutschach.ch

Bewartungszeit
Die Hütte ist ab Mitte Juni bis Mitte Oktober bewartet.

Übernachtungsmöglichkeit
In drei Zimmern stehen insgesamt 60 Schlafplätze mit Duvets und Kissen in 4er- und 5er-Kojen zur Verfügung.

Verpflegungsmöglichkeit
Suppe, versch. Würste, Käseschnitte, Rösti, Leutschachplättli, Meringue mit Rahm sowie hausgemachte Kuchen.

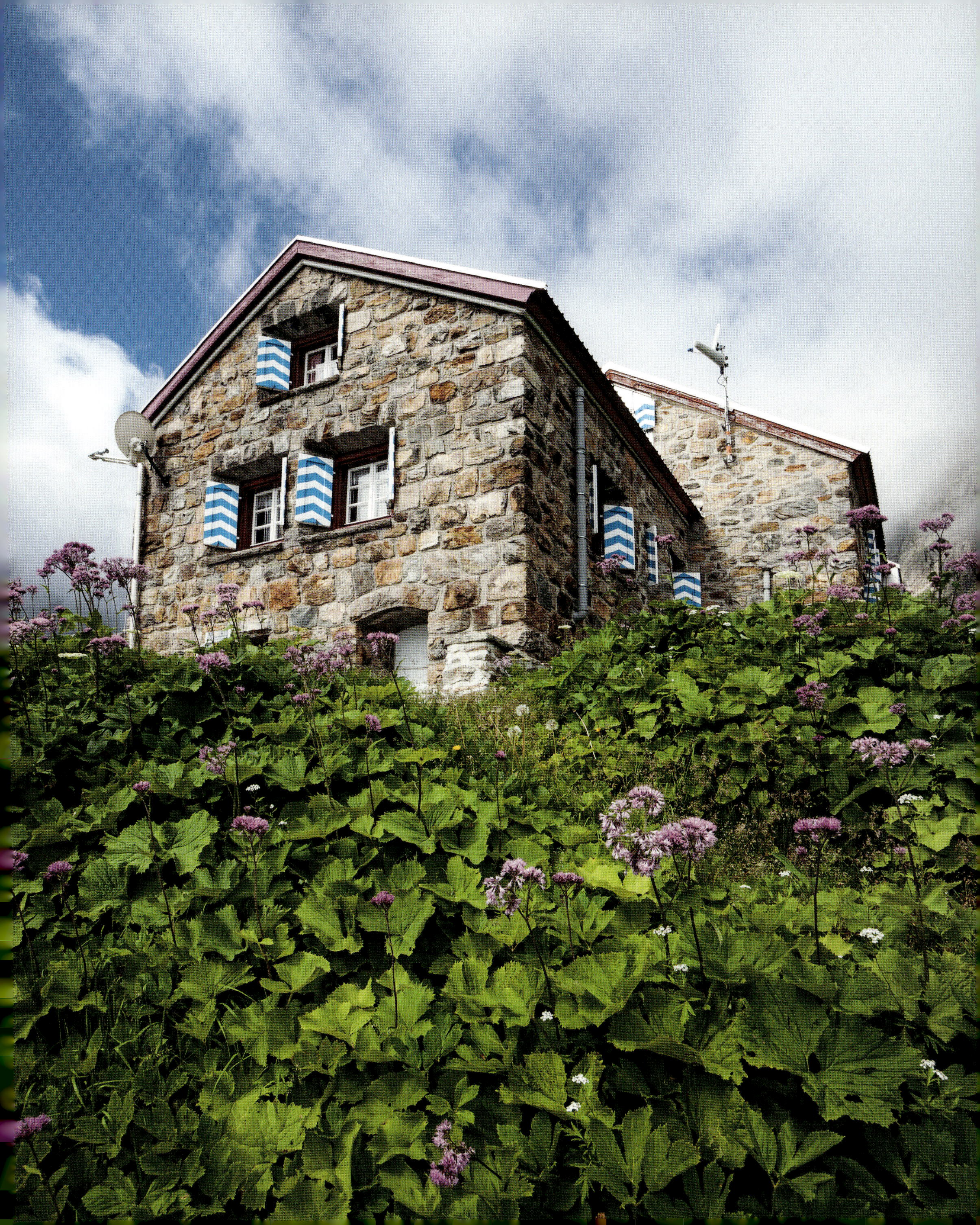

Das Beste aus den Hüttenküchen *Leutschachhütte*

Bild oben: Der Naturlehrpfad informiert über Tiere und Pflanzen des Leutschachtals.

Bild unten: Keiner zu klein, ein «Bergtiger» zu sein!

Bild links: Die Farbe des Nidersees ist auffallend türkisblau.

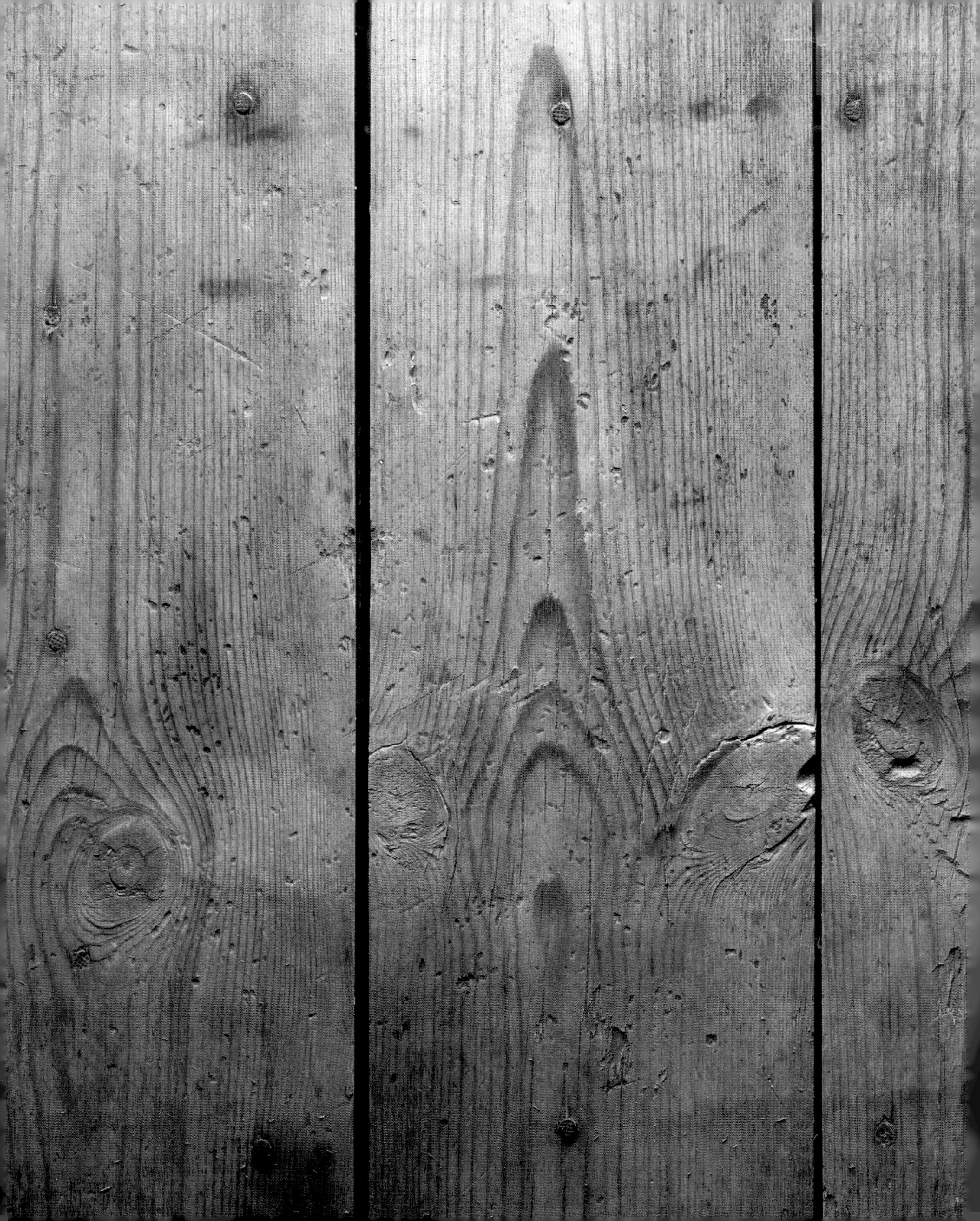

Sewenhütte

Urner Pastete

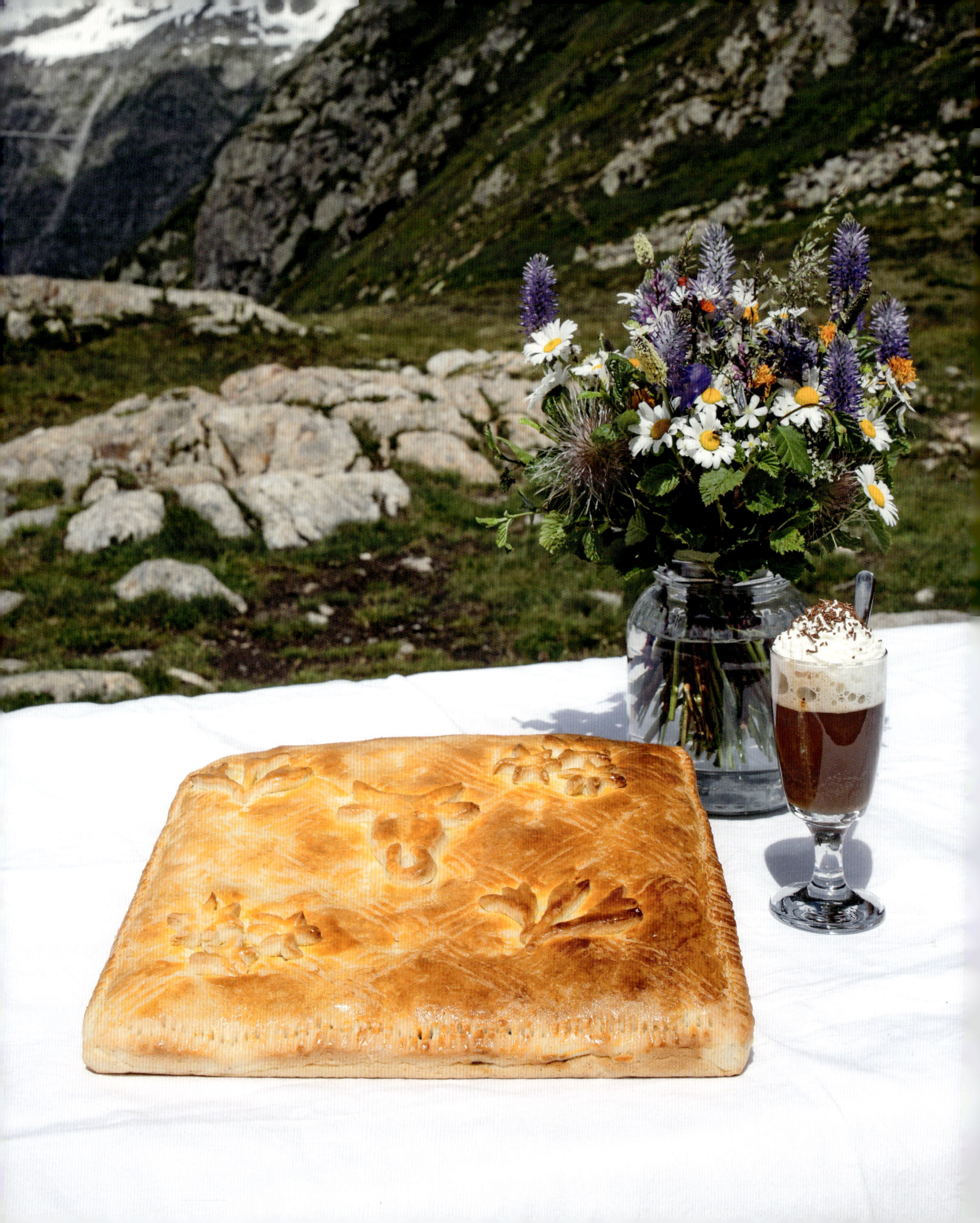

Das Beste aus den Hüttenküchen *Sewenhütte*

Urner Pastete

Blech ca. 35/35 cm
Ergibt ca. 25 bis 30 Stück

800 g	Sultaninen
1 dl	Rotwein
3 EL	Zucker
250 g	Butter
2	Eier
300 g	Zucker
½ dl	Kirsch
2 gestr. KL	Salz
1 kg	Mehl
1 Päckchen	Backpulver
2½ dl	Milch
1 Päckchen	Magenträs (Gewürzzucker)
	Eigelb, zum Bestreichen

Die Sultaninen mit Wein und 3 Löffeln Zucker auf kleinem Feuer aufkochen, Flüssigkeit abgiessen, Beeren auskühlen lassen und zur Seite stellen. Butter, Eier und Zucker schaumig rühren, Kirsch und Salz beigeben. Mehl, Backpulver und Milch ebenfalls beigeben und alles zu einem festen Teig zusammenfügen. Den Teig in zwei gleich grosse Stücke teilen, den ersten Teil auswallen und ins vorbereitete Blech legen. Magenträs auf dem Teigboden verteilen und den Boden mit den Sultaninen bedecken. Die zweite Teighälfte auswallen und die Beeren damit zudecken. Die Pastete mit den Teigresten verzieren. Die Oberfläche mit Eigelb bestreichen und mit der Gabel bis auf den Boden einstechen. Bei ca. 200 °C in der Mitte des Ofens 30 bis 40 Minuten backen.

Das Beste aus den Hüttenküchen *Sewenhütte*

Sewenhütte

2150 m

Unterwegs zur Hütte

Der Hüttenweg beginnt an der Sustenpassstrasse bei der Haltestelle «Meien Gorezmettlen», welche mit dem Postauto, dem Alpentaxi, dem Privatauto oder mit dem Fahrrad ab Wassen erreichbar ist. Schnell einmal lässt man die bei schönem Wetter vielbefahrene Passstrasse hinter sich. Der Weg ist mit lustigen Holz-Zwergen gesäumt, welche gerade Kindern Abwechslung beim Hüttenaufstieg bieten. Im Spätsommer und Herbst laden zudem mit reifen Früchten behangene Heidelbeersträucher zum Verweilen ein, bevor man weiter hinauf zur Sewenhütte wandert. Die Gäste machen es sich auf der grossen Terrasse gemütlich, der Blick schweift zum Susten, zum Fleckistock – dem höchsten Urner Berg – sowie anderen Gipfeln. Aber auch ein Rundgang in die Umgebung ist lohnenswert, da vor allem für Familien mit Kindern Klettergärten und unzählige andere Klettermöglichkeiten zu entdecken sind. Zudem lädt ein kleiner See zum Baden ein, und «Möchtegern-Piraten» können das kleine Ruderboot entern und in See stechen! Jedes Jahr werden in der Hütte Kinder- und Familienbergsteigerlager sowie verschiedene Veranstaltungen durchgeführt. Es wird musiziert, getanzt und geschnitzt, Sagen werden erzählt, und der (Berufs-) Alltag rückt in weite Ferne. Informationen finden sich auf der Website der Hütte.

Besonderes

Etwas unterhalb der Hütte ist eine Tyrolienne (Seilbahn) installiert, welche vor allem für Kinder ein einmaliges und lustiges Erlebnis bietet (siehe übernächste Seite). Wer möchte nicht mal – fast wie ein Steinadler – durch die Lüfte schweben?

Das Hüttenwartpaar Walti und Ursi (links) posiert mit Team auf der Terrasse.

Wanderzeit / Schwierigkeitsgrad
1½ Std. / T2

Ausgangsort
Postautohaltestelle Gorezmettlen

Eigentümer
SAC-Sektion Pfannenstiel

Hüttenwartin
Ursi und Walti Gehrig-Gisler

Hüttentelefon
+41 (0)41 885 18 72

Website
www.sewenhuette.ch

Bewartungszeit
Die Hütte ist von Anfang Juni bis Mitte Oktober bewartet.

Übernachtungsmöglichkeit
In mehreren Zimmern stehen insgesamt 60 Schlafplätze mit Duvets und Kissen zur Verfügung.

Verpflegungsmöglichkeit
Suppen, Sewenplättli, Würste und Schinken, verschiedene Käseschnitten, Birchermüesli sowie süsses Selbstgebackenes.

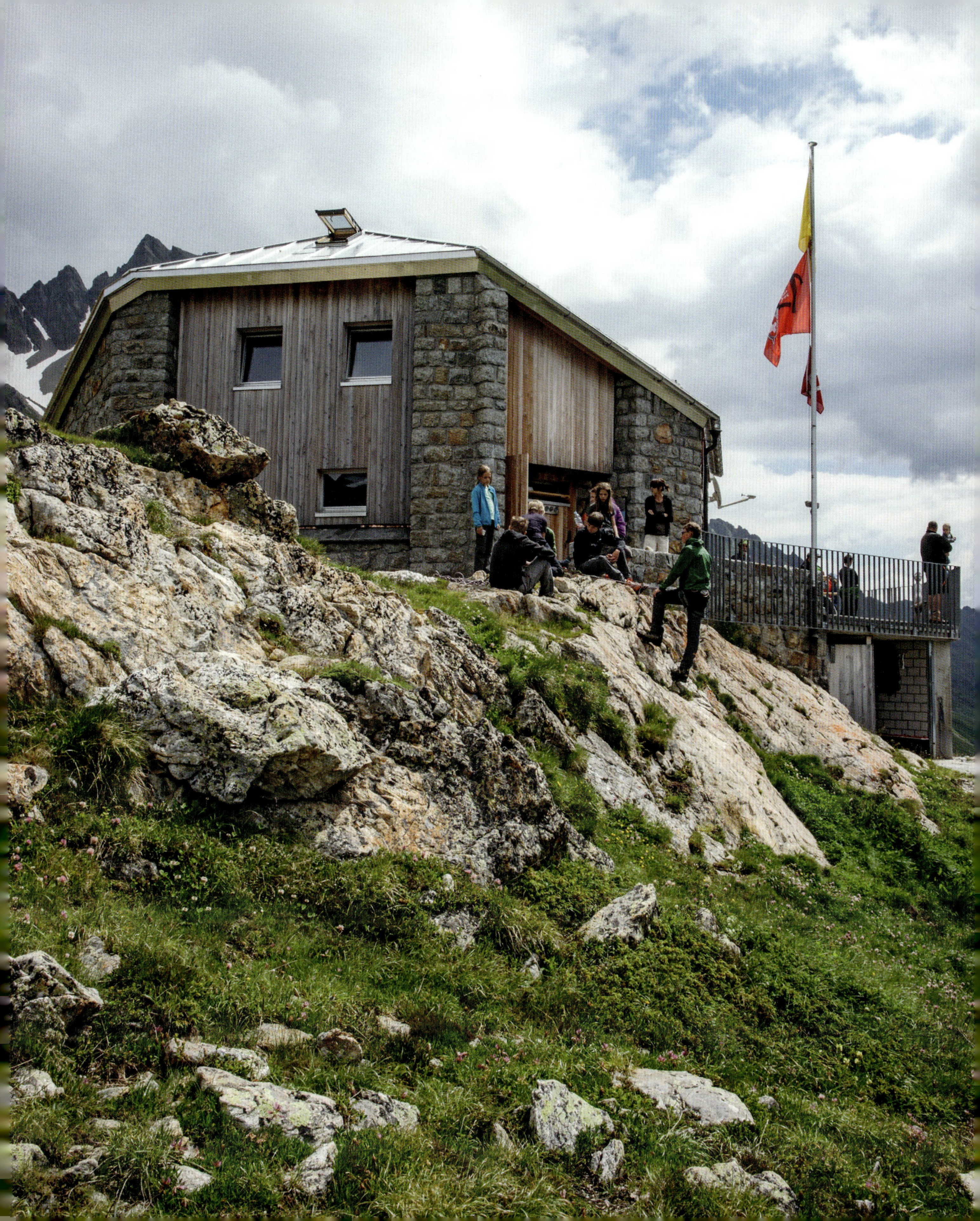

Das Beste aus den Hüttenküchen *Sewenhütte*

Bild oben: Viel Spass bereitet die Tyrolienne. «Juhuuu!»

Bild unten: Die eindrückliche Landschaft bei der Sewenhütte mit von Gletschern geschliffenen Felsen.

Bild links: Wenn der Transporthelikopter landet, dann packen alle mit an.